일상의 인문학

-언어 편-

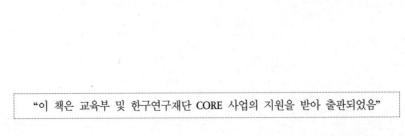
"이 책은 교육부 및 한구연구재단 CORE 사업의 지원을 받아 출판되었음"

일상의 인문학

− 언어 편 −

전북대학교 인문학연구소 편

역락

인문학의 사활을 논하는 것은 어쩌면 부질없는 일일지 모른다. '인문학'을 인간을 다루는 학문, 인간의 가치를 다루는 학문이라고 한다면, 인문학의 사활에 대한 설왕설래는 인간의 가치에 대한 왈가왈부를 말하는 것이기 때문이다. 인간의 가치가 부인될 수 없다면 인문학의 의의도 인정되어야 한다.

다만 인문학자 스스로 인문학을 문사철(文史哲)의 학문으로만 가두었던 것은 아닌지 되새겨 볼 필요는 있다. 인문학은 인간의 생각과 말과 삶에 두루 영향을 미치는 것이어야 한다. 인간이면 누구에게나 자유롭게 그 열매가 향유될 수 있어야 진정한 인문학이라 할 것이다. 현재와 같은 상실의 시대에 인문학이라는 공기 주머니를 풀어 보고자 한다. 다소 먼지가 있기도 할 것이다. 하지만 일단 일상처럼 편하게 숨을 들이쉬고 볼 일이다. 그래서 '일상의 인문학'이라고 이름을 붙였다.

우리 연구소는 스무 해가 넘도록 호남 지역 인문학의 거점 연구소로서 그 역할을 다해 왔다. 그동안 학계에 기여한 소중한 연구도 헤아리기 어렵다. 근래에는 특강이나 학술 대회 등을 통하여 그러한 성과를 대중에게 소개하고자 노력해 왔다. 이제 더 많은 대중이 인문학적 사고로 좀 더 자유롭게 숨 쉴 공간을 제공하고자, 취지에 맞는 연구 성과를 주제별로 모아 『일상의 인문학』이라는 시리즈를 출간하고자 한다. 더 많은 이들이 인간의 가치에 대한 고민의 결과로, 더 자유롭게 숨을 쉴 수 있도록 돕고 싶다.

『일상의 인문학』시리즈의 첫째 편으로 '언어 편'을 엮는다. 설왕설래이든 왈가왈부이든 인간의 가치는 언어로 구현되기 때문이다. 인문학이 담기는 그릇에 먼저 주목하자는 뜻이다. 하지만 언어 편이 그릇 자체에 대해서만 이야기하는 것은 아니다. 그릇의 가치는 그 안에 내용물이 담겨 있어야 비로소 그 진정한 가치를 인정받게 되기 때문이다.

이 책을 엮는 데는 우선 귀중한 글을 선뜻 이 책에 게재하도록 허락해 주신 저자들의 공이 크다. 다시 한 번 감사드린다. 그리고 누구보다 인문학연구소의 이진병, 유유현, 최화니 전임연구원의 노고가 컸음을 말해야 한다. 그들은 인문학연구소 학술지『건지인문학』에 투고된 수많은 언어 관련 논문 가운데 대중적, 일상적 인문학이라는 취지에 걸맞은 글을 추리고 이를 독자들이 쉽고 편리하게 향유할 수 있도록 체재와 내용을 통일하였다. 그리고 연구소의 김율, 채규현, 박지수 조교 역시 편집과 교정 중에 많은 도움을 주었다. 책을 멋지게 만들어 가치를 높여준 역락 출판사에도 감사를 드린다.

2016년 12월
인문학연구소 소장 윤석민

차례

대중가요 가사의 언어적 특징 연구
― 계량적 방법을 중심으로 ―

강진주

목 차

[해 설]

◎ 목적 및 특성

이 글의 목적은 대중가요의 가사에 나타나는 언어를 계량적으로 분석하고, 그 사용 양상을 파악하는 데에 있다. 대중가요란 대중이 향유하는 가요를 뜻한다. 카페부터 대학로, 버스 안에서까지 대중가요는 우리를 따라 다니며, 우리는 일상에서 늘 대중가요를 소비한다. 이렇게 대중과 친한 만큼 대중가요는 대중의 언어를 반영하고 대변하는 중요한 통로가 된다.

그럼에도 불구하고 학문적 영역 안에서 대중가요가 다뤄진 적은 그다지 많지 않으며, 연구가 이루어졌다고 하더라도 문학적, 정서적 측면에서의 연구에서 주로 그치고 있다. 따라서 이 글에서는 최근에 인기 있는 대중가요를 선정하고, 그 가사에 나타난 언어들의 특징을 계량적으로 분석함으로써, 현재 언어의 생생한 단면을 들여다보고자 한다.

◎ 연구 대상 및 방법

이 글의 대상은 2013년 상반기에 유행했던 대중가요 50곡의 가사이다. '바로, 지금' 사용되고 있는 언어의 특징을 알고자 했기 때문에 최근의 가요를 연구 대상으로 삼았다.

구체적인 연구의 대상이 되는 가요는 '가온차트'의 2013년 상반기 종합 순위, 그 중에서도 디지털 종합차트 1위부터 50위까지의 노래들이다. '가온차트'는 우리나라의 공인된 대중가요 차트이며, 디지털 종합차트는 오프라인 판매량을 제외한, 모바일과 온라인 차트의 종합순위이다. 앨범 사재기 등으로 오프라인 앨범의 중요도가 사라진 지금, 디지털 종합차트야말로 대중들의 표준화된 선호도를 가장 잘 나타내준다고 할 수 있겠다.

이 글에서는 계량화된 수치를 통해 대중가요에 어떤 언어적인 특징들이 드러나는지를 파악하고자 하였다. 이를 위해 대상 가요의 가사를 추출하여 1차적으로 가공한 뒤, 통합형 한글처리기(SynKDP 1.5.5버전) 프로그램을 이용해 어절(총 어절 수 11109어절, 단어 수 3294개)별로 빈도를 내는 방식으로 연구를 진행하였다.

◉ 핵심 내용

이 연구에서는 대중가요의 가사에 나타나는 특징으로 인칭대명사의 사용과 상대높임법 체계, 그리고 영어의 사용에 초점을 맞춰 살펴보았다.

먼저 인칭대명사가 많이 사용되었다는 점에 주목하였다. 전체 어절 빈도를 살펴보면 상위에 1인칭과 2인칭 대명사가 많이 나타나 있다. 노래 가사를 하나의 이야기, 서사로 생각한다면 화자인 '나'의 쓰임이 잦은 것은 충분히 예측할 수 있는 부분이다. 흥미로운 점은 2인칭 대명사인 '너'의 발달이다. 과거에는 '님'이나 '당신'이란 2인칭 대명사가 많이 사용되었던 것에 비해, 현재는 '너'라는 표현이 2인칭 대명사의 대부분을 차지하고 있다. 더 나아가서는 '니'와 같은 구어체 표현이 가사에 나타나기도 했다.

다음으로 대중가요의 가사에 쓰인 상대높임법에 대해서 살펴보았다. 높임법은 격식체인 '합쇼체'나 '해라체'보다는 비격식체인 '해요체'와 '해체'가 많이 나타났다. 비격식체의 '해요체'는 상대를 따지지 않고 두루 쓸 수 있다는 점과 마치 일상대화를 하는 듯한 특유의 정감적인 용법 때문에 가사에 많이 사용된 것으로 판단하였다. '해체'의 사용 빈도가 높아진 것은 2인칭 대명사 '너'의 발달과 관련이 있다고 보았다. 반말체인 '해체'의 특성 상 주로 2인칭 대명사인 '너'와 공기해서 쓰이기 때문이다.

마지막으로 영어가 자주 사용된다는 것을 지적하였다. 전체 어절의 약 20%를 차지할 정도로 대중가요의 가사에는 영어 단어가 많이 등장하였다. 이에 대해서는 노래의 박자나 운율을 맞추기 위한 'oh'나 'yeah'와 같은 감탄사가 잦은 점, 큰 의미 없이 영어 단어를 남발하는 후크송의 영향, 일상생활에 외래어와 영어 표현이 많이 침투한 점 등을 원인으로 파악하였다.

◉ 연구 효과

대중가요가 현대소설이나 현대시보다 더 자주 대중들에게 읽히고 곱씹히는 지금, 대중가요의 가사는 현대소설이나 현대시만큼, 혹은 그보다 더 언어학적인 연구 가치가 있다고 할 수 있다. 이 글은 신문이나 소설 등과 같이 정제된 언어 표현이 아닌, 대중가요 가사라는 살아있는 언어, 현재의 언어를 살펴보고자 했다는 점에서 의의를 가진다고 할 수 있다.

또한 이 글에서는 계량적 연구를 통해, 가사에 쓰인 단어의 의미를 분석하고 읽어내기보다는 거시적인 측면에서 대중이 실제 사용하고 선호하는 표현이 어떠한지를 파악하는 것에 중점을 두었다. 사용 빈도를 수치화하여 대중들의 언어 사용 양상을 단적으로 보일 수 있는 것은 양적 연구만이 가질 수 있는 장점이라고 할 수 있겠다.

이러한 계량적 연구는 비교 연구에서도 그 가치가 드러날 수 있다고 본다. 이 글을 발판 삼아 시대별 언어 사용 양상에 대한 연구 등 다양한 연구가 이루어지길 기대한다.

1. 서론

1.1. 연구 목적

본 연구의 목적은 대중가요[1]의 가사에 나타나는 언어를 계량적으로 분석하고, 그 사용 양상을 파악하는 데에 있다. 대중가요란 대중이 향유하는 가요로서, 현대의 대중문화를 논할 때 빼놓을 수 없는 문화적 요소이다. TV를 틀어도, 동네 마트에 가도, 커피숍에 가도, 심지어 길거리에서조차 대중가요는 대중의 귀를 파고든다. 대중과 친한 만큼 대중가요는 대중의 언어를 반영하고 대변하는 중요한 통로라고 할 수 있다. 그럼에도 불구하고 학문적 영역 안에서 대중가요가 다뤄진 적은 그다지 많지 않다.

대중가요에 대한 연구는 문학적, 정서적 입장에서 주로 다뤄져 왔으며[1], 언어적인 측면에서의 연구라도 하더라도 결국에는 정서적 측면과 연결 짓거나, 청소년 언어의 사용 실태라는 측면에서 혼종어, 은어, 속어 등의 사용에 집중되어져 왔다.

---

1) 김익두(2012)에서는 한국 대중가요의 연구사를 검토하였는데, 언어·문학적 연구는 당시 총 60건으로 다른 분야의 연구에 비해 활발한 연구가 이루어졌지만, 그 주류는 문학적 연구에 치우쳐졌음을 지적하고 있다.

국어학적 측면에서 대중가요를 다룬 연구 중에서 본고와 맥을 같이 하는 연구는 김광해(1999)가 있다. 일제강점기의 대중가요를 국어학적, 문학적, 문화적 양상으로 나누어 보고, 국어학적 관점에서는 계량언어학 방법을 적용하였다. 일제강점기의 대중가요를 주제별로 분류하고 전체 어휘를 계량하였고, 어휘의 곡목별 분포를 조사하였으며, 의미별로 분류 하였다. 그러나 대상이 일제강점기 대중가요로 한정되어 있다는 점에서 지금의 대중가요의 특징과는 맞지 않는 부분이 존재하는 등 현재성이 부족하다고 할 수 있다.

따라서 본고에서는 최근에 인기 있는 대중가요를 선정하고, 그 가사 를 계량적으로 분석하여 파악함으로써, 현재 언어의 생생한 단면을 들 여다보고자 한다.

1.2. 연구 대상 및 방법

본 연구의 대상은 2013년 상반기에 유행했던 대중가요 50곡의 가사 이다. 최근에 유행하는 가요를 대상으로 삼은 것은 현재의 언어를 확인 하고자 하였기 때문이다.

본고에서는 '가온차트'의 순위를 참고하여 가요를 수집하였다. '가온 차트'를 이용한 이유는, '가온차트'가 우리나라의 공인된 대중가요 차트 라고 판단했기 때문이다. 또한 특정 사이트에서 활동하는 사람들의 연 령대나 선호도에 의해 특정한 노래들이 상위권을 차지함으로써[2] 현재 의 언어 표본을 제대로 보여주지 못할 가능성을 배제하기 위함이다. '가 온차트'의 공정성에 대해서는 아래에 '네이버 지식백과'의 내용을 인용

---

2) 최근에는 각 음악 방송사의 순위 선정이 무의미해졌을 뿐 아니라, 음원제공사이트들의 순위를 그대로 사용하는 경우가 많다.

해둔다.(밑줄 필자)

> 가온차트란
>
> 한국의 대중음악 공인 차트(순위표)이다. 주간 단위로 1위부터 100위까지의 대중음악 순위를 집계하여 발표한다.
>
> 국내 음악산업 발전을 위해서는 공정성을 담보할 수 있는 공인된 대중음악 차트(순위표)가 필요하다는 가요계와 음반업계 등의 의견에 따라 문화체육관광부가 '음악산업진흥 중기계획(2009~2013)'의 하나로 추진하여 2010년 2월 23일 출범하였다. '가온'이란 '가운데', '중심'이란 의미의 순우리말로, 한국의 대표 음악차트가 되고자 하는 바람을 담은 이름이다.
>
> 가온차트는 미국의 빌보드차트, 영국의 유케이(UK)차트, 일본의 오리콘차트와 같이 공정하고 신뢰할 수 있는 음악차트를 표방하며, 한국음악콘텐츠산업협회(음콘협)가 운영·관리하고, 문화체육관광부가 후원한다.
>
> 국내 6개 주요 음악서비스 사업자와 이동통신사에서 제공하는 음악서비스의 온라인매출 데이터 그리고 국내 주요 음반유통사, 해외 직배사의 오프라인 음반판매량 데이터를 모아 각 부문별 순위를 인터넷 사이트(www.gaonchart.co.kr)와 오프라인 소식지로 발표한다. 음원과 음반 매출액을 기준으로 산출되는 가온차트의 집계 부문은 모두 5가지(가온종합차트·디지털종합차트·온라인차트·모바일차트·앨범차트)이다.
>
> 디지털종합차트(온라인·모바일·BGM 차트 총집계), 온라인차트(온라인 음원 및 앨범 판매수와 스트리밍 서비스 기준 집계), 모바일차트(국내 이동통신사의 통화연결음과 벨소리 인기순위 기준 집계), 앨범차트(국내에서 판매되는 국내외 앨범 판매량 총집계)는 주간 단위로 집계하여 1위부터 100위까지의 순위를 발표한다. 한편 가온종합차트는 6개월에 한 번씩 국내에서 발매되는 오프라인 앨범 판매량을 합산하여 순위를 산정한다.[3]

대상이 되는 50곡의 가요는 '가온차트'의 2013년 상반기 종합순위, 그 중에서도 디지털 종합차트 1위부터 50위까지의 노래들이다. 디지털 종

---

3) 네이버지식백과, http://terms.naver.com/entry.nhn?docId=1354046&cid=40942&categoryId=33046

합차트는 오프라인 판매량을 제외한, 모바일과 온라인4) 차트의 종합순
위이다. 오프라인 앨범의 중요도가 사라진5) 지금, 디지털 종합차트야말
로 대중들의 표준화된 선호도를 가장 잘 나타내준다고 볼 수 있다.

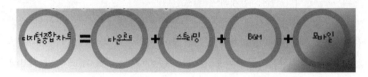

[그림-1] 가온차트 홈페이지의 차트 설명 참조

선정된 50곡의 가요들은 아래와 같다. 다만 42위의 노래는 팝송이므
로 제외하도록 한다.

순위	가수	노래 제목
1	싸이	젠틀맨
2	배치기	눈물샤워
3	씨스타19	있다 없으니까
4	리쌍	눈물
5	로이킴	봄봄봄
6	허각, 유승우	모노 드라마
7	다비치	거북이
8	포미닛	이름이 뭐예요
9	소녀시대	I Got A Boy
10	악동뮤지션	크레센도
11	케이윌	러브블러썸

---

4) 가온차트 온라인 차트 제공업체는 멜론, 소리바다, 네오위즈벅스, 네이버뮤직, 올레뮤직,
  싸이월드, 엠넷, 다음뮤직 등이다.
5) 최근 음악CD는 특정 아이돌의 팬들에 의한 대량 구매 등 판매율에 대한 신뢰가 문제가
  되고 있다. 따라서 본고에서는 오프라인 판매율에 큰 의미가 없다고 생각하여, 그것을
  제외한 디지털 종합 차트를 연구 대상으로 채택하였다.

순위	가수	노래 제목
12	다비치	녹는 중
13	더원	겨울사랑
14	씨엔블루	I'm sorry
15	버스커버스커	벚꽃엔딩
16	린	오늘밤
17	악동뮤지션	I love you
18	이하이	로즈
19	거미	눈꽃
20	조용필	바운스
21	걸스데이	기대해
22	정형돈	강북멋쟁이
23	포맨	안녕 나야
24	긱스	어때
25	악동뮤지션	외국인의 고백
26	태연	그리고 하나
27	백지영	싫다
28	시크릿	Yoo Hoo
29	이효리	미스코리아
30	허각	1440
31	샤이니	드림걸
32	김보경	혼자라고 생각말기
33	바이브	꼭 한 번 만나고 싶다
34	2AM	어느봄날
35	씨스타	give it to me
36	포맨	청혼하는 거예요
37	긱스, 소유	Officially Missing You, Too
38	다비치	모르시나요
39	틴탑	긴 생머리 그녀
40	15&	somebody
41	긱스	WashAway
42	Carly Rae Jepsen	call me maybe

순위	가수	노래 제목
43	이하이	it's over
44	버벌진트	이게 사랑이 아니면
45	이효리	bad girls
46	조용필	hello
47	이승기	되돌리다
48	버벌진트	시작이 좋아
49	인피니트H	special girl
50	인피니트	man in love

[표-1] 가온차트 2013년 상반기 종합 - 디지털 종합차트 1위부터 50위까지

전체적인 연구방법은 계량적 방법을 취했다. 위 [표-1]의 50곡의 가사를 추출하여 맞춤법에 맞게 1차적으로 가공한 뒤, 통합형 한글처리기(SynKDP 1.5.5버전) 프로그램을 이용해 어절(총 어절 수 11109어절, 단어 수 3294개)별로 빈도를 내어 언어의 사용 양상을 확인하였다.

2. 대중가요 가사의 언어적 특징

2.1. 인칭대명사[2]

최근의 대중가요에서는 1인칭과 2인칭의 대명사가 두드러지게 나타난다. 아래에 상위 40위까지의 어절 빈도를 제시하면 다음과 같다.

순위	어절	빈도	백분율	순위	어절	빈도	백분율
1	i	199	1.79%	21	더	50	0.45%
2	내	155	1.40%	22	yeah	49	0.44%
3	you	135	1.22%	23	너를	48	0.43%
4	oh	122	1.10%	24	걸	47	0.42%
5	ooh	112	1.01%	25	bad	46	0.41%
6	m	95	0.86%	26	what	44	0.40%
7	난	94	0.85%	27	수	42	0.38%
8	날	72	0.65%	28	한	41	0.37%
9	to	70	0.63%	29	넌	41	0.37%
10	a	64	0.58%	30	나의	40	0.36%
11	me	64	0.58%	31	이	40	0.36%
12	it	63	0.57%	32	없는	39	0.35%
13	s	62	0.56%	33	다	38	0.34%
14	널	60	0.54%	34	오	38	0.34%
15	그	58	0.52%	35	somebody	37	0.33%
16	네	56	0.50%	36	그대	37	0.33%
17	너의	55	0.50%	37	내가	37	0.33%
18	girl	52	0.47%	38	give	36	0.32%
19	너	51	0.46%	39	니가	36	0.32%
20	나	50	0.45%	40	ah	35	0.32%

[표-2] 상위 40위까지의 빈도 (전체)

비록 영어이긴 하지만, 빈도수 1위부터 1인칭 대명사가 사용된 것을 볼 수 있다. 영어인 I와 you를 제외한다고 하더라도, 상위 빈도 40위에 1인칭과 2인칭의 인칭대명사가 많이 보인다는 것을 알 수 있을 것이다. 다만, 위의 빈도율은 어절을 단위로 추출되었기 때문에, '나를', '나는'과 같이 호칭 뒤에 다른 조사가 붙으면 다른 단어로 인식하고 각각 수치를 낸다는 문제가 있다. 따라서 인칭대명사별 정확한 수치를 파악하기 위해서는, 빈도별로 추출한 어절을 정렬하여 다시 살펴볼 필요가 있다. 그것을 정리한 것이 아래의 표이다.

어절	빈도	백분율	어절	빈도	백분율
내	155	1.40%	널	60	0.54%
난	67	0.61%	네	56	0.50%
나	50	0.45%	너의	55	0.50%
날6)	47	0.42%	너	51	0.46%
나의	40	0.36%	너를	48	0.43%
내가	37	0.33%	넌	41	0.37%
나를	29	0.26%	니가	36	0.32%
나는	26	0.23%	네가	27	0.24%
내게	25	0.23%	니	19	0.17%
나보다	7	0.06%	너에게	15	0.14%
나도	5	0.05%	네게	8	0.07%
나만	5	0.05%	너만	7	0.06%
나만의	5	0.05%	너와	6	0.05%
나야	5	0.05%	너가	5	0.05%
나와7)	5	0.04%	너는	5	0.05%
내게로	4	0.04%	너란	5	0.05%
내겐	4	0.04%	너네	3	0.03%
나에겐	3	0.03%	너도	3	0.03%
나라고	2	0.02%	너랑	3	0.03%
나랑	2	0.02%	너뿐이야	3	0.03%
나밖에	2	0.02%	너만은	2	0.02%
나처럼	2	0.02%	너만을	2	0.02%
나겠지	1	0.01%	너야	2	0.02%
나니까	1	0.01%	너에게만	2	0.02%
나라서	1	0.01%	너와나	2	0.02%
나보고	1	0.01%	너니까	1	0.01%
나에게	1	0.01%	너만큼	1	0.01%

어절	빈도	백분율	어절	빈도	백분율
나에게로	1	0.01%	너밖에	1	0.01%
나였는데	1	0.01%	너부터	1	0.01%
나였죠	1	0.01%	너에게서	1	0.01%
나지만	1	0.01%	너와의	1	0.01%
난데	1	0.01%	너완	1	0.01%
내게만	1	0.01%	너인	1	0.01%
내꺼	1	0.01%	너지만	1	0.01%
			너한테는	1	0.01%
합계	539	4.85%	합계	476	4.28%

[표-3] '나'와 '너'의 빈도

노래 가사 또한 '이야기'의 하나로 본다고 하면, 화자인 '나'가 많이 나오는 것은 어느 정도 예상 가능한 일이다. 흥미로운 것은 2인칭의 호칭으로 '너'가 많이 사용되고 있다는 것이다. 이는 김광해(1998: 202)에서 2인칭 호칭으로 '님'이 201회, '당신'이 92회 사용되고 있다고 한 것과는 매우 다른 양상이다.

> (1) ㄱ. 너 잘났어 정말! <i got a boy>
> ㄴ. 너 땜에 너 땜에 미쳐가 wuh oh oh <기대해>
> ㄷ. 니 전화기는 없는 번호로 나와 <있다 없으니까>
> ㄹ. 싫다 니가 없는 나 싫다 <싫다>

예문 (1)을 통해 알 수 있듯 '너'라는 표현이 자연스럽게 사용되며, 심지어 '니'라는 구어체 표현까지 등장한다. '님'에서 '니'로의 변화는 현재 젊은이들 사이의 다소 격식 없는 언어생활을 반영한 것이라고 할 수 있겠다.

---

6) '日'의 뜻으로 사용된 것은 제외함
7) '눈물이 나와'와 같이 '出'의 뜻으로 사용된 것은 제외함

2인칭 대명사는 '너' 이외에도 몇 가지가 더 나타난다. 그 종류와 빈도는 다음과 같다.

어절	빈도	백분율	어절	빈도	백분율
그대	37	0.33%	당신은	9	0.08%
그대는	22	0.20%			
그대여	22	0.20%			
그대가	15	0.14%			
그댈	11	0.10%			
그대와	10	0.09%			
그대를	6	0.05%			
그댄	5	0.05%			
그대의	4	0.04%			
그대만	3	0.03%			
그대도	2	0.02%			
그대란	2	0.02%			
그대에게	2	0.02%			
그대랑	1	0.01%			
그대만이라도	1	0.01%			
그대인가요	1	0.01%			
합계	144	1.30%	합계	9	0.08%

[표-4] '그대'와 '당신'의 빈도

우선 '님'이 쓰인 경우는 단 한 번도 없었다. '당신'의 경우도 겨우 9번 나타났으며, '그대'라는 표현은 144번 사용되었다. 전부 '너'에 비하면 적은 수치이다. 이처럼 대중가요에 '님'이나 '당신'이라는 인칭어가 적게 나타나고, '너'의 사용이 비대해진 현상은 현재의 언어생활에서 '님'이나 '당신'의 쓰임새가 현저하게 줄었다는 것으로 이해할 수 있다. 즉, 과거에는 상대방을 '님'이나 '당신' 등으로 지칭했다면, 현재에는 주

로 '너'라고 지칭한다는 것이다. 현대의 대중가요는 곧 '나'와 '너'의 이
야기라고 볼 수 있다.

그리고 이러한 인칭대명사와 맞물려 생각해 볼 수 있는 것이 상대경
어법 체계이다. 대중가요에 나타나는 상대높임법에 대해서는 2.2.절에서
살피도록 한다.

2.2. 상대높임법의 종결어미

대중가요의 가사에서 상대높임법[3]이 쓰이고 있다는 사실은 주목할
만하다. 경어, 특히나 상대높임법을 쓴다는 것은, 노래를 혼자 향유하는
것이 아니고, 암암리에 청자를 상정해두고 부른다는 의미이기 때문이다.

이 절에서는 종결어미에 따른 상대높임법 체계를 다룰 것이다. 상대
높임법은 일단 비격식체와 격식체로 크게 이분한 뒤, 그 안에서 세부적
으로 살펴보도록 한다.

본 절은 어미를 위주로 살펴보는 것을 목적으로 하기 때문에, 일단 어
절빈도를 낸 뒤, 어절을 역순으로 재배열하여, 정렬하였다. 따라서 표에
제시된 어절들은 역순으로 배열된 어절들임을 밝혀두는 바이다.

2.2.1. 비격식체

최근 대중가요의 가사에는 비격식체가 많이 사용된다. 비격식체 상대
높임법으로는 '해요체'[4]와 '해체'[5]가 있다.

2.2.1.1. 비격식체 - 해요체

아래 표는 대중가요의 가사에 나오는 해요체의 어절별 역순빈도를 나
타낸 것이다. [표-5]는 '-요'로 끝나는 어절들이며, [표-6]은 '-죠(-지요)'

로 끝나는 어절들이다.

어절	빈도	어절	빈도	어절	빈도	어절	빈도
요가건이	1	요게줄켜지	1	요나땠어	2	요네쁘바	1
요가떤어	2	요군많	2	요나리들	1	요네않	1
요가인기여	1	요까떨어	1	요나물눈	1	요네었있	1
요가인대그	1	요까을있	1	요나시르모	4	요네오어들	2
요가인별이	2	요까할	1	요나없	1	요네왔	2
요가텐	2	요깐니다런그	2	요나였수실	1	요네있	1
요가한요중	1	요나각생	1	요나있	7	요네있아남	1
요걸	1	요나같	1	요나주내빛	1	요네하	2
요게을안	1	요나됐	2	요나하억기	1	요라몰	1
요줘아말	1	요줘아받	3	요줘아살	1	요줘아안	1
요와나	1	요와아돌	2	요워마고	1	요줘내	2
요게을있	1	요나드	1	요네보	1	요라올떠	1
요라올어피	1	요아녹	4	요아찮팬	1	요에디어	1
요래그	1	요아놀	2	요아참	1	요에뭐	1
요래이	1	요아놓	2	요어걸	9	요에이말	4
요래줄아받	5	요아많	1	요어불	1	요에이살	4
요마	2	요아말	2	요어싫	1	요에이doog	2
요봐	7	요아않	1	요어싶	1	요여보	1
요봐어들	2	요아알	1	요어없	4	요예거	5
요쳐넘	1	요줘어웃	1	요해	4	요해랑사	5
요써	1	요해citsatnaf	1	요해억기	1	요해래노	1
요아같	1	요해taerg	2	요해원	2	요해스키	1
요아날	3	요아잖있	1	요어었없	1	요예디어	1
요예뭐	29	요아잡	1	요어있	1	요해tnagele	1
요와	2	요아좋	1	요에니아	2		
총 빈도수				203			

[표-5] 해요체(-요)의 빈도

어절	빈도	어절	빈도
죠같	1	죠였보	4
죠겠시주	2	죠이늘오	1
죠겠하	1	죠이람사	1
죠꿨	1	죠이봄	1
죠끼느	1	죠있	5
죠랬바	1	죠잡붙	1
죠렸다기	1	죠하떡어	1
죠알	1	죠하스키	4
죠였나	1		
총 빈도수		28	

[표-6] 해요체 (-죠)의 빈도

'해요체'는 비격식체이지만 상대를 높여주는 말로, 윗사람과 아랫사람에게 두루 사용되는 상대높임법이다. '합쇼체' 등에 비해서는 덜 격식적이고 덜 정중한 표현이지만, 더 친근함이 있으며 일상 대화에서 폭넓게 쓰이는 말투이다. 고영근·남기심(2009)에서는 이러한 비격식체에 대해서 정감적 용법을 가진다고 하였다.

(2) ㄱ. 봄 봄 봄이 왔네요 <봄봄봄>
　　ㄴ. 이름이 뭐예요? 뭐 뭐예요? <이름이 뭐예요>
　　ㄷ. 그댈 사랑해요 그댈 안을게요 <겨울사랑>
　　ㄹ. 그대가 나의 봄이죠 <러브블러썸>

위의 예문은 '해요체'로 쓰인 가사의 일부분이다. 가사를 격식체인 '왔습니다, 무엇입니까'라고 바꾸어서 비교해보면, 격식체에 비해 비격식체인 해요체가 훨씬 더 청자와 심리적으로 가까움을 느낄 수 있다. 그렇다고 해서 허물없이 대하는 느낌은 아니다. 이것은 보조사 '-요'가 주는 느낌 때문인데, 이렇듯 '해요체'는 다정함과 함께 상대에 대한 존중까지 표현할 수 있는 상대높임법이다. 상대를 따지지 않고 비교적 두루 쓰일 수 있으며, 특유의 정감적인 특성 때문에 '해요체'는 대중가요의 가사에 많이 나타난다고 볼 수 있다.

2.2.1.2. 비격식체 - 해체 (-해)

대중가요의 가사에서 '해요체'보다 더욱 많이 사용되는 것이 '해체'이다. '해체'는 비격식체의 반말투로, 같은 비격식체의 '해요체'가 존대의 자질을 가지는 것에 반해 비존대의 자질을 가진다.

어절	빈도	어절	빈도	어절	빈도	어절	빈도
해	17	해리까	1	해상상	3	해요필	4
해각생	2	해리빨	1	해상속	1	해워샤	2
해금궁	1	해만살	1	해시섹	1	해원	4
해급	1	해말	4	해실확	1	해작시	1
해긋지긋지	1	해멍	1	해안불	2	해전여	1
해기얘	2	해명선	2	해야써경신	1	해조건	1
해대기	4	해못	4	해야해시섹	1	해쩡멀	1
해득가	1	해변	1	해야해심조	1	해취	5
해떡어	11	해복행	1	해약	1	해|suoiruq	5
해라초	1	해분가홀	1	해억기	2		
해랑사	11	해사감	1	해억추	1		
총 빈도수				109			

[표-7] 해체 (-해)의 빈도

위의 [표-7]는 '해체'의 일부이다. '해체'의 경우 그 종류가 너무 많은 관계로 '-해'로 끝나는 '해체'만의 빈도를 제시하였다. 이 외에도 '-줘, -아/어, -야'를 비롯해서, 대중가요의 가사에서 해체는 다양하게 나타나며

많은 비중을 차지하고 있다. 이러한 '해체'의 사용은 앞서 2.1.절에서 살핀 2인칭 호칭 '너'의 빈도와도 큰 관련이 있다고 생각해볼 수 있다.

(3) ㄱ. 눈을 감고 널 기억해 <모노드라마>
    ㄴ. 너를 상상해 <man in love>
    ㄷ. 니 전화기는 없는 번호로 나와 <있다 없으니까>
    ㄹ. 날카로운 가시로 널 아프게 할 걸 <로즈>
    ㅁ. 널 만날 생각만 했지 <오늘밤>

예문 (3)에서 보듯이 '해체'는 주로 2인칭의 '너'와 공기해 나타남을 알 수 있다. '해체'는 상대를 낮추는 반말체이기 때문에, '님, 그대, 당신'보다는 '너'와 더욱 잘 어울리는 말투이다. 즉, 2인칭 '너'의 높은 빈도와 '해체'의 높은 빈도는 서로 비례해서 쓰인다고 할 수 있다.

따라서 2인칭에서 '너'가 많이 쓰이는 현대의 대중가요에서 해체가 많이 나타나는 것은 필연적인 결과인 것이다. 그리고 이러한 비격식체의 말투는 현대 대중가요의 언어가 가지는 한 가지 특징이 된다.

2.2.2. 격식체

대중가요의 가사에 나타난 상대높임법 중, 격식체는 비격식체에 비해 현저하게 낮은 빈도를 보인다. 여기서는 대중가요의 가사에서 격식체의 '해라체'와 '합쇼체'가 얼마나 나타나는지를 살펴보도록 한다.

2.2.2.1. 격식체 - 해라체

'해라체'는 청자를 가장 낮추어 대하는 상대높임법이다. 그런 만큼 청자의 나이가 많은 경우보다는 어린 경우에 '해라체'를 쓴다.

어절	빈도	어절	빈도
자키지	1	다친지	1
라봐	1	다살	1
라져어떨	1	다싫	11
다있	10	다싶	16
다있워누	1	다없	4
다주	1	다렸들	2
다진던	1	다른부	2
다진번	1	다리거듬더	1
다진어흘	1	다리그	1
다찮귀	1		
총 빈도수		58	

[표-8] 해라체의 빈도

그래서인지 앞서 '해체'가 많이 사용되고 있던 것과는 달리, 대중가요의 가사에서는 '해라체'가 많이 나타나지 않았다. 몇 가지 예를 아래에 들어본다.

(4) ㄱ. 내 욕실에 칫솔이 있다 없다 <있다 없으니까>
ㄴ. 너 잘났다 정말! <i got a boy>
ㄷ. 흐르는 눈물이 널 부른다 <싫다>
ㄹ. 소중했던 기억들이 저 하늘에 번진다 <싫다>

보통 대중가요의 가사에서의 '해라체'는 '-다'의 형태로 책을 읽듯 덤덤하게 끝나는 것이 일반적이다. 다만 (4 ㄴ)과 같이 상대를 비꼬거나 싫은 소리를 할 때에는 과감하게 '해라체'를 사용하는 것을 볼 수 있다.

2.2.2.2. 격식체 - 합쇼체

격식체인 '합쇼체'는 그 사용빈도가 '해라체'보다 더욱 낮다. 50곡의 대중가요 속에서 고작 4번이 나왔을 뿐이다.

어절	빈도
다니낍느	1
다니봅래바	1
다니봅어빌	1
다니습있	1
총 빈도수	4

[표-9] 합쇼체의 빈도

이들 '합쇼체'는 모두 <겨울사랑>이라는 한 곡에서 나왔는데, 그 예를 보이면 다음과 같다.

> (5) ㄱ. 나는 그댈 알고 있습니다 말하지 않아도 느낍니다 그런 나와 닮
> 은 곳이 많은 아픈 사람이죠 <겨울사랑>
> ㄴ. 빌어봅니다 하늘에라도 나의 기도가 닿을 수 있게 바래봅니다
> 이젠 멈출 수도 없는 독한 사랑에 <겨울사랑>

예문 (5)에서는 '합쇼체'와 '해요체'를 함께 사용하고 있다. 실제 우리의 언어생활에서도 합쇼체와 해요체의 혼용은 많이 일어나고 있고, 이러한 현상은 우리에게 전혀 어색하지 않다.[8] (5)는 현실의 언어 습관이 가사에도 반영된 것으로 볼 수 있을 것이다.[9]

2.2.절의 내용을 종합해 볼 때, 높임의 경우에는 격식체인 '합쇼체'의

---

8) 고영근 · 남기심(2009: 334-335)에서도 "선생님 안녕하셨습니까? 오래간 만에 뵙습니다.
그런데 하시던 일은 잘 되셨나요. 그 동안 고생이 많으셨지요?"라는 예문에 대해서, 같
은 사람이 같은 때에 동일한 인물에 대하여 하는 말 속에 한 등급 이상의 종결어미가
섞여 쓰인 것으로 보았다.
9) 그러나 가사의 글자 수를 보면 운율을 맞추기 위해 의도적으로 '합쇼체'를 썼을 가능성
도 전혀 배제할 수는 없다.

자리를 비격식체인 '해요체'가 대신하고 있으며, 낮춤의 경우에는 격식체인 '해라체'의 자리를 비격식체인 '해체'가 메우고 있는 것을 볼 수 있다. 다시 말해, 노래 가사의 상대높임법은 격식체보다는 비격식체를 더 취하고 있다. 이는 노래 가사의 성격상 격식체보다는 좀 더 정감적인 어투인 비격식체가 가사 표현과 전달에 효과적이기 때문이라고 생각해 볼 수 있다. 더불어 현대 일상 언어생활에서 '해라체'와 '해체'의 비중이 높아진 것도 그 이유로 들 수 있다. 예전과 달리 최근에는 연인, 부부 사이에서도 존대보다는 반말투를 사용하는 사람들이 많고10), 형제나 부자 간에도 서로 해체를 사용하기도 한다11). 이처럼 대중가요의 가사에는 우리의 언어생활이 반영되어 있다.

2.3. 영어의 사용

최근의 대중가요를 들으면 누구라도 영어가 많이 쓰였다는 것을 느낄 수 있을 것이다. 본고에서 2013년도 상반기 대중가요 50곡을 대상으로 빈도수를 내 본 결과, 총 일만 어절이 넘는 어절 중에서 영어 어절은 총 274개 종류, 총 2538개 어절이 들어있는 것으로 확인되었다. 가사의 약 20%가 영어라는 것이다.

순위	어절	빈도수	백분율
1	i	199	1.79%
2	you	135	1.22%

---

10) 남녀가 유별한 시대에는 연인이나 부부 사이에서도 존대를 하는 게 일반적이었으나 현대에 와서는 마치 친구처럼 대화를 하는 연인이나 부부들도 많다.
11) 아들이 엄마에게 "엄마, 배고파. 밥 줘." 등의 표현을 하기도 한다.
12) 'I'm'등의 'm'에 해당함
13) 'what's'등의 's'에 해당함

순위	어절	빈도수	백분율
3	oh	122	1.10%
4	ooh	112	1.01%
5	m[12)	95	0.86%
6	to	70	0.63%
7	me	64	0.58%
8	it	63	0.57%
9	s[13)	62	0.56%
10	girl	52	0.47%
11	yeah	49	0.44%
12	bad	46	0.41%
합계		1069	9.62%

[표-10] 상위 12위까지의 빈도 (영어)

[표-10]은 영어 어절의 상위 12위까지의 빈도이다. 불과 12개의 단어임에도 불구하고 1069번이나 쓰였는데, 이는 전체 영어 어절 빈도의 절반, 총 어절 빈도의 10%에 이르는 수치이다.

이들 대중가요에 쓰이는 영어는 'oh, yeah'처럼 노래의 박자를 맞추거나 가사의 운율을 맞추기 위함은 물론이요, 최근에는 후크송(Hook Song)과 같이 큰 의미 없이 쓰이는 영어 가사들도 많다. 아래의 예문을 보자.

(6) ㄱ. somebody body, somebody body somebody to love yeah i want somebody body, somebody <somebody>
　　ㄴ. 너무 fancy한 그댈 보면 내 마음이 pitapatting pi pitapatting 네 얼굴만 보면 두 다리가 tremble tremble tremble <외국인의 고백>

예문 (6 ㄱ)의 'somebody'는 'somebody'라는 한 곡에서 무려 37번이 사용되었다. 또 (6 ㄴ)에서처럼 반복된 영어 구절을 사용하거나 국어 문장의 구성에 영단어를 끼워 넣기도 한다. 외래어와 영어가 일상생활에 깊

숙이 침투하면서, 대중가요의 가사에도 전혀 무리 없이 자연스럽게 사용되고 있는 것이다.

3. 결론

지금까지 대중가요의 가사에 나타나는 언어의 특징을 빈도수에 의거하여 살펴보았다. 본 논문은 그간 연구들과는 달리, 정서적 · 문학적 측면에서 가사 하나 하나를 음미하고 파헤치기보다는 계량화된 수치를 통해, 대중가요에 어떤 언어적인 특징들이 드러나는지를 파악하고자 하였다. 대중가요가 현대소설이나 현대시보다 더 자주 대중들에게 읽히고 곱씹히는 지금, 대중가요의 가사는 현대소설이나 현대시만큼, 혹은 그보다 더 언어학적인 연구 가치가 있다고 할 수 있다. 그리고 본고는 대중가요의 가사를 통해 대중들의 언어생활을 바라보고자 했다는 점에서 의의가 있다고 할 수 있겠다.

그러나 이러한 계량적 연구는 단편적인 연구보다는 비교연구를 할 때 그 가치가 더 드러난다고 생각하는 바, 본 연구를 발판 삼아 '시대별 대중가요의 가사 변화' 같은 연구들이 이루어질 수 있기를 기대한다.

▣ 참고문헌 ▣

가온차트, http://www.gaonchart.co.kr/

고영근 · 남기심(2009), 『표준국어문법론』, 서울: 탑출판사.

김광해(1998), 「일제 강점기의 대중가요에 대한 계량언어학적 연구: 유성기 음반 채록
　　　본을 중심으로」, 『한국어의미학』 3, pp. 197-215.

김광해 · 윤여탁 · 김만수(1999), 『일제 강점기 대중가요 연구』, 서울: 박이정.

김익두(2012), 「기획논문 : 한국 대중가요 연구사 검토」, 『공연문화연구』 24, pp. 5-45.

김홍석(2009), 「20세기 후반 대중가요 노랫말의 오용 실태」, 『새국어교육』 83, pp.
　　　459-484.

네이버 지식백과, http://terms.naver.com/entry.nhn?docId=1354046&cid=40942&categoryId=33046

민충환(2000), 「대중가요 노랫말에 나타난 언어의 특이점」, 『어문집』 21, pp. 39-50.

박보현(2011), 「대중가요 제목에 나타난 언어 사용 실태 연구 : 2005-2009년 인기 가
　　　요를 대상으로」, 『국내학술제』 2, pp. 85-96.

장유정(2012), 「기획논문 : 1970-80년대 한국 대중가요 가사의 특징 : 공중파 방송 인
　　　기곡을 중심으로-」, 『공연문화연구』 24, pp. 79-113.

한미선(1999), 「대중가요에 나타난 청소년 언어의 실태분석」, 충남대학교 석사학위논문.

홍연주(2011), 「한국 대중가요 노랫말의 특성에 관한 담론」, 『한국엔터테인먼트산업학
　　　회논문지』 5, pp. 1-4.

■ 편집자 주석

1) 대중가요: 서양음악이 도입되던 시절부터 대중 사이에서 즐겨 불려온 세속적인 노래를 말한다. 예술가곡의 상대적인 개념으로 유행가라고도 한다. 예술가곡이 예술성과 심미 성에 가치를 두는 데 반하여 대중가요는 감각적인 대중성·오락성·통속성·상업성에 기초를 두고 있다. (네이버 지식백과, http://terms.naver.com/entry.nhn?docId=1081427&cid= 40942&categoryId=33044)

2) 인칭대명사: 대명사란 '사물의 이름을 대신 가리키는 말'로, 인칭대명사는 지시 대상이 사람을 가리킬 때 쓰는 대명사를 뜻한다. 인칭대명사는 1인칭, 2인칭, 3인칭 대명사로 나눌 수 있는데, '나, 저, 우리' 등은 1인칭 대명사, '너, 자네, 너희' 등은 2인칭 대명 사, '이분, 저분, 그, 그분' 등은 3인칭 대명사에 속한다. (고영근·구본관(2011), 『우리 말 문법론』, 파주: 집문당, pp.69-71.)

3) 상대높임법: 말하는 이가 특정한 종결어미를 씀으로써 말 듣는 이를 높이거나 낮추어 말하는 법을 일컫는다. 높임의 정도에 따라 몇 등급으로 나뉘는데, 아주높임의 합쇼체, 예사높임의 하오체, 예사낮춤의 하게체, 아주낮춤의 해라체가 있다. 이 외에도 두루높 임의 해요체, 두루낮춤의 해체가 있으며, 인쇄물에 쓰이는 높임과 낮춤이 중화된 하라 체가 있다. (남기심·고영근(2009), 『표준국어문법론 개정판』, 서울: 탑출판사, p.331.)

4) 해요체: 상대를 두루 높이는 높임법 중 하나로, 아주높임의 합쇼체나 예사높임의 하오 체를 쓸 자리에 쓰이는 비격식체의 존대 표현이다. (남기심·고영근(2009), 『표준국어 문법론 개정판』, 서울: 탑출판사, pp.331-334.)

5) 해체: 상대를 두루 낮추는 높임법 중 하나로 반말이라고도 한다. 예사낮춤의 하게체나 아주낮춤에 해라체를 쓸 자리에 쓰이는 비격식체의 비존대 표현이다. (남기심·고영근 (2009), 『표준국어문법론 개정판』, 서울: 탑출판사, pp.331-334.)

※ 이 글은 『건지인문학』 제12집에 실렸던 것을 새로 다듬은 것입니다.

한글 맞춤법 해설 텍스트 분석
― 한글 맞춤법 총칙 해설 텍스트 중심으로 ―

고아라

목 차

[해 설]

◉ 목적 및 특성

이 연구는 똑같은 기능을 하는 텍스트라고 할지라도 작가가 지향하는 의도나 목적에 따라서 각 텍스트 간의 거시 구조가 달라질 수 있음에 주목한 것이다. 예를 들면 같은 내용의 정보를 설명하겠다는 똑같은 목적과 의도를 가졌다고 해서 모든 텍스트들이 같은 특성을 보이지는 않는다는 것이다. 텍스트 연구에 있어서 기능으로 바라보는 연구 이외에도 여러 가지 텍스트 변인들에 의해 텍스트를 구성하는 내용이나 전개 방식이 달라질 수 있다는 것을 보이고자 함이다. 이러한 가설을 증명하기 위해서 같은 기능을 가진 텍스트, 같은 설명 대상에 대한 텍스트를 선정하여 각각의 거시 구조를 분석함으로써 기능이 같은 텍스트 간일지라도 서로의 특성이 다름을 도출해낼 것이다. 그리고 그 원인이 되는 텍스트 변인이 무엇인지 밝히려고 한다.

◉ 연구 대상 및 방법

같은 설명 대상에 관한 텍스트, 같은 기능을 가진 텍스트이어야 한다는 두 가지 조건에 부합하는 텍스트로 '한글 맞춤법 제1 장 총칙'을 설명 대상으로 한 텍스트, 그리고 이를 해설한 텍스트, 즉 텍스트의 기능이 제보 기능인 것으로 한정하여 서로 다른 두 텍스트를 선정하였다. 첫 번째 텍스트는 '이희승 외(2010),『증보 한글 맞춤법 강의』, 신구문화사'이며, 두 번째 텍스트는 '최병선(2009),『교양의 조건 한글 맞춤법』, 역락'이다. 이렇게 선정된 연구 대상의 텍스트의 거시 구조를 분석하였다. 거시적 구조 분석은 대략적 구성 분석을 먼저 한 후, 텍스트를 이루고 있는 하위 단락들의 내용 및 주제들까지도 분석하였다. 이러한 분석은 각 텍스트들이 지닌 특징을 도출해내는 근거와 자료로 삼았다.

◉ 핵심 내용

먼저『한글 맞춤법 강의』의 거시 구조를 분석한 결과 제시와 기술이 독보적으로 많은 구조를 보이고 있었다. 또한 기술을 할 때 예만 대량으로 모아 제시하는 예문 구조 또한 많이 드러났다.

좀 더 구체적으로 구조를 살펴보면 주제 전개 방식에 있어서 제시와 기술이 반복적으로 나타나는 구조였다. 제시 단락의 특성으로는 첫째 각각의 제시는 나열적 관계임이 나타났다. 또한 총칙에 종속된 각 항 3개를 연역적으로 제시하고 그에 대한 설명을 하는 구조임을 알 수 있었다. 이는『한글 맞춤법 강의』의 선텍스트가 되는 '한글 맞춤법 총칙'을 그대로 재수용하고 있음을 알 수 있다.

제시 단락에 내용이 종속된 단락들은 모두 기술 단락으로 구성되어 있었다. 예시나 예문의 기술 단락은 선텍스트인 한글 맞춤법에 충실하게 그대로 재수용되는 형태이며, 언어학 및 국어학적 전문 이론 내용과 관련지어 설명한 부분이 많았다. 이와는 반대로 해설 텍스트의 특성과는 맞지 않게 기술을 생략하는 양상도 있었다. 이는 표면적으로 생략이지만 궁극적으로는 후에 따로 장을 만들어 상술하고 있으므로 궁극적으로는 확장하여 다시 쓰인 것이라고 결론 낼 수 있다. 그리고 선텍스트에 대하여 미처 설명을 다하지 못하고 있는 부분은 '참고사항'을 따로 두어 한글 맞춤법에 대한 총체적 이해를 텍스트 생산자는 의도 하고 있다는 결론이 도출된다.

그 다음 텍스트로『교양의 조건 한글 맞춤법』의 거시 구조를 분석해 보니 앞선『한글 맞춤법 강의』와 같이 한글 맞춤법 총칙의 세 조항을 병렬적인 관계로 제시하고 그것에 대한 설명이 종속적으로 이루어진 구조였다. 또한 대체적으로 연역적 방법으로 텍스트 구성도 공통적이었다. 그러나 기술 단락이 제시 단락 이전에 위치해 있다는 점, 참고 사항과 같은 기술 단락이 없으며 기술 단락이 수가 앞서 분석한『한글 맞춤법 강의』보다 많다는 점이 달리 나타났다.

하위 단락 중 기술 부분에 대한 자세한 분석을『한글 맞춤법 강의』와의 차이점 위주로 하면 그 특징은 다음과 같다. 첫째, 기술 단락의 내용을 살펴보면 예문과 그 것과 관련성 있는 글의 인용이 주를 이루며, 둘째, 각 조항을 제시한 뒤에 종속적으로 연결된 기술에서는 각 조항의 의미를 어떻게 파악하는 것인지에 대하여 중점을 두고 설명했다.

또한 이해하기 쉽게 파악할 수 있도록 관련 내용을 표로 제시함으로써 가독성을 높이고 있다. 마지막으로 북한의 어문 규정을 담아내고 있다. 북한 어문 규정과의 비교는 교양적인 상식을 쌓게 하겠다는 텍스트 생산자의 의도가 포함되어 있다고 분석이 가능하다.

이러한 기술을 통해 전자의 텍스트는 성인, 전문가를 대상으로 하는 텍스트이며, 후자의 텍스트는 성인, 비전문가를 대상으로 하는 텍스트라는 것을 알 수 있다.

◉ 연구 효과

텍스트에서 나타나는 거시 구조와 그에 따른 단락 구성과 내용을 통하여 텍스트 각각의 특징을 도출해낼 수 있었다. 또한 이러한 특징들을 바탕으로 텍스트 생산자가 바라는 텍스트 수용자가 주로 어떤 계층인지, 텍스트 생산자의 의도가 무엇인지 추론 가능할 것이라는 기대가 가능할 것이라고 본다. 이러한 점은 텍스트 생산자의 의도와 목적, 텍스트 생산자가 생각하는 독자의 층위에 따라서 텍스트의 단락 구성이나 단락의 내용적 특징을 결정지을 만한 단서를 제공해 줄 수도 있을 것이다.

1. 서론

1.1. 연구 목적

본 연구는 똑같은 기능[1]을 하는 텍스트라고 할지라도 작가가 지향하

---

1) 한국텍스트언어학회(2004)에 의하면 텍스트의 기능이란 '텍스트에서 지배적인 의사소통 의도'로 정의할 수 있다고 한다. 또한 여기에서는 아래와 같이, 텍스트 기능의 종류를 크게 다섯 가지로 유형화 하고 있다.
   ① 제보 기능: 저는 (텍스트 생산자는) 당신에게(텍스트 수용자에게) 다음과 같은 것을 알려드립니다.
   ② 호소 기능: 저는 (텍스트 생산자는) 당신에게(텍스트 수용자에게) 다음과 같은 것을 요구합니다.
   ③ 책무 기능: 저는 (텍스트 생산자는) 다음과 같은 행위를 할 의무를 지겠습니다.
   ④ 접촉 기능: 개인, 집단, 혹은 기관 사이의 관계를 형성하고 유지하는데 기여하는 텍스트의 기능으로 상위의 수행동사는 별도로 상정하기가 힘들다.
   ⑤ 선언 기능: 나(텍스트 생산자)는 이로써(이 텍스트로써) X가 Y로 (간주)되도록 한다.

는 의도나 목적에 따라서 텍스트를 이루는 거시구조가 달리 나타날 수도 있는 가능성에 주목한 연구이다.[1] 즉 본고의 연구 대상이 되고 있는 한글 맞춤법 제1장 총칙[2] 부분을 해설한 것은 텍스트의 제보 기능에 해당하는 것을 충실히 다룬 텍스트임은 분명할 것이다.

그러나 가령, 국문학을 전공하고 있는 학부생이나 대학원생을 대상으로 전공자로서 심도 있는 한글맞춤법의 이해를 위해 역사적 변화 과정을 함께 제시한 해설 텍스트[3]와, 일반인들을 위하여 올바른 한글 맞춤법 사용을 도모하기 위해 실생활에서 자주 우를 범하는 실례를 통한 추론적 방법의 해설 텍스트가 있다고 가정해 보자.

이 두 텍스트는 분명 큰 틀에서는 '한글 맞춤법 해설', 즉 '한글 맞춤법을 알리기 위함'이라는 의도를 담고 있어서 기능으로 바라보는 텍스트 연구에서는 비슷한 결과를 도출해낼 수 있을 것이다. 그러나 더 세밀하게 들여다보면, 텍스트 수용자[4]가 다르고 그에 대하여 설명하고자 하는 대상의 초점이 달라질 수 있음을 알 수 있다.

바로 이러한 점이 텍스트를 구성하고 있는 하위 단락들의 구성 내용을 달라지게 할 수 있는 요소라고 생각하고 같은 기능을 가진 텍스트, 같은 대상에 대한 텍스트를 선정하여 각각의 거시 구조를 분석함으로써 목적과 텍스트 수용자에 따라 텍스트가 달리 나타남을 분석하고자 한다. 더 나아가 거시 구조를 분석한 결과를 토대로 두 텍스트 간의 공통점과 차이점을 밝히고 각 텍스트가 가지는 특징을 기술하는 것을 목적으로 삼고자 한다.

1.2. 연구 대상 및 방법

이 연구의 가설[2]을 검증하기 위해 먼저 텍스트의 변인으로 다루고 있는 거시구조를 제외한 다른 요소들에 대하여서는 최대한 같은 점을 가진 두 텍스트를 선정해야 했다. 따라서 같은 대상에 관한 텍스트, 즉 주제가 같은 텍스트이어야 하고, 같은 기능을 가진 텍스트이어야 한다는 두 가지 조건에 대하여서 제한을 두었다.

그리하여 본고에서는 '한글 맞춤법 제1 장 총칙'이라는 대상으로 쓰인 텍스트, 그리고 이를 해설한 텍스트, 즉 텍스트의 기능이 제보 기능인 것으로 한정하여 서로 다른 두 가지 텍스트를 선정하였다. 첫 번째 텍스트는 '이희승 외(2010), 『증보 한글 맞춤법 강의』, 성남: 신구문화사'이며[3], 두 번째 텍스트는 '최병선(2009), 『교양의 조건 한글 맞춤법』, 서울: 역락'이다.[4]

이러한 기준이 충족되는 두 텍스트들을 위와 같이 선정하고, 이 두 텍스트가 다른 요소들이 같음으로 인해서 무조건적으로 거시 구조, 특히 단락 구성과 단락 내용에서 차이를 보이지 않는지에 대한 여부에 중점을 두고자 하였다. 이러한 특성을 고려하여 각각 텍스트의 거시구조 분석을 할 때, 대략적 구성을 분석한 뒤, 텍스트를 이루고 있는 하위 단락들의 내용 및 주제들까지도 분석하여 나타낼 것이다.[5] 또한 이러한 작업을 바탕으로 분석 대상이 되고 있는 각 텍스트들의 특징을 분석할 것이다. 특히 '한글 맞춤법 해설 텍스트' 각각이 지니고 있는 특징을 도출

---

2) 본 논문의 1.1. 참고
3) 거시구조의 자세한 분석을 위해 한글 맞춤법 제1 장 총칙에 해당하는 부분만 이 자료에서 추출하였다. 본고의 대상이 된 부분은 이 책의 pp. 25-31.임을 밝힌다.
4) 이 책에서 본고의 대상이 되는 한글 맞춤법 제1 장 총칙을 해설한 부분은 pp.158-172.이다.
5) 본고의 2.1.과 3.1. 참고

하고자 한다.6)

　그리고 본고에서는 '한글 맞춤법 총칙'을 선텍스트라고 한다면, 본고의 직접적 연구 대상인 '한글 맞춤법 총칙의 올바른 이해를 도모하기 위해 해설한 텍스트'는 목표텍스트(target text)가 된다는 입장에서 서술하였다.

　또한 '한글 맞춤법 총칙'과 '한글 맞춤법 총칙 해설 텍스트'와의 관계를 텍스트와 간텍스트로 볼 수 있다. 고영근 외(2002: 510-531)에 따르면 텍스트들 사이의 관계에서 생성되는 속성을 간텍스트성이라고 일컫고 있으며, 하나의 텍스트가 간텍스트임을 보이는 징표, 곧 간텍스트성은 반복에 있다고 보고 있다. 또한 목표텍스트가 독자적으로 정체성을 가지려면 변형을 사용하여야 한다고 설명하고 있다. 이러한 의견에 따르면 본고의 대상이 되는 '한글 맞춤법 총칙'과 그것을 바탕으로 기술한 '한글 맞춤법 총칙 해설 텍스트'에는 간텍스트성이 내재하여 있다.

　이러한 연구 대상의 특성을 고려하여 거시 구조 분석, 특히 단락의 내용과 주제 전개 방식을 살펴 볼 때에 '선텍스트인 한글 맞춤법 총칙'이 '그것을 설명한 해설 텍스트'가 되면서 반복이 이루어지는 양상과 '한글 맞춤법의 총칙'이 각 텍스트에서 어떠한 방법으로 다시쓰기가 되어 있는지 변형의 관점에 초점을 맞추어 분석해 보고자 한다.

---

6) 본고의 2.2.와 3.2. 참고

2. 『한글 맞춤법 강의』 분석

2.1. 거시 구조 분석

『한글 맞춤법 강의』의 총칙 해설 텍스트 부분에 나타나는 구조적 특성을 살펴보기 위해서 거시 구조5)를 분석하고자 한다. 또한 그 분석한 결과를 바탕으로 『한글 맞춤법 강의』에서 주로 초점을 맞추고자 했던 대상과 목적을 파악하는 계기를 마련하고자 한다.

다음 [그림-1]은 『한글 맞춤법 강의』에서 총칙 부분을 해설한 텍스트의 거시구조 분석한 결과이다. 이것을 분석할 때, 하나의 주제로 묶일 수 있는 것은 단락 구분이 되어 있더라도 한 부분으로 간주하였으며 각 범주 뒤에 번호를 붙여서 분석의 편의를 도모하였다.

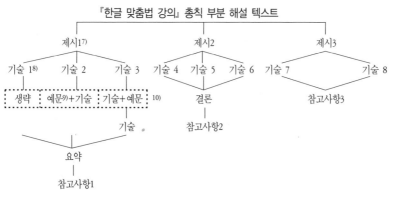

[그림-1] 『한글 맞춤법 강의』에서 총칙 부분 해설 텍스트의 거시구조 분석

---

7) 설명 없이 총칙의 각 조항을 해설 텍스트 본문에 그대로 옮겨 놓은 것을 제시라고 하였다.
8) 본고에서 기술이라는 것은 현상이나 상황에 대하여 이해를 돕기 위해 설명한 성격의 서술을 칭하는 것이다.
9) 예만을 따로 모아 제시한 것을 본고에서는 예문이라고 칭하고 있다.
10) 각 기술1~3에서 사용된 기술의 방식을 표시한 것으로 거시 구조를 형성하는 요소가 아님을 밝힌다.

『한글 맞춤법 강의』 총칙 부분 해설 텍스트의 거시 구조 분석결과가 위 [그림-1]과 같았다. 한글 맞춤법의 이해를 위해 쓰인 글로서, 설명문의 목적을 가지고 쓰이고 있기 때문에 서사 텍스트에서 볼 수 있는 배경, 일화 등의 구조는 보이지 않았으며, 제시와 기술이 독보적으로 많은 것을 알 수 있었다.

또한 기술을 할 때 예만 대량으로 모아 제시하는 예문구조가 드러남을 알 수 있었다. 이는 텍스트 수용자에게 효과적으로 이해를 시키기 위한 수단으로 살펴볼 수 있다. 더욱 자세한 논의를 위하여 [그림-1]로 도출된 구조의 각 항목들이 어떤 내용을 포함하고 있는지 정리한 결과는 아래와 같다.

〈『한글 맞춤법 강의』 총칙 해설 텍스트 단락 구성 및 내용〉

(1) 제시1: 한글 맞춤법 제1조 1항 제시

1) 1항에 포함된 요소를 개괄식으로 정리한 후, 각 요소 기술
   ① 기술1: 1항에 포함된 요소 중 표준어와 관련된 설명을 생략함을 밝힘
   ② 기술2: 소리에 대한 설명
     ▶ 한글 맞춤법의 각 조항에 등장하는 항목을 예문으로 제시
     ▶ 예문에 대한 설명을 언어의 역사성과 관련시킴
   ③ 기술3: 어법에 관한 설명
     ▶ 문법을 어겼을 경우의 단점을 언어의 규칙성과 관련시킴
     ▶ 개념의 이해와 음성 기호의 매개와 문자 사이의 관계에 대한 설명:
       예시의 방법을 사용함

2) 요약 정리: (1)-1)의 내용 요약하여 설명함

3) 참고 사항1
   ① 맞춤법의 역사
   ② 음소적 원리와 형태 음소적 원리
   ③ 표준어: 본서의 《표준어 규정》

(2) 제시2: 2항 제시

1) 기술4: 띄어쓰기의 필요성
  ① 띄어쓰기의 필요성, 당위성
  ② 예문 제시: 띄어쓰기를 하지 않을 때, 중의성이 생기는 짧은 문장의 경우에 대한 해설이 함께 기술
  ③ 긴 문장의 경우도 (2)-1)-②의 설명과 같은 경우가 발생할 수 있음을 기술

2) 기술5: 띄어쓰기의 방법 및 배경
  ① 띄어쓰기의 방법: 띄어쓰기 단위를 중심으로
  ② 음절본위의 한국어 탄생 배경 및 띄어쓰기 문제가 생긴 배경을 다른 언어들의 특성과 비교하여 설명

3) 기술6: 띄어쓰기 예외 문제
  ① 조사의 띄어쓰기 문제를 문자사용의 효율성과 경제성과 관련하여 기술
  ② '원칙으로 한다'의 의미 기술

4) 결론:
  '통일안 ➡ 한글 맞춤법'의 변화 사실을 통한 띄어쓰기 문제에 대한 의미부여

5) 참고사항2
  ① 문자
  ② 단어

(3) 제시: 3항 제시

1) 기술7: 외래어의 정의와 외래어 표기 원리에 대한 설명

2) 기술8: 외래어 표기법 소개

3) 참고사항3
  ① 외래어
  ② 외래어 표기법: 본서의 《외래어 표기법》

2.2. 『한글 맞춤법 강의』 특징

『한글 맞춤법 강의』를 2.1.에서 분석해본 결과 몇 가지 특징을 도출할 수 있었다. 특히 주제 전개 방식의 거시구조를 분석한 결과 제시와 기술이 반복되는 구조인 동시에, 각각의 제시는 나열적 관계임이 드러났다. 이러한 특징은 제보적 기능이 두드러지며, 정보전달이나 설명을 위한 텍스트에 주로 나타나는 구조라고 할 수 있다.

또한 총칙에 종속된 각 항 3개를 연역적으로 제시하고 그에 대한 설명을 하는 구조임을 알 수 있었다. 이것은 선텍스트인 한글 맞춤법 총칙을 그대로 재수용하고 있음을 드러내는 부분이다. 그대로 재수용하여 제시하고, 그 행간에 있는 의미를 드러내기 위해 해설 부분이 첨가되어 다시 쓰이고 있는 것이라고 할 수 있다. 또한 글의 구조가 연역적으로 제시되었다는 것은 예문이나 예를 통한 추론이 아니고 명확한 이론을 제시하는 방법이다. 이는 성인학습자가 선호하는 학습 방식이기 때문에 성인 학습자를 대상으로 하고 있다는 것을 짐작할 수 있는 구조라고 할 수 있다.

그리고 거시구조 분석이 이루어진 뒤, 각각의 기술이 어떠한 방법으로 이루어지고 있는지 어떠한 내용으로 구성되어 있는지를 살펴보았다. 그 결과 제시 후 종속된 단락 모두가 기술 단락으로 구성되었다. 그러나 같은 기술의 방법이라고 해서 모두 같은 방법으로 텍스트 수용자의 이해를 돕도록 구성되어 있지 않았다.

대부분 한글 맞춤법의 이해를 돕기 위해 사용한 방식은 예시 또는 예문 제시였다. 그러나 이 글에서 예시나 예문은 한글 맞춤법에서 든 예를 중심으로 이루어져 있었고, 그러한 예가 제시된 이후에는 '(제x장 y항 참고)' 형식이 덧붙여져 있었다. 이러한 특징은 선텍스트인 한글 맞춤법에 충실하게 그대로 재수용하고 있음을 보여 준다.

또한 기술 단락에 언어학 및 국어학의 이론적 내용과 관련지어 설명한 부분이 많다. 언어의 이론적 내용을 들어 설명한 것은 크게 3가지 이론 유형으로 나눌 수 있었다. 첫째, 언어의 보편적 특성, 둘째는 한국어의 특성과 관련지은 것이며, 마지막은 언어와 관련된 역사적 사실과 관련된 것이다.

첫 번째 언어의 보편적 특성을 들어 설명한 것은 한글 맞춤법도 한 언어로서 한국어가 갖는 언어의 보편성에 기인하였으므로 한글 맞춤법에 대한 당위성을 피력하기 위함이고((1)-1)-②, (1)-1)-③), 두 번째 한국어의 특성과 관련지어 설명한 것은 한글이 한국어를 표현하는 문자이기 때문에 이해를 돕기 위한 것으로 당연하며((2)-2)-②), 세 번째 역사적인 사실은 한글 맞춤법이 갖는 규정에 대하여 본질적인 측면을 이해시키기 위함이거나((2)-2)-②) 역사적인 변화를 이해하면서 현행 한글 맞춤법이 어떻게 발전적인 변화를 꾀했는지 보여주기 위함이었다.((2)-4))

또한 기술 단락을 구성할 때, 제시에 대한 확장 설명만 존재하는 것은 아니었다. 해설 텍스트의 특성상 모든 것을 자세하게 기술할 것으로 기대하였으나 생략하는 부분((1)-1)-①)도 나타났다. 이것은 표면적으로 생략의 방법이지만 궁극적으로는 확장되어 다시 쓰이고 있다. 총칙에서 이 부분에 대하여 생략한 것은 다룰 것이 매우 많아 후에 따로 장을 만들어 상술하고 있는 부분이기 때문이다. 따라서 텍스트 생산자는 총칙부분에서 대략적으로 다루기보다는 뒤에 나오는 장에 마련된 상술을 보고 텍스트 수용자가 한글맞춤법에 관련하여 총체적이고 정확한 이해를 바라는 의도가 숨겨져 있기 때문으로 보인다.

그리고 이와 관련지어서 미처 다 설명하지 못하고 있는 부분에 대한 '참고사항'부분을 따로 두어 한글 맞춤법 이해에 필요한 모든 배경지식을 이해하기 원하고 있는 텍스트 생산자의 의도를 파악할 수 있다. 그리고 미처 설명하지 못했다는 것은 해설텍스트에서 무조건적으로 확장적 성격만 나타나는 것이 아니라 축약이나 생략 등 축소적 성격도 나타남을 알려준다. 하지만 축약과 생략이 정말 축소적인 것인가에 대해서는 참고 사항을 통해 보강하고 있기 때문에 섣불리 결론을 내릴 수 없다. 이러한 축소적 다시 쓰기가 보여주는 의미를 텍스트 생산자의 의도와 관련지어 보면 텍스트 생산자가 바라는 텍스트 수용자 층은 언어학 또는 국어학을 전공하는 성인의 사람으로, 이들이 한글 맞춤법을 언어·국어학적 측면에서 다각도로 이해하기를 원하는 것으로 볼 가능성을 열어 둔다.

　텍스트에서 나타나는 거시 구조와 그에 따른 단락 구성과 내용을 통하여 살펴본『한글 맞춤법 강의』의 특징은 위와 같다. 이러한 특징을 도출해냄으로써, 텍스트의 거시 구조와 내용 특징에 따라 텍스트 생산자가 바라는 텍스트 수용자가 주로 어떤 계층인지, 텍스트 생산자의 의도가 무엇인지 추론해 볼 수 있었다. 이러한 점은 텍스트 생산자의 의도와 목적, 텍스트 생산자가 생각하는 독자의 층위에 따라서 텍스트의 단락 구성이나 단락의 내용적 특징이 결정될 수도 있음을 알 수 있었다.

3.『교양의 조건 한글 맞춤법』분석

　위 2장에서는『한글 맞춤법 강의』를 분석함으로써, 그 책의 특징을 도출하고 그 결과로 텍스트 생산자의 의도 및 목적, 적절한 텍스트 수용자층을 분석하였다. 그러나 자의적인 해석이 될 수 있으므로 비교텍스트로 최병선(2009)를 선정하여 거시구조와 그 구조에 따른 단락 구성과 단락 내용 분석을 2장과 같은 방법으로 진행할 것이다.

그리하여 단락 구성과 단락 내용이 텍스트 생산자의 의도와 목적, 그리고 적절한 텍스트 수용자층에 관여를 하는지에 대하여 살펴보고자 한다.

3.1. 거시 구조 분석

『교양의 조건, 한글 맞춤법 총칙』부분 해설 텍스트의 내용 전개 방식을 보여주는 거시 구조를 분석하면 아래 [그림-2]와 같다.

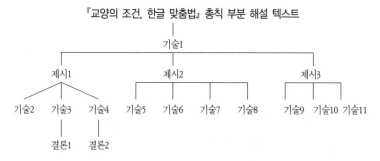

[그림-2] 『교양의 조건, 한글 맞춤법』에서 총칙 부분 해설 텍스트의 거시구조 분석

위 [그림-2]를 [그림-1]과 비교하여 공통점과 차이점을 나누어 서술해 보면 우선 공통점은 한글 맞춤법 총칙의 세 조항을 병렬적인 관계로 제시하고 그 것에 대한 설명이 종속적으로 이루어졌다는 것이다. 즉 연역적 방법의 텍스트 구성인 것이 이 두 텍스트의 공통점이다. 또한 제보 기능의 텍스트답게 기술과 제시의 단락이 독보적으로 많았다.

그러나 거시 구조 분석을 통해서 관찰할 수 있는 몇 가지 차이점도 존재 한다.

첫째, 기술1 부분이 한글 맞춤법 제1 장의 각 항목들이 병렬식 구성으로 나열되기 이전에 드러난다. 이 부분에서는 '총칙'이라는 용어의 의미와 '총칙'이 가지고 있는 특성에 대하여 설명하고 있다. 둘째로는, 『한글 맞춤법 강의』에서 구성되어 있던 참고사항이 없으며, 마지막으로 『한글 맞춤법 강의』보다 기술 단락이 많다.

더욱 자세한 논의를 위하여 [그림-1]로 도출된 구조의 각 항목들이 어떤 내용을 포함하고 있는지 정리한 결과는 아래와 같다.

〈『교양의 조건, 한글 맞춤법』 총칙 해설 텍스트 단락 구성 및 내용〉

(1) 기술1: '총칙'이라는 용어의 의미 및 특징

(2) 한글 맞춤법 총칙 제시
  1) 제시1: 한글 맞춤법 제1조 1항에 포함된 요소를 개괄식으로 정리한 후 제시
    ① 기술2: 한글 맞춤법 제1조 1항에 포함된 요소에 관련한 설명
     ▶ 소리와 어법의 올바른 관계 모색에 대한 문제 제기
     ▶ 한글 표기원리인 형태 음소적 원리를 토대로 소리와 어법 사이의 올바른 관계 파악
     ▶ 부가적 언급사항인 표준어임을 구별하는 것에 대한 어려움을 예문[11]을 통해 설명
     ▶ 표준어를 소리 나는 대로 적었을 경우에 겪을 어려움에 대한 기술
    ② 기술3: 한글 학회(1980)의 <'한글 맞춤법'의 총론 1>[12]과 관련된 설명
     ▶ 한글 학회(1980), '한글 맞춤법'의 총론 1을 제시하고 현행 한글 맞춤법 총칙 1항과의 차이점 서술
     ▶ 현행 맞춤법의 '어법에 맞도록 한다'는 표현과 '원형을 밝힌다'라는 표현에 대한 예를 통한 설명
     ▶ 결론1: 한글 표기의 원리
    ③ 기술4: 북한어 규범의 총칙에 관련된 기술

▶ 조선어 규범집(1987,1966)의 총칙을 제시[13]
▶ 북한어 규범 해설집 원문의 일부를 그대로 제시하고, 조선어맞춤
법에 관한 해설에 대한 설명
▶ 결론2: 북한어의 표기 원리 및 북한과 한국이 총칙 1항의 차이점

2) 제시2: 한글 맞춤법' 제1조 2항 제시
① 기술5: 한글 맞춤법 제1조 2항 분석
▶ 2항의 간결성에 대한 언급
▶ 과거 한글맞춤법 통일안(1933)의 오류
▶ 제2 항에서 말하는 단어의 의미
② 기술6: 오류를 범하는 띄어쓰기 문제에 대한 기술
▶ 띄어쓰기에 대한 혼란: 예문 제시[14]
▶ 띄어쓰기 원칙을 뒷받침하는 국어학적 이론 적용하는 예
▶ ㄹ, ㄴ 뒤의 띄어쓰기와 첩어의 띄어쓰기 일반화의 오류: 예시
제시
③ 기술7: 서술 편의를 위한 국어 단어의 분류에 대한 사용 설명
▶ 국어의 품사 분류를 학교문법 기준으로 제시
▶ 학교 문법 품사분류에서 주목할 만한 점: 조사 문제
④ 기술8: 2항의 말뜻 분석
▶ '원칙으로 한다'의 의미 분석: 조사의 띄어쓰기가 예외가 될 수
있음을 의미하는 것

3) 제시3: 한글 맞춤법 제1조 3항 제시
① 기술9: 외래어의 정의와 외래어 표기에 대한 역사적 변화 양상
② 기술10: 제3 항 외래어 표기법에 대한 설명
③ 기술11: 외래어 표기법 제1 장 제시 및 설명
▶ 외래어 표기법의 제1 장 1항~3항 설명
▶ 외래어 표기법의 제1 장 4항 설명
▶ 외래어의 영향을 받아 국어의 음운체계나 규칙이 변형된 예를
제시하며 설명

---

11) 표준어를 현행 표기법대로 적은 예문과 표준어를 소리대로 적은 예문을 아래와 같이
제시하고 있다.

『교양의 조건 한글 맞춤법』 총칙 부분 해설 텍스트의 단락 구성 및 내용을 살핀 결과는 위와 같다. 본고의 3.1.에서 다루었던 『한글 맞춤법 강의』와의 차이점을 중심으로 그 결과를 정리하면 우선 결론1과 결론2 부분이 있다.

기술 방식에 있어서 『한글 맞춤법 강의』의 경우, 예문이나 예시를 통한 기술뿐 아니라 국어 · 언어학적 배경지식을 사용하여 기술하였으며, 역사적 사실을 바탕으로 하는 배경지식도 동원하였다. 그러나 『교양의 조건 한글 맞춤법』에서 기술 단락의 내용을 살펴보면 예문과 그 것과 관련성 있는 글의 인용이 주를 이룬다. 이 글에서도 한글 맞춤법의 역사적인 진행과정을 보여주는 단락 내용이 있다((2)-1)-②). 그러나 현행 한글 맞춤법을 한글 학회(1980) 한글 맞춤법 총론과 비교하여 있어 『한글 맞춤법 강의』보다는 최근의 내용으로 그 역사적 추이를 살펴보고 있다. 하지만 『한글 맞춤법 강의』에서처럼 띄어쓰기에 관한 설명에 있어서는 동일하게 한글 맞춤법 통일안(1933)의 내용을 제시하며 그 오류를 설명

> <보기>
> ① 낮에 놀다 두고 온 나뭇잎배는 엄마 곁에 누워도 생각이 나요.
>   (현행 표기)
> ② 나제 놀다 두고 온 나문닢뻬는 엄마 겨테 누워도 생가기 나요.
>   (소리대로 표기)

12) 한글 맞춤법은 표준말의 각 형태소를 소리대로 적되, 그 원형을 밝힘을 원칙으로 한다.
13) ① 조선어 규범집 총칙(1987): 조선말맞춤법은 단어에서 뜻을 가지는 매개 부분을 언제나 같게 적는 원칙을 기본으로 하면서 일부 경우 소리나는대로 적거나 관습을 따르는 것을 허용한다.
   ② 조선어 규범집 총칙(1966)
   1. 맞춤법은 단어에서 뜻을 가지는 매개의 부분을 언제나 같게 적는 원칙을 기본으로 한다.
   2. 조선글은 왼쪽에서 오른쪽으로 가로쓰는 것을 원칙으로 한다.
14) 이때의 예문은 최병선(2009: 166)에서 제시한 것으로, 사람들이 일반적으로 오류를 범하기 쉬운 띄어쓰기의 일례를 나열한 것이다.

하고 있다.((2)-2)-①)

또한 각 조항을 제시한 뒤에 종속적으로 연결된 기술에서는 각 조항의 의미를 어떻게 파악하는 것인지에 대하여 중점을 두어 설명하고 있다. 그리고 그 의미를 해석함에 있어서 필요한 국어학적 언어학적 지식은 표로 제시하거나((2)-2)-③), 직접 인용하여((2)-3)-③) 『한글 맞춤법 강의』보다 가독성이 좋다. 그리고 『한글 맞춤법 강의』에서는 예문을 제시할 때에 기술 단락 안에 섞여 있고, 설명과 동시에 이루어지는 반면 여기에서는 예시가 아닌 예문을 제시할 때 항상 각주 12)와 같은 형태로 제시하고 있어 보기에 편안하다.

마지막으로 이 글에서는 『한글 맞춤법 강의』에는 언급되지 않았던 북한의 어문 규정에 대하여 한글 맞춤법과 비교 하는 방식으로 기술을 하고 있다.((2)-1)-④)

3.2. 『교양의 조건 한글 맞춤법』의 특징

3.1.을 통하여 분석한 『교양의 조건 한글 맞춤법』 총칙 부분 해설 텍스트의 결과를 토대로 『교양의 조건 한글 맞춤법』의 특징을 도출할 수 있다. 먼저 [그림-2]를 통하여 알아보았듯이 그 전개 방식을 보면 설명하는 텍스트답게 제시와 기술항목으로 이루어져 있음을 알 수 있었다. 이는 제보 기능이 지배적인 텍스트임을 보이는 거시구조라고 할 수 있다. 이는 [그림-1]과 비교하여 차이점이 없는 부분이다.

또한 한글 맞춤법 총칙의 세 조항을 병렬적인 관계로 제시하고 그 것에 대한 설명이 종속적으로 이루어졌다. 즉 이 또한 『한글 맞춤법 강의』처럼 귀납적 방법이 아니라 연역적 방법의 텍스트 구성인 것으로 볼 수 있다. 따라서 연역적 설명 방식을 선호하는 성인 학습자를 대상으로 하는 텍스트임을 짐작할 수 있다.

주의해야 할 점은 모든 텍스트의 단락 간 관계가 연역적인 것은 아니다. 부분적으로는 결론을 도출하는 방식의 귀납적 구성도 하위 텍스트 구성에서 나타난다. 그러한 부분은 기술3과 기술4의 하위 텍스트의 단락구성이 귀납적이다. 자세한 상술을 통하여 중요한 원리나 결론을 도출하는 방식으로 텍스트 수용자들의 이해를 돕고 있다.

또한 이 글에서는 기술 1부분이 『한글 맞춤법 강의』에는 드러나지 않는 부분이었다. 이 부분에서 한글 맞춤법 제1 장의 각 항목들이 병렬식 구성으로 나열되기 이전에 나타나고 있는데 '총칙'이라는 용어의 의미와 '총칙'이 가지고 있는 특성에 대하여 설명하고 있다. 이는 텍스트 생산자가 텍스트 수용자들이 총칙의 개념을 잘 모를 것으로 예상하고 구성한 부분이라고 보는 것이 타당할 것이다. 이는 『한글 맞춤법 강의』에 기대되었던 텍스트 수용자층보다 덜 전문적인 사람들을 대상으로 한다는 점을 짐작할 수 있게 하는 사항이다. 실제로 이 텍스트에서는 정의를 사용한 설명 방식을 『한글 맞춤법 강의』에서 보다 많이 사용하고 있었다.

이 텍스트의 수용자 층이 『한글 맞춤법 강의』 텍스트 수용자 층이 비전문적이라는 것을 뒷받침하는 근거가 또 있다. 하나는 『한글 맞춤법 강의』에서 제시와 기술 후 항상 구성되어 있던 참고사항이 없다는 점이다. 이것은 한글 맞춤법에 대한 심도 있는 이해를 유도하기보다는 대략적으로나마 이해하고 친근하게 느끼도록 텍스트 생산자가 의도했기 때문으로 보인다.

다른 하나는 『한글 맞춤법 강의』보다 기술 단락이 많다. 특히 이 단락들은 각 조항을 제시한 뒤에 종속적으로 연결된 기술에서는 각 조항의 의미를 어떻게 파악하는 것인지에 대하여 중점을 두어 설명하고 있다. 그리고 그 의미를 해석함에 있어서 필요한 국어학적 언어학적 지식은 표로 제시하거나, 직접 인용하여 가독성이 좋게 편성되어 있다. 그리고『한글 맞춤법 강의』에서는 예문을 제시할 때에 기술 단락 안에 섞여 있고, 설명과 동시에 이루어지는 반면 여기에서는 예시가 아닌 예문을 제시할 때 항상 각주 12)와 같은 형태로 제시하고 있어 보기에 편안하다. 이러한 설명 방식으로 인하여 기술 단락이『한글 맞춤법 강의』보다 많아지게 되었다. 이것은 또한 생략이나 축약적인 다시 쓰기 없이 세세하게 설명을 했다는 말이 된다. 특히 기술 방법에 있어서 총칙과 예문 또는 인용을 중심으로 한글 맞춤법 행간에 숨어 있는 의미를 파악하도록 유도한 것은 비전문가 집단을 예상하고 쓴 텍스트라 것을 증명할 수 있는 근거가 될 수 있다고 판단한다.

마지막으로 이 글에서는『한글 맞춤법 강의』에는 언급되지 않았던 북한의 어문 규정에 대하여 한글 맞춤법과 비교 하는 방식으로 기술을 하고 있는 부분((2)-1)-④)이 존재한다. 이 부분은 텍스트의 수용자가 제목에도 드러나듯이 교양적인 상식을 쌓기에 도움이 되는 부분이지만, 전문적인 내용은 아니다. 또한 한글 맞춤법 총칙에서 북한어의 어문 규정과의 비교를 꾀한 것은 한민족의 언어가 어떻게 다른 양상을 보이고 있는지를 알리기 위한 텍스트 생산자의 의도가 포함되어 있는 것으로 볼 수 있다. 즉 한글 맞춤법과 북한어의 차이를 일상적으로 인식하고자 함일 것이다.

4. 결론

본 연구는 텍스트의 기능으로 바라보는 관점에서 벗어나 같은 기능을 하고, 같은 주제로 된 글이라 하더라도 단락의 전개방식과 그 단락의 구성 내용이 차이를 보일 수 있는지를 알아보고자 하였다.

본 연구의 목적을 달성하기 위해 텍스트의 주제와 기능을 제한하여 두 가지 텍스트를 분석하였다. 이를 토대로 텍스트 생산자의 의도와 목적, 또는 텍스트 생산자가 바라는 텍스트 수용자층이 어떤지를 추론할 수 있었으며, 양자 텍스트의 특징을 도출하여 정리할 수 있었다.

◼ 참고문헌 ◼

고영근(1999), 『텍스트이론-언어문학통합론의 이론과 실제』, 서울: 아르케.

고영근 외(2002), 『문법과 텍스트』, 서울: 서울대학교출판부.

윤석민(1989), 「국어의 텍스트 언어학적 연구 시론」, 서울대학교 석사학위논문.

이희승 외(2010), 『증보 한글 맞춤법 강의』, 성남: 신구문화사.

최병선(2009), 『교양의 조건 한글 맞춤법』, 서울: 역락.

한국텍스트언어학회(2004), 『텍스트 언어학의 이해』, 서울: 박이정.

■ 편집자 주석

1) 텍스트 언어학: 의미론적으로 완결된 의사소통의 단위인 텍스트를 대상으로 인간의 텍스트 능력을 연구하며 텍스트 생산과 텍스트 수용의 규칙 등의 텍스트 규칙을 연구하는 언어학 연구 분야이다.
2) 한글 맞춤법 총칙: 한글 맞춤법의 모든 조항을 아우르는 규칙으로, 그 내용은 '한글 맞춤법은 표준어를 소리대로 적되, 어법에 맞도록 함을 원칙으로 한다.'는 것으로 한글 맞춤법 제1 장 1 항에 표기되어 있다.
3) 해설 텍스트: 설명 하고자 하는 대상을 자세히 풀어 쓴 텍스트 단위를 말한다. 해설 텍스트는 대부분 제보 기능을 가진다.
4) 텍스트 수용자: 텍스트를 받아들이는 사람을 의미한다.
5) 거시 구조: 명제들 혹은 문장들의 연합인 텍스트는 결국 거시적인 관점으로 파악해야 할 구조를 가지게 되는데 이러한 구조를 거시 구조라고 한다. 거시 구조는 여러 층위를 가지는 것이므로 거시명제(주제)도 거시 구조 층위마다 추출 가능하다.

※ 이 글은 『건지인문학』 제12집에 실렸던 것을 새로 다듬은 것입니다.

'수+존재사' 구성의 문법화에 대한 연구

김성준

[해 설]

◎ 목적 및 특성

이 글은 문어와 구어 전반에 걸쳐 사용되는 양태표현으로, 가능성의 실현 여부에 대한 의미를 나타내는 '수+존재사'의 구성이 갖는 의미와 형태 변화의 양상을 살피기 위한 논문이다. 이는 기존의 연구들에서 연어 관계 정도로 파악되던 '수'와 '존재사' 사이의 관계가 다량의 말뭉치의 용례를 확인한다면 단순한 연어 관계를 넘어 문법화가 진행 중인 하나의 구성이 될 수 있다는 가정을 하고 말뭉치를 중심으로 연구했다.

말뭉치의 가공과 정리를 위해서 AntConc 3.4.3을 사용했고 정규표현식을 이용해 자료를 전처리했으며 통계는 엑셀을 활용했다. 가공하여 사용할 말뭉치는 세종계획 중에 있는 하나의 도서를 무작위로 뽑아 사용했다. 사용된 말뭉치는 『여백의 질서』라는 책으로 에세이 성격의 사회학 도서로 총 92,174개의 어절로 이루어져 있다.

◎ 연구 대상 및 방법

이 연구에서는 9만여 개의 어절을 AntConc를 이용하여 전체 단어 빈도와 공기 빈도를 확인했고 실제 용례 추출은 세종계획에서 제작한 글잡이2를 사용했다. 이 과정을 통해 말뭉치 속에 나타나는 단어의 빈도를 순위대로 정리한 뒤 동류인 것끼리 다시 한 번 묶어서 가장 많이 나타나는 단어가 '있-' 계열의 존재사인 것을 확인했다. 이를 다시

AntConc로 우측에 바로 인접해서 출현하는 단어 목록을 검출한 결과로 총 74개의 결과
가 검출됐고 1개를 제외한 모두가 '있-' 계열과 '없-' 계열의 단어인 것을 확인할 수 있
었다. 이를 토대로 의존명사 '수'는 대부분 존재사와 함께 나타난다는 점을 확인할 수
있다.

AntConc를 활용한 위의 방법은 9만여 개의 어절을 갖는 말뭉치에 한정돼 사용되기
는 했지만 말뭉치의 규모가 훨씬 더 크더라도 단어 사이의 공기 여부와 그 빈도를 손
쉽게 검출할 수 있는 방법이다.

◎ 핵심 내용

9만여 개의 어절 속에서 '수'와 공기하는 단어는 총 1090개이며 이 중 889개가 '있-'
계열이다. '수'와 존재사가 이렇게 공기하는 것은 당연히 의미적으로 부합하기 때문일
것이지만 한 텍스트에서 내용어가 반복되어 출현할 확률보다는 기능어가 반복되어 출
현할 확률이 훨씬 높다는 점을 통해 보면 단순히 연어 관계에 있다고만은 보기 힘들다.
기능어가 내용어보다 더 많이 반복되어 나타나는 이유는 내용어란 대상이나 개념에 대
한 최소한의 연결 관계가 확보되어야만 출현할 수 있지만 기능어는 실제적 의미가 아
닌 문법적 의미를 나타내기 때문에 규칙적으로 같은 어휘가 다양한 경우에도 사용될
수 있기 때문이다. 예를 들면 한 문장에서 주어 명사나 목적어 명사의 경우는 계열 관
계로 파악하면 무한한 집단을 갖지만 주격조사나 목적격조사의 경우는 그 집단이 매우
한정적이다. 이러한 경우를 확대해 보면 '수+존재사'의 구성도 둘 중 하나가 출현하면
다른 한 단어도 부합해서 출현할 수밖에 없는 하나의 구성이 되어가고 있는 것으로 확
인할 수 있다.

'수'는 의존명사로서 의존명사는 선행하는 관형어에 의해서 그 의미가 한정되는 것
이 일반적이다. 그러나 '수'의 쓰임을 보면 존재사와 공기해야만 사용될 수 있고 선행
하는 관형어에 관계없이 가능성을 나타낸다는 점을 보면 단순히 의존명사의 영역에서
'수'를 다룰 수는 없다. 그리고 존재사로서의 '있-'과 '없-'은 형용사로서 한 자리 수 서
술어로 주어만을 논항으로 요구하며 그 주어로 '수'를 취하는 경우가 대부분이다.

하나의 언어 구성체는 통사적 결합보다는 발전된 형태로 두 언어 요소 사이의 밀접
한 관계 때문에 나타나는 것이다. '수'는 단독으로 사용될 수 없고 자체적으로 담는 의
미도 없다고 볼 수 있다. 따라서 사전에는 하나의 표제어로 등재되지만 존재사와 함께
밖에 나타날 수 없다면 '수 있다(수있다)'와 같은 하나의 구성으로 파악하는 것이 더 바
람직 할 수도 있을 것이다.

이처럼 '수+존재사'가 밀접한 관련을 맺고 사용되는 것은 나아가 '-ㄹ 수 있다', '-
ㄹ 수 없다'와 같은 하나의 단어가 될 가능성도 열어둘 수 있을 것이다.

◎ 연구 효과

이 연구를 통해 기존에 밀접하게 사용된다고 인식할 수 있는 '수+존재사'의 연어 관계를 자료를 통해 확인할 수 있었고 단순히 연어 관계를 넘어 하나의 구성이 될 수 도 있다는 점을 확인할 수 있었다. 또한 자료 처리를 위해 활용한 AntConc와 정규표현 식을 활용한 용례 검출 방식이 9만 어절 규모의 소규모 말뭉치에서 정상적으로 작동한 것을 보면 그 규모를 확대했을 경우에도 동일한 결과를 얻어낼 수 있다는 점을 알 수 있다. 이 연구를 확장하면 '수+존재사'뿐만 아니라 무작위의 말뭉치에서 어떤 단어가 다른 단어와 밀접한 연어 관계를 맺는 경우를 확인해서 두 단어 사이의 관계를 조명할 수 있는 용례를 손쉽게 검출할 수 있을 것이다.

1. 서론

본고는 문어와 구어 전반에 걸쳐 사용되는 양태표현으로 가능성의 실 현 여부에 대한 의미를 나타내는 '수+존재사' 구성의 의미 양상과 문법 화 과정에 대해서 공·통시적으로 살펴볼 것이다.

'수+존재사'가 과연 하나의 구성으로 파악되는지를 확인하기 위해 말뭉치1)에서 '수'와 '존재사'2) 사이의 연어 관계3)를 확인해 볼 것이다. 세종계획의 말뭉치 중 9만 어절 규모의 『여백의 질서』라는 에세이 성격 이 강한 사회학 도서를 선정해서 공기 빈도와 단어 전체 빈도를 비교할 것이다.

사용할 프로그램은 일본 와세다 대학에서 제작하여 무료로 배포한 프 로그램인 AntConc 3.4.3을 사용할 것이다. 이 프로그램을 통해서 전체 단 어 빈도와 공기 빈도를 확인할 것이다. 그리고 실제 용례 추출은 AntConc 의 한국어 지원이 완벽하지 않기 때문에 세종계획에서 만들고 국립국어 원 언어정보나눔터에서 배포하고 있는 글잡이2를 활용할 것이다.

본고에서 다루는 말뭉치는 총 92,174개의 어절로 이루어진 말뭉치 텍스트로 사용 프로그램 성격에 맞추어 AntConc에서는 UTF-8 인코딩을 사용하고 글잡이2에서는 ksc완성형 한글 인코딩을 사용할 것이다.

텍스트 파일 처리에는 Emeditor과 마이크로소프트 엑셀을 활용했다. Emeditor는 정규표현식을 이용한 자료 전처리와 텍스트 파일 인코딩을 변환하는 데 사용했고 마이크로소프트 엑셀은 프로그램을 통해 산출한 용례를 처리하는 데 사용했다.

추출한 용례는 통사적 구성에서 양태적 의미가 어떻게 확장되어갔는지를 중심으로 하여 실제로 '수+존재사'가 문법화의 과정에 있는 하나의 구성인지부터 시작해서 그 구체적 의미는 어떤 변화를 거쳤는지에 대해 확인해 볼 것이다.

2. 말뭉치 가공을 통한 '수 있-' 구성의 확인

본고가 다루는 말뭉치를 AntConc를 이용해 단어 전체 빈도를 확인해 단어의 분포에 대해서 확인해보자. 아래 표의 왼쪽부터 빈도 순위와 빈도 수, 단어를 나타낸다. 여기서 구한 값을 엑셀로 옮겨 빈도 순위 1위에서 50위까지를 구해서 전체 백분율과 누적 백분율을 구하면 아래와 같다.

순위	빈도 수	단어	누적 백분율	전체 백분율
1	1,098	그	1.19%	1.19%
2	1,090	수	2.37%	1.18%
3	923	있다	3.38%	1.00%
4	631	있는	4.06%	0.68%
5	575	것이다	4.68%	0.62%

순위	빈도 수	단어	누적 백분율	전체 백분율
6	413	한다	5.13%	0.45%
7	340	그러나	5.50%	0.37%
8	334	한	5.86%	0.36%
9	282	것은	6.17%	0.31%
10	279	이	6.47%	0.30%
11	247	이러한	6.74%	0.27%
12	242	그것은	7.00%	0.26%
13	239	없다	7.26%	0.26%
14	223	다른	7.50%	0.24%
15	220	때문이다	7.74%	0.24%
16	219	그리고	7.98%	0.24%
17	213	것이	8.21%	0.23%
18	213	하는	8.44%	0.23%
19	212	그러한	8.67%	0.23%
20	198	지역	8.89%	0.21%
21	188	그런데	9.09%	0.20%
22	185	새로운	9.29%	0.20%
23	184	할	9.49%	0.20%
24	183	바로	9.69%	0.20%
25	182	대한	9.89%	0.20%
26	180	모든	10.08%	0.20%
27	173	때문에	10.27%	0.19%
28	172	더	10.46%	0.19%
29	172	아니다	10.64%	0.19%
30	167	된다	10.82%	0.18%
31	163	이제	11.00%	0.18%
32	153	아니라	11.17%	0.17%
33	147	어떤	11.33%	0.16%
34	147	없는	11.49%	0.16%
35	146	많은	11.64%	0.16%
36	146	생산	11.80%	0.16%

순위	빈도 수	단어	누적 백분율	전체 백분율
37	143	경제	11.96%	0.16%
38	141	위해	12.11%	0.15%
39	139	어느	12.26%	0.15%
40	133	같은	12.41%	0.14%
41	131	물론	12.55%	0.14%
42	130	하나의	12.69%	0.14%
43	125	사회	12.82%	0.14%
44	124	것을	12.96%	0.13%
45	124	우리	13.09%	0.13%
46	123	우리는	13.23%	0.13%
47	120	또한	13.36%	0.13%
48	120	매우	13.49%	0.13%
49	113	그것을	13.61%	0.12%
50	113	않는다	13.73%	0.12%

위의 표를 보면 1위에 올라 있는 단어는 관형사 '그'이고 근소한 차이로 2위에 순위를 올린 단어는 의존 명사 '수'이다. 1, 2위를 제외하고 확인할 수 있는 특징은 용언 '있-'의 출현빈도이다. '수'를 이어서 3위와 4위에 모두 '있-'의 활용형이 올라있고 그 합만 따져도 1위인 '그'를 훌쩍 넘는다. 여기서 용언 '있-'만을 모아서 빈도를 내고 그 중 10회 이상 출현한 것들만 모아보면 아래와 같다.

순위	빈도 수	단어	전체 백분율
3	923	있다	1.00%
4	631	있는	0.68%
60	104	있었다	0.11%
77	84	있다는	0.09%
79	82	있고	0.09%

순위	빈도 수	단어	전체 백분율
80	82	있기	0.09%
81	82	있을	0.09%
166	50	있게	0.05%
192	44	있다고	0.05%
215	40	있는가	0.04%
290	32	있어야	0.03%
291	32	있었던	0.03%
441	23	있지	0.02%
474	22	있는데	0.02%
507	21	있도록	0.02%
580	19	있어	0.02%
581	19	있지만	0.02%
622	18	있던	0.02%
623	18	있으며	0.02%
712	16	있는지	0.02%
777	15	있었고	0.02%
778	15	있을까	0.02%
842	14	있다면	0.02%
923	13	있어서	0.01%
1,016	12	있음을	0.01%
1,299	10	있으면	0.01%

'있-'만을 따로 확인한 결과 총 106개의 '있-'을 확인할 수 있다. 1개씩만 출현한 것도 있지만 200위 안에 9개나 위치하고 있는 것을 보면 '있-'이 해당 말뭉치에서 상당한 지위를 갖는 것임을 확인할 수 있다. '있-'이 총 9만개가 넘는 어절 수 중에서 3%에 가까운 2.81%를 차지하고 있는 것을 확인할 수 있었다. 하나의 용언이 많이 출현한다는 것은 해당 텍스트의 성격이 그 용언을 요구하는 성격을 갖는다고 여길 수도 있지만 해당 용언이 어떠한 특징을 갖는 것이라고 생각해볼 수도 있다.

그렇다면 '있-'과 연관되는 단어를 살펴봄으로써 또 다른 특징들을 확인할 수 있는지 살펴보자.

이 과정도 AntConc를 통해 진행할 수 있다. 먼저 '있-'이 들어간 용례를 찾아보면 총 2616개를 확인할 수 있다. 이를 일일이 확인할 수 없기 때문에 '있-'을 대상어로 하여 양쪽으로 4어절 범위 내에 있는 단어를 모두 확인한 뒤 가장 많이 출현한 단어순으로 정렬했다. 11177개의 어절이 '있-'을 중심으로 출연했기 때문에 이 중 상위 20위까지의 단어를 나열하면 아래와 같다.

순위	빈도	좌측 출현 빈도	우측 출현 빈도	단어
1	1,041	947	94	수
2	289	97	192	그
3	136	21	115	것이다
4	128	71	57	있는
5	107	27	80	있다
6	100	13	87	그러나
7	93	39	54	한
8	88	11	77	한다
9	82	65	17	할
10	79	70	9	수도
11	79	8	71	때문이다
12	76	15	61	그것은
13	74	14	60	이러한
14	68	17	51	그러한
15	68	29	39	다른
16	65	13	52	그런데
17	64	50	14	볼
18	60	15	45	이
19	58	14	44	때문에
20	58	24	34	대한

단어 출현 빈도4)에서 1위에 올랐던 '그'의 경우는 여기서 2위로 내려
간 것을 볼 수 있는데 이는 '있-'이 서술어에 해당하는 경우가 많아서
문장의 후반부에 출현하지만 '그'는 관형사이기 때문에 문장의 전반부
에 출현하는 경향이 있기 때문이다. 이는 통계 결과에서 '그'의 출현 빈
도 중 우측 출현 빈도가 좌측 출현 빈도에 비해 두 배 가까이 높게 나타
난다는 점을 보면 확인할 수 있는데 이는 '있-'이 서술어로 기능하여 한
문장이 끝난 뒤 새로운 문장이 시작하면서 관형사 '그'로 시작하게 되는
경우가 있기 때문이다.

가장 많이 출현한 단어는 '수'이다. '수'는 전체 단어 빈도에서 2위에
위치하고 있지만 '있-'과 연어 관계에 있는 단어를 확인한 결과 강한 연
어 관계를 형성하고 있다는 점을 알 수 있다. 아래를 살펴보자.

	전체 빈도	'있-' 중심 빈도	'있-' 중심 좌측 빈도
빈도 수	1,090	1,041	947
백분율	2.37%	9.31%	8.47%

전체에서 '수'는 2.37% 출현하는 단어이다. 그러나 '있-'의 지근에 나
타나는 단어들 중 9.31%가 '수'인 것을 통계 결과를 통해 확인할 수 있
다. 그리고 관형형으로 사용돼 '수'를 수식하는 '있-'을 제외하기 위해
좌측 빈도를 살펴보더라도 그 우측 빈도의 10배에 가깝게 나타난다. 따
라서 의존명사 '수'의 경우 "수 있-"과 같은 형태로 한 묶음처럼 사용되
고 있다는 것을 추측할 수 있다. 여기에 조사가 삽입되어 "수가 있-",
"수는 있-", "수도 있-"의 형태가 나타나기도 한다. 공기 빈도 통계를 보
더라도 10위에 '수도'가 위치해 있고 하위권이기는 하지만 '수가', '수
는'도 존재한다.

그렇다면 '수'를 중심으로 공기 빈도를 산출한다면 더 정확하게 확인할 수 있을 것이다. 아래는 '수'의 공기 빈도이다.

순위	빈도	좌측 출현 빈도	우측 출현 빈도	단어
1	295	8	287	있다
2	260	18	242	있는
3	81	29	52	그
4	69	3	66	없는
5	63	58	5	할
6	63	3	60	없다
7	63	2	61	것이다
8	51	4	47	그러나
9	49	0	49	있었다
10	46	45	1	볼
11	41	2	39	있게
12	39	7	32	있을
13	38	3	35	있다는
14	36	35	1	될
15	34	1	33	있기
16	33	0	33	때문이다
17	29	10	19	때문에
18	28	15	13	그러한
19	28	6	22	것은
20	27	13	14	한
21	27	5	22	있고
22	27	24	3	쉽게
23	26	24	2	알
24	26	13	13	수
25	25	15	10	다른
26	25	7	18	그것은
27	23	21	2	피할

순위	빈도	좌측 출현 빈도	우측 출현 빈도	단어
28	22	14	8	더
29	21	1	20	있도록
30	21	4	17	이러한

상위 30위까지의 공기 빈도이다. 이 중 '있-' 계열의 단어가 총 9개 나타난다. 그리고 전체 순위 중 1, 2위가 '있-'계열이다. 그렇다면 '수' 다음에 바로 어떤 단어들이 결합하는 지를 확인해보자. 이를 위해서 AntConc에서 대상어 주위의 출력 어절 수를 나타내는 Span값을 L을 0을 주고 R을 1로 준 뒤 정규표현식 \b수\b로 collocates탭에서 검색을 하면 그 결과를 확인할 수 있다.

총 74개가 검색이 되고 그 목록은 아래와 같다.

순위	우측 빈도 값	단어
1	267	있다
2	238	있는
3	66	없는
4	58	없다
5	46	있었다
6	39	있게
7	34	있다는
8	32	있을
9	32	있기
10	21	있고
11	20	있도록
12	18	있었던
13	17	있는가
14	13	있을까
15	13	있다고

순위	우측 빈도 값	단어
16	13	없었다
17	12	없다는
18	10	없기
19	9	있어야
20	9	없게
21	7	있을지
22	7	없이
23	7	없을
24	6	있으며
25	5	있지
26	5	있듯이
27	5	있다면
28	5	없었던
29	4	있으면
30	4	있으리라는
31	4	있었을
32	3	있지만
33	3	있었으며
34	3	있었다면
35	3	있었고
36	2	있으리라고
37	2	있으리라
38	2	있으니까
39	2	있었다는
40	2	있었기
41	2	있어
42	2	있겠는가
43	2	없지만
44	2	없음을
45	2	없으며
46	2	없던

순위	우측 빈도 값	단어
47	2	없다고
48	2	없고
49	1	있을지도
50	1	있을지는
51	1	있으니
52	1	있으나
53	1	있었지만
54	1	있었던가
55	1	있었다고
56	1	있었는데
57	1	있었는가
58	1	있어서
59	1	있되
60	1	있는데
61	1	있는가였다
62	1	있느냐고
63	1	있나요
64	1	있겠다
65	1	있겠는데
66	1	없지
67	1	없었다는
68	1	없었다고
69	1	없었기에
70	1	없었기
71	1	없다지만
72	1	없다면
73	1	없는데
74	1	개의

이 중 '있-'과 '없-'이 아닌 항목은 마지막 74번째인 '개의' 뿐이다. 그 리고 총 1090개의 이어진 단어들 중 '있-' 계열의 단어가 882개에 달하

는 것을 볼 때 '수'와 '있-'은 매우 밀접한 관계라는 것을 확인할 수 있다.

전체 단어 빈도에서 '있-'이 차지하는 비중이 많은 이유는 단어의 의미가 내용어에서 기능어로 옮아가고 있기 때문이라고 생각해볼 수 있다. 한 텍스트에서 내용어가 반복되어 출현할 확률보다 기능어가 출현할 확률이 높다. 그 이유는 내용어는 대상이나 개념에 대해서 최소한의 연결 관계가 확보되어야 하지만 기능어의 경우는 실제적 의미가 아닌 문법적 의미를 나타내기 때문에 규칙적으로 같은 어휘가 다양한 경우에 사용될 수 있기 때문이다. 아래 예시를 살펴보자.

(1) (철수)(가) (밥)(을) 먹는다.

괄호 친 단어들은 체언에 조사가 붙은 것으로 체언의 경우 계열관계를 따지면 다른 것으로 대체될 것들이 거의 무한한 것으로 생각되지만 조사의 경우는 상대적으로 유한하다.

'있-'의 경우도 내용어로서 사용되고 있기는 하지만 다른 내용어 용언에 비해서 그 출현빈도가 압도적이다. 이는 기능어로서의 가능성이 있다는 말이 된다. 그리고 '수'와 공기 빈도가 매우 높다는 것은 두 단어가 하나의 구성으로 작용하고 있다고 볼 수도 있다.

3. "수+존재사"의 구성적 측면

앞서 의존명사 '수'와 공기 관계를 이루는 단어는 '있-'과 '없-'밖에 없다는 것을 확인했다. '있-'과 '없-'은 이른바 존재사로서 의미적 분류에서 겹치는 부분이 있다. 존재사는 존재의 유무를 나타내는 의미적 품사 분류 범주를 칭하는 말로 이것이 '수'와 공기 관계를 이룬다는 것은 '수'가 갖는 기능어로서의 의미의 존재 여부를 나타낸 것이 된다. 아래 예시를 살펴보자.

(2) ㄱ. 합리성의 도식에 포섭될 수 있기 때문이다.
    ㄴ. 미루어 짐작할 수 있는가?
    ㄷ. 나타나고 있음을 알 수 있다.
    ㄹ. 홍역으로 볼 수도 있다.

(3) 수
    (어미 '-은', '-는', '-을' 뒤에 쓰여 주로 '있다', '없다' 따위와 함께 쓰여) 어떤 일을 할 만한 능력이나 어떤 일이 일어날 가능성.
    · 모험을 하다 보면 죽을 수도 있다.
    · 살다 보면 그럴 수도 있지.
    · 지금은 때를 기다리는 수밖에 없다.

표준국어대사전에 나타난 '수'의 의미는 (3)과 같이 '어떤 일을 할 만한 능력이나 가능성'이다. 그러나 '수'가 존재사와 공기하지 않고는 출현하지 않았다는 점과 사전에서 드는 예시조차 모두 존재사인 점을 미루어본다면 '수' 자체에는 큰 의미가 없다고 볼 수도 있다. '수'가 의존명사이기 때문에 자체적 의미가 없이 함께 출현하는 단어의 의미가 영향을 미치는 것으로 볼 수도 있다. 그러나 의존명사라는 것은 관형어의 꾸밈을 받아야만 사용될 수 있는 명사로서 관형어의 의미가 의존명사에 영향을 미치는 것이다. 그런데 '수'의 경우는 관형어의 여부와 관계없이 '가능성'을 나타내고 있고 존재사와 일관되게 공기하고 있다. 이는 '수'가 그 자체로 의존명사로 보기에는 무리가 있을 수도 있다는 반증이 된다. 의존명사 역시 대명사는 아니기 때문에 그 자체에 의미가 있을 수는 있고 의미적 상관성에 의해 관형어에 관계없이 같은 의미를 나타낼 수 는 있지만 특정 용언만을 서술어로 취한다는 것은 관형어의 영향만을 받는 것이 아니라 후행하는 서술어의 영향도 받는 다는 것이 된다.

(4) ㄱ. 그럴 수가 없다.
ㄴ. 그럴 가능성이 없다.

(5) ㄱ. *그럴 수가 희박하다.
ㄴ. 그럴 가능성이 희박하다.

위의 예시를 보면 '수'가 가능성의 의미를 갖기 때문에 명사 '가능성' 과 교체를 하더라도 일부 문장은 실현 가능하다는 것을 확인할 수 있지 만. (5ㄱ)을 본다면 '수'가 존재사와 공기하지 않고 다른 용언이 온다면 비문이 된다는 것을 알 수 있다.

따라서 '수+존재사'가 의존명사에 용언이 결합한 단순한 통사 구조 가 아닌 '수 있-/없-'이 그 자체로 하나의 구성이라고 볼 수 있다.

'있-'은 동사와 형용사 두 품사로 모두 전용이 가능하고 동사의 경우 는 필수부사어를 요구하기도 하는 타동사로서의 기능도 갖고 있다. 그 러나 존재사 '있-'의 경우는 형용사의 경우로 주어 이외의 논항을 요구 하지 않고 그 주어로 '수'를 취하는 것이다. 이는 '없-'의 경우에도 마찬 가지이다.[1]

하나의 언어 구성체는 통사적 결합보다는 발전된 형태로 두 언어 요 소 사이의 밀접한 관계 때문에 나타나는 것이다. '수'는 단독으로 사용 될 수 없고 자체적으로 담는 의미도 없다고 볼 수 있다. 따라서 사전에

---

1) '없-'의 품사는 형용사이고 동사로는 사용이 불가능하다.

는 하나의 표재어로 등재되어 있지만 그 풀이가 정당한지는 더 생각해
볼 문제이다. 그리고 관형사가 의존명사의 의미에 영향을 미치는 것이
아니라 후행하는 용언이 그 의존명사의 의미를 결정짓는다는 것은 일반
적인 의존명사의 범주에 대한 설명과도 부합하지 않는다. 그렇다면 '수
있-'의 문법적 위치를 생각해 볼 필요가 있다.

4. "수+존재사" 구성의 문법화

문법화란 본래 내용어이던 것이 차츰 기능어로서의 문법적 특징과 역
할을 갖게 되는 현상을 말한다. '수'는 본래 주어성 의존명사로서 기능
어이다. 반면 '있-'의 경우는 동사와 형용사 양쪽으로 모두 사용되고 그
의미는 존재, 상태의 유지와 관련이 있다.

왕문용(1988)에서 '수'의 기원에 대해서 한자어 '術'의 차용으로 자립
명사로서 사용된 용례를 제시하였다.

> (6) ㄱ. 달니 아라 볼 밧게 슈 업다 ᄒ고 (好逑 118)
> ㄴ. 당신이 무루신이 할 박게 슈ㄱ 업소 (토별;15ㄱ)
> ㄷ. 이벼리 될 박그 수 업다 (춘향;76)

위의 세 용례를 보면 알 수 있듯이 관형어의 수식을 받지 않고 '수'가
등장하고 있다. 이를 본다면 자립명사임에는 틀림없다. 그러나 존재사와
함께 등장한다는 점을 본다면 현대의 '수'와 구성적 측면에서 큰 차이점
을 보이지 않는다. 그리고 안주호(2004)는 19세기 말경부터 '-ㄹ 수 있-'
의 구성이 발견되지만 판소리 자료의 경우 더 이른 시기부터 사용됐을

것이라는 주장을 하는데 문어의 보수성 때문이라고 하였다.

(6)의 예시에 나오는 자립명사 '수(슈)'가 19세기 이후부터는 자립명사로 사용되지 않고 의존명사로만 사용된다는 것은 '수'가 의존명사화 했다는 것이라 예상할 수 있지만 선행하는 말이 '밧게/박게/박그'라는 점이 더 생각해 볼 문제이다. 현대 한국어에서는 '수' 뒤에 '밖에'가 자유롭게 결합한다. 원래 '밖에'는 명사 '밖'에 조사 '에'가 결합하면서 이것이 문법화를 통해서 조사가 된 경우이다. (6)의 예시에는 '밖에'가 문법화 과정 중이었기 때문에 조사로서 기능하지 못했고 이 때문에 '수'와 구별해서 쓸 수밖에 없었다. 따라서 예시 (4)에서도 '수+존재사'는 여전히 하나의 구성이었고 '밖에'의 문법화 정도에 따라서 위처럼 쓰였던 것이다.

김건희(2009)에 따르면 개화기에 이르러서야 '밖에'가 조사로 사용됐다는 것을 확인할 수 있고 따라서 (6)의 예시에 나타난 것들은 현대 한국어 '수밖에'로 생각하는 편이 합당하다.

15세기에서 20세기 국어사 문헌에서 '슈'를 검색하면 19세기 이전 자료에서는 방법이나 술수 등을 이르는 '슈' 이외에는 나타나지 않는다. 앞서 (6)의 예시도 판소리 계열 문헌이었기 때문에 구어성이 짙어서 '수+존재사' 구성이 나타나는 것이고 문헌의 문어체에서는 나타나지 않는다는 것을 확인할 수 있다. '수'가 '術'의 차용어라 한다면 원래 의미는 '방법, 책략, 수단, 기술, 기교' 등에 해당한다. 그런데 이것이 존재의 유무와 합쳐지면서 가능성이라는 의미로 옮아가게 된 것이다. 아래 예를 살펴보자.

(7) 셤길 사른믄 병 고툘 슈롤 아디 몯호미 올티 아니호니라
<1517번소학,07,006a>

위의 예시에 나타나는 '슈'는 '術'의 의미에 해당하는 기술, 방법 등의 의미이다. 그리고 문장 성분이 목적어라는 것을 확인할 수 있다. 현대 한국어에서 '수'는 존재사의 주어로만 출현하기 때문에 목적어로 사용되는 위의 '슈'는 현대 한국어의 '수'와 같지 않다고 볼 수 있다. 그러나 음성적 유사성과 관형어의 수식을 받는다는 점이 유사하고 의미적으로 방법이나 책략 등이 '슈'의 의미라고 봤을 때 여기에 존재사가 결합한다면 '가능성'의 의미로 변화했다고 볼 수 있다.

5. 결론

본고는 9만 어절 규모의 말뭉치를 AntConc를 이용하여 단어 빈도와 공기 빈도를 중심으로 분석하였다. 빈도의 양상에 특이점을 보였던 존재사 계열의 단어와 의존 명사 '수'를 중점적으로 다루어 "수+존재사"의 형태가 하나의 묶음으로 사용되는 밀접한 연어 관계를 넘어 하나의 구성이 될 수 있다는 것을 확인했다.

'수'는 존재사와 함께 나타나지 않으면 단독으로 사용될 수 없다는 것은 '수'의 의존성이 여타 의존명사보다 상당히 강하다는 것을 보여준다.

'수'의 기원이 한자어 '術'의 차용이라는 관점에서 본다면 자립명사로서 사용되던 '術'이 존재사와 함께 공기하여 쓰이면서 그 의미가 차츰 가능성을 나타내는 쪽으로 옮겨갔고 '수+존재사'의 구성이 확립되면서 이 구성은 그 자체로 가능성의 존재 유무로 정착된 것이다. 그리고 구성 중간에 조사가 끼어들 수 있는데 이는 이 구성 전체의 의미를 한정해주는 역할을 하게 된다.

▣ 참고문헌 ▣

강범모(2003), 『언어, 컴퓨터, 코퍼스 언어학』, 서울: 고려대학교 출판부.

강병규(2013), 「중국어 코퍼스 분석을 위한 검색 프로그램 비교 고찰」, 『중국언어연구』 44, pp. 131-163.

고영근, 『표준 우리말 문법론』, 서울: 집문당, 2006.

고영근, 『표준중세국어문법론』, 서울: 집문당, 2010.

구종남, 『보조용언의 의미와 문법』, 경기: 경진, 2013.

다카치 토모나리(2013), 「'-(으)ㄹ 수 {있/없}-'의 의미구조와 양태성」, 『어학연구』 49, pp.527-554.

박승윤(1997), 「"밖에"의 문법화 현상」, 『언어』 21(1), pp. 57-69.

안주호(2004), 「'-ㄹ 수 있-'구성의 특징과 문법화」, 『한국언어문학』 53, pp. 207-232.

하상서작(1997), 『인지언어학의 기초』, 서울: 한국문화사.

■ 편집자 주석

1) 말뭉치(corpus): 말뭉치 또는 코퍼스는 언어 연구를 위해 표본을 추출하여 만들어낸 언어 자료를 말한다. 컴퓨터의 발달로 말뭉치의 수집과 분석이 용이해졌다. 자연언어를 그대로 사용하는 경우도 있고, 형태, 구문, 의미를 분석하여 주석을 단 '분석된 말뭉치'를 구축하기도 한다. 인문학에 자연과학적 방법론이 가장 성공적으로 적용된 경우로 볼 수 있다.

2) 존재사: 사물이나 사람의 존재 여부를 나타내는 단어들을 분류한 범주이다. 한국어에서는 '있다, 없다, 계시다'가 존재사에 해당되나 현행 학교 문법에서는 이를 독립된 품사로 인정하지 않으며, '있다'는 존재의 뜻을 나타낼 때에는 동사에, 소유의 뜻을 나타낼 때에는 형용사로 분류하고, '없다'는 형용사로 분류한다.
어휘수는 적으나 활용에 있어 동사와 형용사의 각기 다른 특성을 부분적으로 교차하여 공유하는 특이한 바탕을 드러내며, 범언어적 연구를 할 때도 유용하므로 이를 '존재사'로 범주화하여 일컫는 연구들이 있다.

3) 연어 관계: 둘 이상의 어휘가 함께 긴밀한 상관관계를 가지며 자주 어울려 쓰일 때 이러한 단어들 사이의 결합 양상이나 관계를 '연어 관계'라 한다. 예를 들어 '옷을 입다', '모자를 쓰다', '양말을 신다'와 같은 단어들의 관계를 말한다. 이들은 '미역국을 먹다'와 같은 관용 구성이 새로운 의미를 드러내는 것과는 달리 두 단어의 의미 결합을 통해 구 구성의 의미를 파악할 수 있다.
코퍼스 언어학적으로는 '한 문장 안에서 일정한 거리를 두고 어울려 쓰이는 단어의 결합'으로, 정보 과학적으로는 '일반적 공기 확률보다 상대적으로 공기 확률이 높은 단어의 결합'으로 정의한다.

4) 출현 빈도: 생물학 등에서 단위면적 안에 한 식물 종이 나타나는 정도를 측정하여 식물 군락 안에서 구성종 분포의 균일성을 알기 위해 사용한다. 언어학에서는 말뭉치에서 단어나 구성의 얼마나 많이 출현하는지 횟수를 센 것을 말한다. 출현 빈도는 언어통계학에서 가장 기본이 되는 수치이며 단어나 구성의 연구를 위해서도 사용될 수 있으며, 단어 출현 빈도의 전체적인 수치는 말뭉치나 문헌의 성격을 파악하는데도 유용하게 쓰인다. 단어 출현 빈도의 통시적 변화는 사회학, 심리학 등에도 유의미하게 활용된다.

※ 이 글은 『건지인문학』 제12집에 실렸던 것을 새로 다듬은 것입니다.

국어 음운 현상의 규칙 순서

백은아

[해 설]

◉ 목적 및 특성

국어에는 많은 음운 현상이 존재하는데, 이러한 현상들은 규칙들로 나타낼 수 있다. 이 글은 국어의 다양한 음운 현상들을 규칙화하고, 그 규칙들을 형태음운규칙과 음운규칙으로 구분하여 규칙순을 세우는 것에 목적을 둔다. 우리는 형태음운규칙의 정의를 '음운 현상의 적용 환경에 형태통사론적 정보가 고려되는 음운규칙'으로 보고 논의를 진행하였다. 형태음운규칙은 순수한 음운규칙으로 보기는 어렵지만, 규칙의 형식에 형태통사론적인 제약이 포함될 뿐, 음운 단위에 적용되기 때문에 음운론의 영역에서 다루어야 한다. 형태음운규칙과 음운규칙이 엄격하게 구분이 된다면, 그것들의 규칙순 역시 별개로 수립되어야 할 것이다.

이 글에서는 국어의 곡용과 활용에 나타나는 음운 현상들을 통해 규칙들의 위계를 세우고, 규칙들이 선형적으로 적용됨을 살펴보았다. 또 음운규칙을 '형태음운규칙', '음운규칙', '수의적 음운규칙'으로 나누어, 규칙의 적용순서가 '형태음운규칙 → 음운규칙 → 수의적 음운규칙'임을 논의하였다.

◎ 연구 대상 및 방법

이 글에서는 공시적으로 형태소가 교체할 때 나타나는 음운 현상을 대상으로 한다. 형태소의 기저형은 음운론적 제약을 준수한다. 그런데 형태소가 교체할 때 기저형의 결합은 음운론적 제약을 위배할 수도 있다. 이 경우 형태소의 기저형은 아래와 같이 음운 규칙의 적용을 받는다. 아래 도식에서 형태소의 기저형은 형태론적인 정보를 필요로 하는 음운규칙의 적용을 먼저 받은 후, 다시 음운규칙들의 적용을 받는다.

형태소 (기저형)	형태소의교체 ⇨	형태음운규칙의 적용 → 음운규칙의 적용	⇨	표면형

우리는 국어의 음운 현상들을 통해 음운 규칙들의 규칙순을 설정하는데, 규칙순이 우리의 도식에 전혀 어긋남이 없이 수립되는 것을 보일 것이다. 또 형태음운규칙과 음운규칙은 그 위계가 엄격히 분리되며 교차 적용되거나 반복 적용되는 일이 없음을 밝힐 것이다.

◎ 핵심 내용

이 글은 국어의 다양한 음운 현상들을 규칙화하고, 그 규칙들을 형태음운규칙과 음운규칙으로 구분하여 규칙순을 세우는 것에 목적을 둔다. 국어에는 많은 음운 현상이 존재하는데, 이러한 현상들은 규칙들로 나타낼 수 있다. 예를 들어 아래와 같은 음운 현상에 적용된 음운규칙은 두 가지이다.

않-+-는 → 자음군 단순화 → *알는 → 유음화 → [알른]

위의 예에서 '자음군 단순화' 규칙보다 '유음화' 규칙이 먼저 적용된다면 *[알는], [안는], [아는]' 등의 잘못된 표면형이 도출될 것이다. 위의 음운 현상에 적용되는 규칙의 순서는 굉장히 엄격하고 경우에 따라 그 순서가 바뀌거나 하는 일은 존재하지 않는다. 그러나 음운 현상에 따라서는 규칙의 순서가 수의적으로 결정되는 경우도 있다.

여러 음운 현상들을 통해 정리된, 형태음운규칙과 음운규칙의 규칙순은 다음과 같다. 형태음운규칙은 곡용과 활용이라는 형태·통사론적 범주에 따라 달리 적용된다.

형태음운규칙 ⇨ 음운규칙 ⇨ 음운규칙(수의적 규칙)

1. 형태음운규칙
   ㄱ. 곡용 : '-으로'의 /ㅡ/ 탈락 ~ 음절말 평폐쇄음화1 ~ 자음군 단순화1
   ㄴ. 활용 : 용언 어간말 비음 뒤 경음화 ~ 어미 두음 /ㅡ/ 탈락 → 용언 어간말 /ㄹ/ 탈락~ 용언 어간말 활음화

2. 음운규칙
   ㄱ. 자음규칙 : 유기음화 → 음절말 평폐쇄음화2 → 경음화 → 자음군 단순화2 →
   비음화 ~ 유음화
   ㄴ. 모음규칙: 경구개음 뒤 /j/ 탈락

3. 음운규칙(수의적 규칙)
   ㄱ. 자음규칙 : 조음 위치 동화
   ㄴ. 모음규칙 : 활음화 ~ 활음 첨가

음운 현상들을 토대로 음운규칙들의 적용 순서를 정리하는 것은, 더 복잡한 규칙일수록 먼저 적용되고, 일반적인 규칙일수록 뒤에 적용된다는 우리의 직관과 일치한다. 위의 규칙순에 따르면 형태음운규칙이 모두 적용된 뒤 음운규칙이 적용되고, 수의적 규칙이 가장 마지막에 적용된다. 형태음운규칙과 음운규칙은 절대 교차 적용되지 않으며, 중복 적용되지도 않는다. 또 화자에 따라, 발화 스타일에 따라 달리 적용될 수 있는 음운 규칙은 가장 마지막에 적용된다. 우리의 논의가 곡용과 활용에 한정되어 있었기 때문에 음운 규칙들의 위계를 정밀하게 살펴보지 못한 점이 많다. 단어 형성에 나타나는 음운 현상이나, 단어보다 상위의 문법 단위(구, 절, 문장 등)에서 나타나는 음운 현상들을 더 정밀히 검토한다면 규칙순이 더 정밀화될 것으로 기대한다. 또 국어의 하위 방언에 따라 규칙순은 얼마든지 달라질 수 있다. 방언에 따라 음운규칙의 순서가 달리 나타나는 현상을 살펴보고, 그 이유를 분석한다면 규칙 적용의 강화 및 약화에 대해서도 더 상세하게 살필 수 있을 것이다.

◎ 연구 효과

이 글은 국어의 음운 현상이 일정한 규칙 순서에 의해 적용된다는 가정 하에, 국어 음운 현상들에 적용되는 규칙들을 대상으로 규칙순을 수립하였다. 형태음운규칙과 음운규칙의 순서를 수립함으로써, 동일한 기저형에 대해 방언에 따라 표면형이 다르게 도출되는 이유를 파악할 수 있고, 국어 화자들의 발화 실수 등에 대한 지속적인 연구를 진행할 수 있을 것이다. 그리고 이러한 현상들이 우연한 것이 아닌, 국어학적으로 설명할 수 있는 현상이라는 점 역시 고려가 될 것이다.

모어 화자들은 특별한 교육을 받지 않아도, 대부분 음운규칙의 적용 순서를 자연스럽게 습득한다. 그러나 제2 외국어로서 한국어를 배우는 외국인 학습자들은 때로는 규칙의 적용 순서에 대해 별도로 습득할 필요가 있을 것이다. 대립되는 규칙들의 규칙순을 세우는 것은, 모어 화자의 국어 교육뿐 아니라 외국인 학습자의 한국어 발음 교육에서도 가치가 있을 것이다.

1. 머리말

본고는 국어의 다양한 음운 현상¹⁾들을 규칙화하고, 그 규칙들을 형태
음운규칙²⁾과 음운규칙으로 구분하여 규칙순³⁾을 세우는 것에 목적을 둔
다. 국어에는 많은 음운 현상이 존재하는데, 이러한 현상들은 규칙들로
나타낼 수 있다. 생성 음운론에서는 기저형(입력형)에 많은 음운 규칙들
을 선형적(linear)으로 적용한 뒤 출력형을 도출한다. 이러한 규칙순은 굉
장히 엄격하여 경우에 따라 그 순서가 바뀌거나 하는 일은 존재하지 않
는다. 즉 규칙의 순서가 A → B이고 B → C이면 A → C로 귀결되는 것
이다¹⁾. 내재적 규칙순(internal rule ordering)을 가지는 음운 현상들에 대
해서는 그러한 규칙순이 자연스럽지만 외재적 규칙순(external rule
ordering)의 경우 이견이 많다²⁾. 그러나 현재로서는 외재적 규칙순으로
설명해야 하는 음운 현상들도 많이 존재한다. 비록 외재적 규칙순이라
고 할지라도 여러 음운 현상들에서 일반성을 획득할 수 있고, 또 음운규
칙이 간소화된다면 충분히 가치가 있다고 본다³⁾. 많은 현상들을 예외로
치부하기보다 음운론적인 설명과 처리가 가능하다면 어떠한 방식으로든
설명을 하려고 시도해야 한다.

음운 규칙에는 형태음운규칙과 음운규칙이 있다. 형태음운규칙은 형태
론적이거나 통사론적인 정보도 지니고 있는 규칙이다.(이병근·최명옥
1997: 95) 그런데 이 용어는 논자에 따라 조금씩 다른 의미로 사용되고

---

1) 선형규칙순 원리(Linear Rule Ordering Principle): 규칙들은 선형순서로 적용되는데, 각각
   의 규칙은 적용할 수 있는 모든 선행 규칙들에 의해 수정된 연쇄에 작용한다.(SPE: 341,
   전상범(2004)에서 재인용)
2) Vennemann(1974b: 346), Hooper(1976: 14-20) 등으로 대표되는 자연생성음운론자들은
   외재적 규칙순에 대해 부정적인 입장을 취한다.
3) 외재적 규칙순에 관련된 많은 논의는 전상범(2000: 237-294)를 참고할 수 있다.

있다4). 우리는 형태음운규칙의 정의를 '적용 환경에 형태통사론적 정보가 고려되는 음운 규칙'으로 보고 논의를 진행하고자 한다. 형태음운규칙은 순수한 음운 규칙으로 보기는 어렵지만, 규칙의 형식에 형태통사론적인 제약이 포함될 뿐, 음운 단위에 적용되기 때문에 음운론의 영역에서 다루어야 한다. 형태음운규칙과 음운규칙의 구분은 2장에서 논의될 것이다.

형태음운규칙과 음운규칙이 엄격하게 구분이 된다면, 그것들의 규칙순 역시 별개로 수립되어야 할 것이다. 우리는 국어의 음운 현상들을 통해 형태음운규칙과 음운규칙의 위계를 각각 설명해야 함을 밝힐 것이다. 이 내용은 3장과 4장에서 다루어질 것이다.

2. 형태음운규칙과 음운규칙의 구분

송철의(2000)에서는 형태론과 음운론의 관계를 두 가지로 정리하고 있다. 첫째는 형태음운론이라는 분야를 두어서 형태론적 정보와 음운론적 정보를 모두 필요로 하는 현상들은 형태음운론에 속한다고 보는 것이다. 둘째는 형태음운론이라는 하위 분야를 인정하지 않고, 형태론과 음운론이 서로 정보를 참조하거나 이용할 수 있다고 보는 입장이다. 전자의 경우 형태론이나 음운론의 역할이 현저히 축소되고, 음운론의 경우 음운 체계, 음소 배열, 음절 구조 등으로 그 영역이 한정될 것이다. 형태론 역시 이형태 교체론을 전면 제외하게 되어, 단어 형성과 관련된

---

4) 김경아(2000), 배주채(1989) 등에서는 음운론의 표시 층위를 형태 음운 표시, 음운 표시, 음성 표시로 나누고, 형태 음운 표시에서 적용되는 규칙을 형태음운규칙으로 보고 있다.

영역만을 담당하게 될 것이다.

형태음운론을 문법의 하위 분야로 설정하는 것은 형태론과 음운론의 영역을 지나치게 축소하는 문제뿐 아니라, 그것의 기본 단위가 존재하지 않는다는 문제가 생긴다. 형태음운론은 형태론의 기본 단위인 '형태소'와 음운론의 기본 단위인 '음운'이 '교체'하는 현상만을 다루게 되는 것이다. 그리하여 김경아(2003)에서 밝혔듯이 형태음운론이라는 독자적인 문법 부문의 설정은 오히려 바람직하지 못하다[5].

본고는 송철의(2000)의 견해에 따라 후자의 입장에서 논의를 진행한다. 그 이유는 첫째, 형태음운론이라는 범주를 굳이 설정하지 않더라도 형태론과 음운론의 접면(interface)의 측면에서, 서로의 정보를 공유하며 형태론적·음운론적 현상을 충분히 설명할 수 있다고 보기 때문이다. 둘째, 형태음운론 분야를 인정한다면 형태음운론 분야에서 설명되는 음운 현상은 형태음운규칙으로 설명되어야 한다. 본고에서 정의한 형태음운규칙은 기본적으로 음운 규칙이다. 음운 규칙이 형태론적 정보를 참고한다고 하여도 음운론의 범주 안에서 설명이 가능하다. 셋째 김경아(2003)에서 언급했듯이 형태소가 교체할 때 실제 교체를 보이는 것은 형태소의 음성적 실현형이다. 그리하여 음운론에서 다루어지는 것이 옳다고 본다.

그렇다면 배주채(1989), 김경아(2003)에서 주장하는 형태음운의 본질은 무엇인가. 김경아(2003)에서는 형태소의 음운론적 단위인 기저형을 이루는 음운을 형태음운이라고 보았다[6]. 그런데 김현(2003)에서 지적한 것처럼 형태소의 음운표시인 기저형이 형태론적인 정보를 지니고 있다

---

5) 김경아(1999, 2000)에서는 독자적인 문법 범주로서 '형태음운론'의 설정을 주장하였다. 그러나 그러한 논의를 김경아(2003)에서 전면 수정하여, '형태음운론'이라는 문법 부문 설정은 반대하고, 형태음운표시와 형태음운만을 인정하고 있다.

6) Lass, R.(1984: 58)에서는 '형태음소'를 '교체하는 음운들의 분류'로 정의하고 있다.(A MORPHOP-HONEME IS A CLASS OF ALTERNATIN -G PHONEMES)

고 보기에는 무리가 있다. 형태소의 음성표시인 기저형은 음운론의 영
역이며, 음운론적인 제약인 음절 구조 제약이나 음소 배열 제약 등을 준
수해야 한다. 김경아(2003)에서 논의되는 형태음운론적 교체는 좀 전에
우리가 살펴보았던 형태론과 음운론의 접면의 측면에서 설명이 가능하
므로, 우리는 형태음운이라는 음운론의 단위를 인정하지 않기로 한다.

우리는 앞서 언급했던 이병근·최명옥(1997: 95)에서의 '형태음운규
칙' 개념을 토대로, 형태소가 교체할 때 나타나는 음운 교체 중 형태통
사론적인 정보를 참고해야만 설명할 수 있을 때 그러한 규칙을 '형태음
운규칙'이라고 부르기로 한다. 형태소와 형태소가 결합할 때 그 기저형
들은 충돌하는 경우가 생기는데, 음운론적 제약(음소 배열 제약, 음절
구조 제약 등)을 위배하지 않았음에도 불구하고 음운 현상이 일어날 때,
즉 비자동적 규칙이 일어날 때 형태통사론적 정보를 참조해야 하는 경
우 형태음운규칙으로 설명한다. 그 외 자동적 규칙은 음운규칙으로 설
명한다[7]. 다시 말하여 형태소 경계에서 나타나는 음운 교체라고 해서
모두 형태음운규칙이 되는 것은 아니다. 형태론과 음운론의 영역 내에
서 형태음운규칙과 음운규칙의 적용 순서는 아래와 같다.

형태소 (기저형)	형태소의 교체[8] ⇨	형태음운규칙의 적용	→	음운규칙의 적용	⇨	표면형

형태소의 기저형은 음운론적 제약을 준수한다. 그런데 형태소끼리 결
합할 때 기저형의 결합은 음운론적 제약을 위배할 수도 있다. 이 경우
형태소의 기저형은 음운 규칙의 적용을 받는다. 이 중 형태론적인 정

---

7) 수의적 규칙은 음운론적 제약을 어기지 않더라도 음운규칙으로 설명한다. 이에 대해서
   는 후술하겠다.
8) 형태소가 교체할 때, 실제 교체를 보이는 것은 형태소의 음성 실현형인 기저형이다.

보를 필요로 하는 음운 규칙의 적용을 먼저 받은 후, 그 적용이 완전히
끝나면 그 적용 결과는 순수한 음운규칙들의 입력형9)이 된다. 음운규
칙의 적용까지 모두 마친 후 새로운 기저형이 도출된다. 이러한 일련
의 과정은 엄격히 구분되어 있으며 교차 적용되거나 반복 적용되지 않
는다. 즉 형태음운규칙과 음운규칙의 적용 순서가 뒤섞일 수 없고, 음
운규칙은 반드시 형태음운규칙의 적용이 끝난 후에야 적용될 수 있다
는 것이다. 물론 기저형의 결합이 음운론적 제약을 위배하지 않는다면
형태음운규칙과 음운규칙은 공허한 적용을 한다. 이러한 도식은 다음
의 몇 가지를 가정한다.

> ㄱ. 교체하지 않는다면 기저형과 표면형의 음운론적 내용은 동일해야 한다10).
> ㄴ. 비자동적인 음운규칙(즉 형태음운규칙)은 반드시 도출형에만 적용된다11).
> ㄷ. 형태소의 기저형은 교체 전과 후 모두 음운론적 제약을 위배하지 않
>   아야 한다.

3장에서는 국어의 음운 현상들을 통해 음운 규칙들의 규칙순을 설정
하는데, 규칙순이 우리의 도식에 전혀 어긋남이 없이 수립되는 것을 보
일 것이다. 또 형태음운규칙과 음운규칙은 그 위계가 엄격히 분리되며
교차 적용되거나 반복 적용되는 일이 없음을 밝힐 것이다.

---

9) 음운론적 도출의 전체 그림에서 본다면 중간형의 하나가 될 것이다. 중간층위와 중간
형의 조건에 대해서는 이진호(2006)에서 자세히 다룬 바 있다.
10) Vennemann(1974b: 346)에서는 강력 자연성 조건(The Strong Natura- lness Condition)을
제시하고 있다.
11) Kiparsky(1973b: 10): 비자동 중화 과정은 도출형에만 적용된다.(Non-automatic neutralization
processes apply only to derived forms)

3. 음운 현상을 통한 규칙순 설정

3.1. 자음과 관련된 음운 현상

생성 음운론에서 기저형에 여러 음운 규칙들이 선형적으로 적용된 후 최종적으로 표면형이 도출되는 일련의 과정을 '음운론적 도출'이라고 한 다. 규칙들은 올바른 표면형을 이끌어 내기 위해 순차적으로 적용되는 데, 규칙순이 바뀌는 경우는 없다12). 우리는 공시적으로 활발히 적용되 는 규칙만을 다루기 위해 형태소 내부, 단어 형성 등에 나타나는 음운 현상은 논하지 않고, 곡용과 활용에 나타나는 음운 현상들로 논의를 한 정 지을 것이다. 먼저 자음과 관련된 음운 현상을 살펴보자.

(1) ㄱ. 넓-+-고 → (경음화) → *넓꼬 → (자음군 단순화) → [널꼬]
ㄴ. 삶-+-고 → (용언 어간말 비음 뒤 경음화) → *삶꼬 → (자음군단
순화) → [삼꼬]

(1)의 예는 경음화와 자음군 단순화 규칙을 통해 표면형이 도출되는 과정이다. 위 과정에서 보듯이 경음화 규칙은 반드시 자음군 단순화 규 칙보다 먼저 적용되어야 한다. (1ㄱ)에서, 자음군 단순화가 먼저 적용되 어 버리면 "널고'라는 잘못된 표면형이 도출되기 때문이다. 그러므로 경음화와 자음군 단순화의 규칙순은 '경음화 → 자음군 단순화'이다. (1 ㄴ)에 나타나는 경음화의 성격은 (1ㄱ)과 다르다. 비음 뒤에서 경음화가 나타나는 음운 현상은 용언의 활용에서만 나타난다. 그러므로 (1ㄴ)의

---

12) 물론 통시적으로 규칙의 생성과 소멸과 관련하여 규칙순이 바뀌게 되는 경우도 있다.
우리가 본고의 논의를 곡용과 활용으로 한정짓는 이유도 이 때문이다. 공시적으로 활
발히 적용되는 음운규칙들을 대상으로 규칙순을 수립해야 올바른 결론에 도달할 수
있다.

경음화는 순수한 음운 규칙으로 볼 수 없으며, 음운 규칙의 환경에 형태론적 정보를 표시해야 하는 '형태음운규칙'이다. 비음 뒤에서 평폐쇄음이 경음으로 바뀔 음운론적 이유가 없기 때문이다. 즉 (1ㄱ)의 경음화와 (1ㄴ)의 경음화는 그 성격이 다른, 별도의 규칙으로 간주된다. 우리는 앞에서 형태음운규칙은 음운규칙에 앞서 적용된다고 한 바 있다. 이에 따라 '용언 어간말 비음 뒤 경음화(형태음운규칙) → 경음화 → 자음군 단순화'과 같이 규칙순을 정할 수 있다.

> (2) ㄱ. 잃-+-는 → (자음군 단순화) → *일는 → (유음화) → [일른]
> ㄴ. 잃-+-고 → (유기음화) → [일코]

(2ㄱ)에서는 '자음군 단순화→유음화' 순서로 음운 규칙이 적용되었다. 물론 (2ㄱ)의 표면형이 아래와 같은 복잡한 음운 현상을 겪은 후 도출되었다고 볼 수도 있다.

> (2) ㄱ'. 잃-+-는 → (음절말 평폐쇄음화) → *일드는 → (비음화) →
> *일ㄴ는 → (자음군 단순화) → *일는 → (유음화) → [일른]

그러나 위의 도출 과정은 옳은 방식이 아니다. 같은 결과를 도출하기 위해서 굳이 복잡한 음운론적 도출 과정을 설정할 필요는 없다. 전체적인 규칙순의 그림에 위배가 되지 않는다면 좀 더 간결하고 일반적인 규칙순이 좋은 규칙순임을 우리는 알고 있다.

(2ㄴ)에서는 유기음화를 통해 표면형이 도출되었다. 만약 자음군단순화가 유기음화보다 먼저 적용된다면 *'일고'라는 잘못된 형태가 도출될 것이다. 이로써 우리는 위 예에서 나타나는 음운 규칙들의 적용 순서가 '유기음화 → 자음군 단순화 → 유음화'라는 것을 알 수 있다.

(3) ㄱ. 앓-+-는 → (자음군 단순화) → *알는 → 유음화 → [알른]
　　ㄴ. 날-+-는 → (용언 어간말 /ㄹ/ 탈락) → [나는]

(3ㄱ)과 (3ㄴ)을 비교해 보면 동일한 음운론적 환경인 자음 'ㄹ-ㄴ'의 연속에서 서로 다른 음운 규칙이 적용된 것을 볼 수 있다. (3ㄱ)에서는 유음화가, (3ㄴ)에서는 /ㄹ/ 탈락이 일어난 것이다. (3ㄴ)의 경우는 활용에서만 일어나는 음운 현상이다13). 곡용에서는 유음 탈락이 나타나지 않는다.14) 그러므로 (3ㄴ)의 용언 어간말 /ㄹ/ 탈락 규칙은 형태음운규칙이고, (3ㄱ)의 유음화는 음운규칙이 된다. (3)에서 논의한 규칙들의 규칙순을 제시하면 '용언 어간말 /ㄹ/ 탈락(형태음운규칙) → 자음군 단순화 → 유음화'이다.

(4) 값+-만 → (자음군 단순화) → *갑만 → (비음화)15) → [감만]

(4)에서는 자음군 단순화와 비음화 규칙을 통한 도출형을 제시하였다. 자음군 단순화와 비음화는 급여순(feeding order)으로, 규칙순이 바뀌면 적용될 수 없다. (4)에서 제시된 예들의 규칙순은 '자음군 단순화 → 비음화'이다.

(5) ㄱ. 웃-+-소 → (음절말 평폐쇄음화) → *욷소 → (경음화) → [욷쏘]
　　ㄴ. 놓-+-고 → (유기음화) → [노코]
　　ㄷ. 꽃+-하고 → (음절말 평폐쇄음화) → *꼳하고 → (유기음화) → [꼬타고]
　　ㄹ. 잃-+-고 → (유기음화) → [일코]

---

13) 유음화는 형태소 교체에서뿐만 아니라 어절 경계에서도 활발히 나타난다.
　　예 심을 나무[심을라무], 내일 올 남자는 누구니?[내이롤람자는누구니]
14) 정확히 말해서, 적용될 만한 환경이 마련되지 않는다.
　　달+-은/-는 → 달은[다른]
15) 여기서는 비음화와 비음 동화를 특별히 구분하지 않고 '비음화'로 통칭한다. 이진호(2005: 122)에서는 '비음화'와 '비음 동화'를 별개의 음운 현상으로 분리해야 한다고 보았다.

(5ㄱ)을 통해서는 음절말 평폐쇄음화가 경음화에 앞서 적용된다는 것을 알 수 있다. 이 역시 (4)의 예와 마찬가지로 급여순으로 적용된다. (5ㄴ)과 (5ㄷ)을 비교해 보면 유기음화는 음절말 평폐쇄음화가 적용된 후에 적용되어야 한다. 그런데 (5ㄹ)의 경우 사정이 다르다. 유기음화가 음절말 평폐쇄음화보다 앞서서 출혈순(bleeding order)으로 적용된다.

임석규(2004)에서는 (5ㄴ), (5ㄹ)과 (5ㄷ)의 차이를 범주적 차이로 논한 바 있다. 즉 (5ㄴ), (5ㄹ)의 활용과 (5ㄷ)의 곡용의 규칙순은 다르다는 것이다. 곡용 어간은 활용 어간과 달리 자립 형식이라는 특이성 때문에 음절말 평폐쇄음화가 먼저 적용된다고 보았다. 이러한 점은 우리의 논의와 일부 맥을 같이 한다16). 우리는 음절말 평폐쇄음화 규칙이 체언 어간 말에 적용되는 형태음운규칙과 형태통사적 정보를 담지 않은 음운규칙, 이 두 가지가 존재한다고 본다17).

음절말 평폐쇄음화1은 체언의 자립성 때문에 생겨난 규칙이다. 음절말 평폐쇄음화1은 단어 형성에서도 찾아볼 수 있는데, (6)의 예가 바로 그것이다.

(6) 값+-어치 → 값어치[가버치], 값+있다 → 값있다[가빋따]

위의 예에서 단어 형성 시, 선행하는 체언의 어간말 자음군 중 후행하는 자음이 후행 음절의 초성으로 배치되지 못하고 탈락함을 볼 수 있다. 체언의 자립성과 관련한 형태음운규칙에는 그밖에 자음군 단순화 규칙이 있다18). 음절말 평폐쇄음화와 자음군 단순화 모두 음절 구조 제약으

---

16) 임석규(2004)에서는 형태음운규칙과 음운규칙을 구분하지 않고, 곡용과 활용에서 나타나는 음운 규칙들의 위계를 설정하였다.
17) 편의상 형태음운규칙인 체언 어간말 평폐쇄음화 규칙을 평폐쇄음화1, 음운규칙인 평폐쇄음화 규칙을 평폐쇄음화2라고 부르기로 한다.

로 인한 규칙인데, 아래 예를 통해 곡용과 활용에서 규칙순이 다르게 나타남을 알 수 있다.

(7) ㄱ. 넋+-하고 → (자음군 단순화1) → *넉하고 → (유기음화) → [너카고]

　　　넋+-도 → (자음군 단순화1) → *넉도 → (경음화) → [넉또]

　　ㄴ. 넓-+-고 → (경음화) → *넓꼬 → (자음군단순화2) → [널꼬]

평폐쇄음화1과 자음군단순화1은 형태음운규칙으로서, 곡용에서만 적용되는 규칙이다. 반면 평폐쇄음화2와 자음군 단순화2는 음운규칙이다. (5)와 (7)에 제시된 예들을 통해 '체언 어간말 평폐쇄음화~체언 어간말 자음군 단순화19)(이상 형태음운규칙) → 유기음화' 순으로 규칙순을 도출해 낼 수 있다.

3.2. 모음과 관련된 음운 현상

다음으로 모음과 관련된 음운 현상을 살펴보자.

(8) ㄱ. 쓰-+-어 → (용언 어간말 /ㅡ/ 탈락) → [써]

　　ㄴ. 들-+-으니 → (어미 두음 /ㅡ/ 탈락) → *들니 → (용언 어간말

　　　/ㄹ/ 탈락) → [드니]

　　ㄷ. 칼+-으로 → ('-으로'의 /ㅡ/ 탈락) → [칼로]

(8ㄱ)의 /ㅡ/ 탈락은 '-아/-어'로 시작하는 어미 앞에서 용언의 어간말

---

18) 형태음운규칙인 체언 어간말 자음군 단순화 규칙을 자음군 단순화1, 음운규칙인 자음군 단순화 규칙을 자음군 단순화2로 부르기로 한다.

19) 평폐쇄음화1과 자음군 단순화1은 서로 간의 규칙순을 도출해 내기 어렵다. 왜냐하면 자음군 단순화1에 의해 분절음이 탈락해 버리기 때문에, 그 분절음이 평폐쇄음화 규칙의 적용을 받기 전에 탈락했는지 후에 탈락했는지는 알 수 없기 때문이다.

에 오는 /ㅡ/가 탈락하는 현상이다. 이것은 용언에만 적용되므로 형태음
운규칙이다. (8ㄴ)과 (8ㄷ)을 보면, 활용과 곡용에서 모두 두음 /ㅡ/가 탈
락한 것을 볼 수 있다. 그렇다면 어미 두음 /ㅡ/ 탈락을 음운규칙으로 보
아야 하는지 생각해 보자.

> (9) ㄱ. 칼+-은 → [카른], 칼+-을 → [카를]
> ㄴ. 칼+-으로 → ('-으로'의 /ㅡ/ 탈락) → [칼로]
> ㄷ. 들-(擧)+-은 → (어미 두음 /ㅡ/ 탈락) → *들ㄴ → (자음군단순화2)
>   → [든]
> ㄹ. 들-(擧)+-을 → (어미 두음 /ㅡ/ 탈락) → *들ㄹ → (자음군단순화2)
>   → [들]

(9ㄱ)에서는 조사 두음 /ㅡ/가 탈락하지 않았고, (9ㄴ)에서는 '-으로'의
두음이 체언 말음 /ㄹ/ 뒤에서 탈락하였다. (9ㄷ)에서는 어미의 /ㅡ/가 탈
락하였다. 활용에서는 /ㅡ/로 시작하는 어미가 어간말 자음 /ㄹ/과 만나
면 /ㅡ/가 탈락하지만, 곡용에서는 오히려 탈락하지 않는 쪽이 더 일반
적이며 조사 '-으로'의 경우에만 /ㅡ/가 탈락한다. 유음 뒤에서 /ㅡ/가 탈
락하는 현상은 음성학적·음운론적 동기가 있는 것이 아니다. 그러므로
어미 두음 /ㅡ/ 탈락은 형태음운규칙으로 볼 수 있다.

그렇다면 (9ㄴ)에 적용된 규칙 역시 형태음운규칙으로 보아야 할 것
이다. 이 규칙은 곡용이라는 형태론적 정보가 아닌 '-으로'의 어휘론적
정보를 담아야 할 것이다. 왜냐하면 동일한 조건의 (9ㄱ)에서는 /ㅡ/ 탈
락이 나타나지 않기 때문이다.[20]

---

20) 최명옥(2004: 152-157)에서는 /의 탈락 규칙을 음운규칙으로 보고, 개음절로 시작하는
어미의 두음 /으/가 명사나 동사의 어간과 결합할 때 탈락하는 것으로 보았다.
    (1) ㄱ. 살(皮)+-을 → [살을]   ㄴ. 놀-(遊)+-을 → [놀]
    그러나 (1ㄱ)의 곡용과 달리 (1ㄴ)에서 어미 두음 /으/는 폐음절의 두음일 때도 /ㄹ/ 뒤

(8)과 (9)에서 살펴보았던 규칙들의 규칙순은 '어미 두음 /ㅡ/ 탈락 →
용언 어간말 /ㄹ/ 탈락(이상 형태음운규칙) → 자음군 단순화2'이다. 또
곡용에만 적용되는 형태음운규칙은 '-으로'의 /ㅡ/ 탈락'이다.

(10) 빠지-+-어서 → (용언 어간말 활음화) → *빠져서서 → (경구개 자음
　　　뒤 /j/ 탈락) → [빠저서서]

(10)에 제시된 '용언 어간말 활음화'는 형태음운규칙이다. 용언어간말
에 '구개자음+ㅣ'가 올 경우 /ㅣ/ 모음은 필수적으로 반모음 /j/로 바뀐
다21). 형태음운규칙의 적용이 끝난 뒤, /j/ 탈락이 적용되었다. 경구개음
뒤 /j/의 탈락은 음소 배열 제약에 어긋나기 때문에 발생하는 자동적인
음운규칙이다. (10)에 제시된 규칙들의 규칙순은 '용언 어간말 활음화(형
태음운규칙) → 경구개 자음 뒤 /j/탈락'이다.

3.3. 수의적 음운 현상

우리가 아직까지 논의하지 않은 음운 현상이 있다. 바로 같은 화자라
도 발화 스타일에 따라 달리 나타나는 수의적 음운 현상이다. 발화 차원
에서 나타나는 음운 현상 역시 우리의 논의 대상이다.

(11) ㄱ. 전+-보다 → 전보다 → (조음 위치 동화) → [점보다]
　　 ㄴ. 밥그릇 → (음절말 평폐쇄음화1) → 밥그른 → (조음 위치 동화)
　　　　→ [박그른]

에서 탈락한다. 어미 두음 /으/는 후행 요소에 상관없이 탈락하므로, 같은 규칙으로서
설명하는 것이 더 자연스럽다고 할 수 있다. 조사 '-은, -을'과 '-으로'의 두음 /ㅡ/가
음운 현상에서 다른 모습을 보이는 것에 대해서는 더 논의가 필요할 것으로 보이나,
본고는 형태음운규칙과 음운규칙을 구분해 내고 규칙순을 밝히는 것이 목표이므로,
음운규칙의 자세한 성격에 대해서는 언급을 줄인다.
21) 자세한 논의는 김현(2003)을 참고할 수 있다.

(11ㄱ)에서는 수의적으로 조음 위치 동화가 적용되었고, (11ㄴ)에서는 음절말 평폐쇄음화1이 적용된 후 조음 위치 동화가 적용되었다. 수의적 음운 규칙[4]은 그것이 적용되기 전의 형태인 입력형도 표면형이 될 수 있고, 적용된 후의 형태도 표면형이 될 수 있다는 특징을 가진다.

(12) ㄱ. 보-+-아 → (활음화) → [보와]
　　　 기-+-어 → (활음화) → [겨:]
　　 ㄴ. 가두-+-어 → (활음 첨가) → [가두워]
　　　 기-+-어 → (활음 첨가) → [기여]

(12)는 활음화 규칙과 활음 첨가 규칙에 대한 예이다. 이 중 활음화는 (10)에 제시된 활음화 규칙과는 다르다. 어간말이 단음절일 경우 적용되는 활음화는 수의적인 규칙으로, 형태론적인 정보를 담고 있지 않기 때문에 음운규칙이다. (12)를 통해 활음화와 활음 첨가는 수의적 규칙으로서 서로 경쟁 규칙인 것을 알 수 있다. 수의적 규칙은 그것이 적용되든 적용되지 않든 간에 입력형과 표면형 모두 음운론적 제약을 위배하지 않아야 한다. 또 적용형과 미적용형 모두가 도출형이 될 수 있다. 그러므로 수의 규칙은 음운론적 도출에서 가장 마지막 단계에서 적용되어야 하는 음운규칙이다.

(11)과 (12)에 제시된 규칙들의 규칙순은 '음절말 평폐쇄음화1(형태음운규칙) → 조음 위치 동화~활음화~활음 첨가(이상 수의적 규칙)'이다. 조음 위치 동화는 자음과 자음 사이에 적용되는 규칙이고, 활음화와 활음 첨가는 모음과 모음 사이에 적용되는 규칙이기 때문에 둘 사이에는 규칙순을 정할 수가 없다. 규칙들이 충돌하는 경우가 존재하지 않기 때문이다. 활음화와 활음 첨가 역시 둘 다 수의적인 현상이므로 규칙순이 존재하지 않는다. 단 출혈순으로 존재하기 때문에 한 규칙이 적용되면 다른 규칙은 적용될 수 없다.

4. 규칙순

3장에서 살펴본 음운 규칙들의 규칙순을 정리하면 (13)이고, 그것을 표로 정리한 것이 (14)이다.

(13) ㄱ. 용언 어간말 비음 뒤 경음화(형태음운규칙) → 경음화(음운규칙)
　　　→ 자음군 단순화2
　　ㄴ. 유기음화 → 자음군 단순화2 → 유음화
　　ㄷ. 용언 어간말 /ㄹ/ 탈락(형태음운규칙) → 자음군 단순화2 → 유음화
　　ㄹ. 자음군 단순화2 → 비음화
　　ㅁ. 음절말 평폐쇄음화2 → 경음화
　　ㅂ. 음절말 평폐쇄음화1~자음군 단순화1(이상 형태음운규칙) →
　　　유기음화
　　ㅅ. 어미 두음 /ㅡ/ 탈락 → 용언 어간말 /ㄹ/ 탈락 → 자음군 단순화2
　　ㅇ. '-으로'의 /ㅡ/ 탈락(형태음운규칙)
　　ㅈ. 용언 어간말 활음화(형태음운규칙) → 경구개 자음 뒤 /j/ 탈락
　　ㅊ. 음절말 평폐쇄음화1(형태음운규칙) → 조음 위치 동화~활음
　　　화~활음 첨가(이상 수의적 규칙)
(14) 형태음운규칙과 음운규칙의 규칙순

형태음운규칙		음운규칙	음운규칙 (수의적 규칙)
곡용	'-으로'의 /ㅡ/ 탈락 ~ 음절말 평폐쇄음화1 ~ 자음군 단순화1[22]	ㄱ. (자음 규칙) 유기음화 ↓ 음절말 평폐쇄음화2 ↓ 경음화 ↓ 자음군 단순화2 ↓ 비음화~유음화 ㄴ. (모음 규칙) 경구개음 뒤 /j/탈락	ㄱ. (자음 규칙) 조음 위치 동화 ㄴ. (모음 규칙) 활음화 ~ 활음 첨가
활용	용언 어간말 비음 뒤 경음화 ~ 어미 두음 /ㅡ/ 탈락 ↓ 용언 어간말 /ㄹ/ 탈락 ~ 용언 어간말 활음화		

위의 규칙순은 형태음운규칙이 모두 적용된 뒤 음운규칙이 적용되고, 수의적 규칙이 가장 마지막에 적용된다는 우리의 가정과 정확히 일치한다. 형태음운규칙과 음운규칙은 절대 교차 적용되지 않으며, 중복 적용되지도 않는다. 형태음운규칙은 항상 음운규칙보다 먼저 적용되고, 군내(群內)에서는 '어미 두음 /으/ 탈락' 규칙과 '용언 어간말 /ㄹ/ 탈락' 규칙 간의 규칙순만 존재한다.

음운 규칙은 끝없이 생겨나고 또 소멸되어 가기도 한다. 우리는 어디까지나 공시적으로 규칙순을 수립했을 뿐, 규칙들의 강화와 약화는 고려하지 않았다. 하지만 음운 규칙들 간의 규칙순은 규칙의 생성 및 소멸과 무관하지 않을 것으로 보인다. 한 규칙의 적용 정도가 정점(頂點)에 이르렀다면, 그 규칙의 규칙순 내 위치는 상위권일 것이고, 신생 규칙(新生規則)이나 소멸 규칙(消滅規則)의 경우에는 규칙순의 하위권에 머물 것이다.

비음화와 유음화는 우리가 논의의 대상으로 한 곡용과 활용에서는 그 환경이 충돌하지 않았기에 규칙순을 수립하지 않는다. 그러나 비음화와 유음화는 단어 형성에서는 활발히 그 세력을 다투고 있는 경쟁 규칙이다23).

우리의 논의가 곡용과 활용에 한정되어 있었기 때문에 음운 규칙들의 위계를 정밀하게 살펴보지 못한 점이 많다. 단어 형성에 나타나는 음운 현상이나, 단어보다 상위의 문법 단위(구, 절, 문장 등)에서 나타나는 음운 현상들을 더 정밀히 검토한다면 규칙순이 더 정밀화될 것으로 기대한다. 또 국어의 하위 방언에 따라 규칙순은 얼마든지 달라질 수 있다. 방언에 따라 달리 나타나는 규칙순을 살펴보고, 그 이유를 살펴본다면 규칙 적용의 강화 및 약화에 대해서도 더 상세하게 살필 수 있을 것이다.

---

22) 이상의 세 형태음운규칙은 서로 간의 규칙순을 설정할 수 없다. '-으로'의 /ㅡ/ 탈락 규칙은 선행 어간이 모음 또는 /ㄹ/일 때만 적용되기 때문이다.
23) 백은아(2006)에서 공시적인 경쟁 규칙으로서 비음화와 유음화를 논의하였다.

5. 맺음말

우리는 지금까지 국어의 음운 현상들을 살피고, 음운 현상에 적용되는 규칙들을 대상으로 규칙순을 살펴보았다. 지금까지 논의한 바를 정리하면 다음과 같다. 먼저 2장에서는 형태음운규칙을 '음운 규칙의 환경에 형태통사론적 정보가 포함된 규칙'으로 정의하고, 형태음운규칙과 음운규칙을 구분하였다. 그리고 형태소가 교체할 때 형태음운규칙과 음운규칙이 적용될 수 있지만, 반드시 형태음운규칙의 적용이 끝난 후 음운규칙이 적용되어야 함을 논의하였다. 3장에서는 국어의 곡용과 활용에 나타나는 음운 현상들을 통해 규칙들의 위계를 살펴보았다. 규칙은 선형적으로 적용되며, 어떤 경우에도 규칙의 순서가 바뀌거나 중복하여 적용되지 않는다. 또 수의적 규칙은 가장 마지막 단계에서 적용되어야 함을 보았다. 4장에서는 3장에서 보았던 규칙순들을 토대로 국어 음운론에서 적용되는 규칙들의 위계를 살펴보았다.

그러나 우리는 곡용과 활용에 한정하여 음운 현상을 살펴보았기 때문에 단어 형성에 나타나는 음운 현상이나, 단어보다 상위의 문법 단위(구, 절, 문장 등)에서 나타나는 음운 현상은 살펴보지 못했다. 좀 더 다양한 환경에서 나타나는 음운 현상들을 분석한다면, 규칙순 역시 정밀해질 것이다. 마지막으로 국어의 하위 방언에 따라 달리 나타나는 규칙순을 통해 규칙들의 강화 및 약화를 살필 수 있음을 언급하였다.

▣ 참고문헌 ▣

김경아(1999), 「형태음운론적 교체와 형태음운부」, 『형태론』 1-2, 서울: 박이정.

김경아(2000), 「국어의 음운표시와 음운과정」, 『국어학총서』 38, 파주: 태학사.

김경아(2003), 「형태음운론적 교체에 대하여」, 『국어교육』 110, 한국어교육학회.

김현(2003), 「음운규칙과 형태음운규칙의 구분에 대하여」, 『국어교육』 112, 한국어교육학회.

배주채(1989), 「음절말자음과 어간말자음의 음운론」, 『국어연구』 91. 국어연구회.

백은아(2006), 「/ㄹ/과 관련된 전주방언의 음운현상과 연결제약」, 전북대학교 석사학위논문.

송철의(2000), 「형태론과 음운론」, 『국어학』 35, 국어학회.

이병근 외(1997), 『국어음운론』, 서울: 한국방송대학교출판부.

임석규(2004), 「음운규칙 간의 위계 검토」, 『관악어문연구』 29, 서울대학교 국어국문학과.

이진호(2005), 「국어의 음운론적 제약 체계」, 『어문연구』 32-2, 한국어문교육연구회.

이진호(2006), 「국어 음운론의 중간 층위」, 『어문연구』 34, 한국어문교육연구회.

전상범(2004), 『음운론』, 서울: 서울대학교출판부.

최명옥(2008), 『국어 음운론』, 파주: 태학사.

Chomsky(1968), N.& Halle, M., *The Sound Pattern of English*. Harper&Row.

Hooper, J. B.(1976), *An introduction to natural generative phonology*, Academic Press.

Kiparsky, P.(1973), "Elsewhere in phonology", In S. Anderson and P. Kiparsky(Eds.), *A Festschrift for Morris Halle*, Holt, Rinehart and Winston.

Lass, R.(1984), *Phonology*, Cambridge Univ. Press.

Vennemann, T.(1974), "Words and syllables in natural generative grammar", *Natural Phonology*, Chicago Linguistic Society.

■ 편집자 주석

1) '음운 현상': 어떤 음소(자음 또는 모음)가 환경에 따라 없어지거나, 다른 음소로 바뀌는 현상
   '형태 음운 현상': 음운 현상이 일어날 때 그 적용 환경에 비음운론적(형태론적 또는 통사론적) 정보를 담고 있는 현상
2) '음운규칙': 어떤 음소가 없어지거나, 다른 음소로 바뀌는 현상을 일정한 형식으로 나타낸 규칙
3) '규칙순': 음운현상에 적용되는 규칙들의 순서
4) '수의적 규칙': 화자 또는 발화 상황 등에 따라서 음운현상에 적용되기도 하고 적용되지 않기도 하는 규칙

※ 이 글은 『건지인문학』 제12집에 실렸던 것을 새로 다듬은 것입니다.

「만복사저포기」의 저포 관련 어휘 연구
— 노름 관련 어휘를 중심으로 —

서정섭

[해 설]

◉ 목적 및 특성

이 연구는 김시습의 「만복사저포기」의 저포와 관련된 노름 어휘를 살펴보고, 저포 놀이 관련 문헌을 통해 저포 놀이의 모습을 살피고 윷놀이와의 관계를 고찰하는 것을 목적으로 한다.

저포가 현대인들에게 알려진 것은 김시습의 「만복사저포기」를 통해서이다. 「만복사저포기」는 남원시 만복사에서 노총각 양생이 부처님과 저포 놀이를 하여 배필을 만나는 내용의 기록에서 비롯된다. 그런데 저포 놀이가 다만 윷놀이의 일종이라고만 알려져 있고 그 구체적 내용이 무엇인지 아직 정확히 알 수 없다. 저포와 관련한 민속학적 연구로는 윷놀이를 고찰하면서 저포에 대해 언급하는 것뿐이다.

저포놀이와 관련하여 해결해야 할 문제가 많다. 윷놀이에 대한 연구는 비교적 많지만 저포 놀이는 고대에 일찍 사라졌다는 문헌 기록만 있고, 그 놀이 방법과 말밭을 구체적으로 설명한 문헌도 찾을 수 없기 때문에 저포 놀이의 정확한 모습을 찾을 수 없는 것이 현 상황이다. 따라서 이 글에서는 먼저 저포 놀이와 관련한 윷놀이, 노름에서 사용되는 어휘에 대하여 살펴봄으로써 저포놀이의 정확한 모습을 찾는데 일조하고자 한다.

◉ 연구 대상 및 방법

저포와 윷놀이의 다양한 명칭과 저포와 윷놀이 관련 어휘를 문헌을 통해 살펴본다. 먼저 저포, 저포희뿐 아니라 노름의 의미로 쓰인 도(賭)나 박(博)을 사용된 도박희(賭博戲), 박희(博戲), 그리고 육박, 오목 등의 명칭도 대상이다. 윷놀이 관련 어휘로 사희(柶戲), 척사(擲柶), 척사희(擲柶戲), 탄희(攤戲), 뉴(扭), 뉴(忸), 유치(遊齒) 등을 살펴 본다.

또 저포가 노름, 도박으로 인식되었기 때문에 저포에서 사용된 용어들이 현대에도 노름의 용어로 쓰이고 더 나아가서 일반 어휘로 확장되어 쓰이게 된 경위를 살핀다. '노났다', '동나다', '독 쓰다', '독박 쓰다', '대박' 등의 어휘가 이에 해당된다.

마지막으로 저포에 관해 언급되어 있는 문헌을 중국 문헌과 국내 문헌, 다시 국내 문헌을 조선왕조실록과 다산시문집·매천집·상촌선생집·목은시고 등의 문집으로 나누어 살펴보았다.

◉ 핵심 내용

김시습의 「만복사저포기」의 저포와 관련된 노름 어휘인 '귀채, 잡채, 노나다, 독쓰다, 독박, 박'을 중심으로 살펴보고, 이들 어휘가 각종 문헌에서 어떻게 쓰이고 있는지, 그리고 저포 놀이와 윷놀이와의 관계를 고찰하였다.

저포와 윷놀이의 명칭을 살펴 두 명칭이 서로 혼용되는 이유를 이야기하였다. 저포의 한자 명칭은 가죽나무 저(樗)와 부들 포(蒲)의 저포(樗蒲), 그리고 노름 저(摴)와 부들 포(蒲)의 저포(摴蒲), 가죽나무 저(樗)와 도박 포(蒱)를 사용한 저포(樗蒱)의 세 가지로 혼용되고 있다. 가장 일반적으로 쓰이는 것은 첫 번째 저포(樗蒲)이다. 저포와 혼용되어 쓰이는 어휘로는 박(博), 박희(博戲), 도박희(賭博戲), 육박(六博), 오목(五木)이 있다. 윷놀이는 사희(柶戲), 척사(擲柶), 척사희(擲柶戲), 탄희(攤戲), 뉴(扭), 뉴(忸), 유치(遊齒)가 있다.

다음으로 저포와 윷놀이에 관련된 어휘들을 살펴보았다. 저포가 노름, 도박으로 인식되었기 때문에 저포에서 사용된 용어들이 현대에도 노름의 용어로 쓰이고 있으며, 일반 어휘로 확장되었다. 저포 놀이의 사위에는 귀채(貴采)와 잡채(雜綵)가 있다. 귀채는 노(盧, 16점), 치(雉, 꿩, 14점), 독(犢, 송아지, 10점), 백(白, 8점)이 있고, 잡채(雜采)는 개(開, 12점), 새(塞, 11점), 탑(塔, 5점), 독(禿, 4점), 효(梟, 2점), 궐(㺺, 3점)이 있다. 귀채의 노(盧)에서 '노나다, 노났다'가 파생되었으며, 잡채의 독(禿)에서 '독쓰다'가 나왔고, 노름의 박(博)과 독(禿)이 합성되어 '독박'이 나왔다.

저포 놀이는 백제에서 즐겨했다는 기록이 있고, 김시습의 「만복사저포기」가 있어 그 명칭은 익숙하지만 놀이의 방법에 대해 구체적으로 기록한 문헌이 없다. 다만 중국의 『당국사보』에 저포 놀이의 방법에 대해 대략적으로 기술하고 있어 그 윤곽을 파악할 수 는 있으나 정확히 알 수 없는 한계가 있다. 저포의 '노, 치, 효'가 시문집에 나타나고 있는데 과연 조선시대까지 저포가 있었는가 의심스럽다. 사실상 저포가 사라졌는데 어떻게 저포의 용어가 조선시대까지 쓰이고 있는지에 대해서는 좀 더 많은 연구가 필요하다.

◉ 연구 효과

최근에 충남 연기군 향토박물관에서 백제 민속놀이 되살리고자 하는 노력의 일환으로 저포 놀이를 복원하여 보급하고 있다. 저포 놀이 보급은 저포 놀이의 복원인지 아니면 새로운 저포 놀이를 만들기 위한 것인지 좀 더 구명할 필요가 있다.

저포 놀이의 정확한 모습을 찾기 위해서는 해결해야 할 문제가 많지만, 이 글을 통하여 저포와 윷놀이가 혼용되어 쓰이는 모습과 노름 전체를 지칭하는 것까지 어휘의 쓰임을 살펴봄으로써 문헌을 통해 드러나는 용어들을 구분하여 백제의 '저포'가 갖는 모습을 재구하는 데에 기여할 수 있을 것이다.

1. 시작하며

이 연구는 김시습의 「만복사저포기」[1]의 저포[2]와 관련된 노름 어휘를 중심으로 살펴보고, 저포 놀이에 관한 문헌을 고찰하여 저포 놀이의 모습을 살펴 윷놀이와의 관계를 고찰하고자 한다.

저포가 현대인들에게 널리 알려진 것은 김시습의 「만복사저포기」로 남원시 만복사에서 노총각 양생이 부처님과 저포 놀이를 하여 배필을 만나는 내용의 기록에서 비롯된다. 그런데 저포 놀이가 다만 윷놀이의 일종이라고만 알려져 있고, 그 구체적 내용이 무엇인지 아직까지 정확히 알 수 없으며, 저포 놀이와 관련된 어휘에 대한 연구가 없다.

지금까지 「만복사저포기」와 관련한 연구로는 크게 문학적 연구로 사랑과 이별, 정서적 의미, 서술기법 등의 연구가 주를 이루고 있다. 저포와 관련한 민속학적 연구로는 윷놀이를 고찰하면서 저포에 대해 언급하고 있다. 문헌에서 쓰이고 있는 저포의 명칭이 摴蒲, 樗蒲, 摴蒱 등 다양하다.

저포놀이와 관련하여 해결해야 할 문제가 많다. 우리나라의 문헌에 보이는 저포가 중국의 저포놀이와 동일한 것인지, 우리나라의 윷놀이, 주사위놀이를 지칭하는지, 아니면 노름의 전체를 지칭하는지도 명확하지 않다. 왜냐하면 문헌과 저자에 따라서 지칭하는 바가 서로 다르기 때문이다. 아울러 김시습의 「만복사저포기」에 나오는 저포도 무엇을 지칭하는지 정확히 고증하기가 쉽지 않다.

최근에 백제 민속놀이 복원 측면에서 저포놀이를 복원하여 보급하고 있다.[1] 최근의 저포 놀이 보급은 저포 놀이의 복원인지 아니면 새로운 저포 놀이를 만들기 위한 것인지 좀 더 구명할 필요가 있다. 저포 놀이와 관련한 윷놀이, 노름에서 사용되는 어휘에 대한 연구가 아직 없어 이 연구에서는 저포놀이 관련 어휘를 고찰하고자 한다.

지금까지 국내에서 저포 놀이에 대한 연구로는 한국학중앙연구원의 한국민족문화대백과(1996), 조수화(2001), 임영수(2011)이다. 조수화(2001)은 중국과 우리나라의 문헌 중 저포 놀이에 관한 부분을 어느 정도 연구하였다. 임영수(2011)은 저포 놀이를 새롭게 만들어 전통놀이 연구회를 통하여 놀이를 보급하고 있다. 윷놀이에 대한 연구는 비교적 많지만 저포 놀이는 고대에 일찍 사라졌다는 문헌 기록만 있고, 그 놀이 방법과 말밭을 구체적으로 설명한 문헌도 찾을 수 없기 때문에 저포 놀이의 정확한 모습을 찾을 수 없는 것이 현 상황이다.

---

1) 충남 연기군 향토박물관에서 2011년에 저포 놀이를 복원하여 보급하고 있다. 저포의 정확한 놀이 방법이 구명되지 않은 지금의 상황에서 연기군 향토박물관의 저포 놀이가 복원된 저포 놀이인지 아니면 새로운 저포 놀이인지 그 개념이 명확하지 않은 상황이다.

2. 저포와 윷놀이 명칭

저포(樗蒲)는 짧은 나무토막으로 만든 주사위를 던져서 그 엎어지고
젖혀진 사위로 승부를 겨루는 내기놀이이다. 저포를 '백제 때에 있었던
놀이의 하나. 주사위 같은 것을 나무로 만들어 던져서 그 끗수로 승부를
겨루는 것으로, 윷놀이와 비슷하다.'라고 정의하면서 윷놀이와 유사성을
강조하고 있다.[2]

저포는 『오잡조(五雜粗)』 권6에 중국의 하, 은, 주나라의 삼대에 이미
있었다고 말하고, 『태평어람(太平御覽)』 권726에 노자가 서융(西戎)에 가
서 만든 것이라고 말하고 있다. 저포는 원래 오래전부터 중국에 있었던
놀이임을 알 수 있다.

저포가 우리나라에 언제 들어와서 언제까지 즐겼던 놀이인지 저포에
관한 문헌이 많지 않아 정확히 알 수 없다. 그런데 『북사(北史)』 동이전
(東夷傳) 백제국지부(百濟國之部)에 백제에 저포희가 있다고 한 기록을
보면 백제 시대에 저포 놀이가 있었음을 알 수 있다. 다만 백제 때의 저
포라는 명칭이 중국에서의 저포와 동일한 놀이인지는 입증할 자료가 없
다. 그러나 적어도 고대인 백제 때는 동일한 놀이가 아니었을까라고 추
론한다.

백제 시대와 유사한 시대에 일본에서도 저포희가 일반에 널리 성행하
여 사회에 물의를 일으켜 놀이를 하지 못하도록 금하는 금령을 내리기
도 했다. 『속일본기(續日本記)』에 의하면 699년에 왕명으로 저포놀이 금
지령이 발표되고, 이를 어겼을 때에는 태형(笞刑)으로 다스린다고 하였
다. 일본에서는 7세기에 유입하여 널리 놀았던 저포희가 18세기 무렵까

---

2) 이 글에서는 국립국어원의 표준국어대사전을 인용하여 어휘의 개념을 정의한다.

지 전승되었던 것으로 보인다. 고대 시대에 백제, 중국, 일본의 동아시아 지역에서 저포, 저포희는 널리 즐기던 놀이로 보인다.3)

저포의 한자 명칭이 가죽나무 저(樗)와 부들 포(蒲)의 저포(樗蒲), 그리고 노름 저(摴)와 부들 포(蒲)의 저포(摴蒲), 도박 포(蒱)를 사용한 저포(樗蒱)의 세 가지로 혼용되고 있다. 그런데 가죽나무 저(樗)와 부들 포(蒲)의 저포(樗蒲)가 가장 일반적으로 쓰이는 명칭이다.4) 또한 저포를 놀이라고 하여 놀 희(戲)를 덧붙여 저포희(樗蒲戲)라고도 부른다. 저포를 노름 저(摴)를 사용할 때는 노름, 도박의 의미가 더욱 더 강조되고 있다. 중국에서는 저포를 노름 도(賭), 도박 박(博)5)을 사용하여 도박희(賭博戲), 박희(博戲)로 부르기도 하여 노름, 도박의 의미로 쓰이고 있다. 이러한 이유로 우리나라에서 저포가 놀이, 윷놀이, 도박, 놀음의 의미와 혼용되고 있다.

(1) 다양한 저포 명칭

저포(樗蒲, 가죽나무 저(樗)와 부들 포(蒲))

저포(摴蒲, 노름 저(摴)와 부들 포(蒲))

저포(樗蒱, 가죽나무 저(樗)와 도박 포(蒱))

(2) 박(博)3)

① 저포(樗蒲)의 하나로 중국에서 전래된 가장 오래된 노름의 하나. 다섯 개의 나뭇가지를 던져 엎어지고 자빠지는 모양에 따라 효(梟), 노(盧), 치(雉), 독(犢), 새(塞)의 등급을 매기고 국(局) 위의 말

---

3) 저포에 관한 중국의 문헌 내용은 조수화(2001)을, 일본의 저포희는 김광언(2004)를 참조하였다.

4) 한국고전번역원의 '한국고전종합DB'에서 각각 검색을 하였는데 저포(樗蒲, 가죽나무 저(樗)와 부들 포(蒲))가 고전번역서에서 42회, 한국문집총간에서 112회, 승정원일기에서 1회씩 사용되었다. 저포(摴蒲, 노름 저(摴)와 부들 포(蒲))는 고전번역서에서 2회, 한국문집총간에서 13회로 총 15회 사용되었다. 저포(樗蒱, 가죽나무 저(樗)와 도박 포(蒱))는 고전번역서에서 4회, 한국문집총간에서 28회로 총 32회 사용되었다.

5) 도박 박(博)을 현대 국어에서는 주로 '넓을 박'으로 많이 사용하고 있다.

　　　을 움직여 승부를 정하였다.
　　② 내기 노름을 통틀어 이르는 말.

　(3) 박희(博戱)
　　　노름(돈이나 재물 따위를 걸고 주사위, 골패, 마작, 화투, 트럼프 따
　　　위를 써서 서로 내기를 하는 일).

　(4) 도박희(賭博戱)

　(5) 육박(六博)

　(6) 오목(五木)

　　표준국어대사전에서 '박'을 '저포의 하나'라고 하여 박이 저포와 동의
어인지 아니면 저포의 하위 놀이인지 불명확하게 표현을 하고 있다. 저
포와 박이 오늘날 명확하게 전승되지 않고 있어 그 놀이의 실체가 불분
명하기 때문으로 보인다. 도박희(賭博戱)는 국어사전에 등재되어 있지
않은 어휘이다.
　　육박(六博)[6]이라는 이름은 여섯 개의 가락(箸)을 던져서, 말 여섯 개를
옮긴다고 하여 붙여진 명칭이다. 고대에 육박이라고 한 것은, 말과 가락
이 중요한 기구였기 때문이다. 저포는 박(博)의 다른 이름이고, '오목(五
木)을 가장 높이 꼽는다.'거나, '오목으로 가락을 삼는다.'라는 말도 있
어, 저포가 다섯 개의 가락을 쓰는 까닭에 오목이라 불렸다.
　　저포와 윷놀이는 분명히 서로 다른 놀이인데 저포가 일찍이 흔적도
없이 사라지고, 그 놀이 방법을 모르는 관계로 우리나라에서는 저포와

---

6) 육박과 오목은 표준국어대사전에 등재되어 있지 않다.

윷놀이의 명칭이 서로 혼용되어 사용되고 있었다. 저포와 윷놀이의 명칭 혼용이 언제부터 이루어졌는지 그 전후 사정을 정확히 알 수 없다.

윷놀이는 윷가락을 던지고 그 사위에 따라 말을 사용하여 승부를 겨루는 놀이로 '사희(柶戲)'라고 한다. 이 놀이의 명칭이 윷놀이인 것은 나무막대기 넷을 가지고 노는 놀이이므로, 도·개·걸·윷·모 중 넷을 뜻하는 윷과 놀이가 복합된 것이라 추측된다. 윷의 한자어 사(柶)도 나무막대기 넷을 가지고 논다는 뜻이다.

윷놀이를 사희(柶戲), 척사(擲柶), 척사희(擲柶戲)라고 하고, 윷을 한자로 뉴(扭『오주연문장전산고』), 뉴(忸『경도잡지』), 유치(遊齒『잠곡선생필담(潛谷先生筆譚)』) 등 음을 빌려 표기하기도 했다. 이수광은 『지봉유설(芝峯類說)』에서 정초에 남녀가, 뼈나 나무를 잘라 만든 네 토막을 던져서 승부를 짓는 놀이를 놀음 탄(攤)과 놀 희(戲)를 써서 탄희(攤戲)라고 했다.

> (7) 윷의 『훈몽자회』(초 하 : 10) 용례
>   ① 저(樗) 슛 뎌 저사수도박(樗四數賭博)
>   ② 포(蒲) 슛 포 유학자회저(幼學子會樗)
>   ③ 탄(攤) 슛놀 탄 탄포도박(攤蒲賭博)
>
> (8) 윷놀이의 다양한 명칭
>   사희(柶戲), 척사(擲柶), 척사희(擲柶戲), 탄희(攤戲), 뉴(扭), 뉴(忸), 유치(遊齒)

『훈몽자회』에서 '윷'을 '저(樗), 포(蒲), 탄(攤)'으로 혼용하여 쓰고 있음을 알 수 있고, 그렇기 때문에 '저포'를 '윷놀이'와 같은 개념으로 혼용하여 사용하고 있음을 알 수 있다. 이것은 실제로 최세진의 『훈몽자회』가 간행된 1527년 당시에 저포가 없어져 윷놀이와 같은 개념으로 사용된 것인지를 단언하기는 어렵지만 저포가 그 이전에 이미 일찍 없어졌기 때문에 저포가 윷놀이를 동시에 지칭한 것으로 보는 경우가 많다.

3. 저포와 윷놀이 관련 어휘

전통 세시풍속으로 즐겨한 윷놀이가 때로는 노름이나 도박으로 변질되기도 한다.[7] 윷놀이에 대해 긍정적으로 평가하기도 하지만, 금전이 지나치게 오가거나 생업을 미루고 이에 몰두하는 면 때문에 부정적으로 평가하기도 했다.

조선 후기 문신인 윤기의 시문집『무명자집(無名子集)』제11책 정상한화 11조목(井上閒話 十一) 중에서 '여러 가지 노름'〔雜戲技〕을 이야기하고 있다.

> (9) 도박의 종류는 한두 가지가 아니어서 바둑, 장기, 쌍륙, 골패, 윷놀이, 종정도, 투전 및 그 밖의 사소한 것에 이르기까지 이루 헤아리기 어렵다. 그리고 옛 책에 기록된 탄기(彈棊), 격오(格五), 효로(梟盧) 등의 종류는 이제는 전하지 않는데, 모두 일상의 사업을 내팽개치고 노름에 빠져 생업을 도모하지 않고 세월을 보내는 도구이다. 그러나 또 승부를 걸어 돈을 따는 이로움이 있으므로 방탕한 자들과 무뢰

---

7) 노름은 '돈이나 재물 따위를 걸고 주사위, 골패, 마작, 화투, 트럼프 따위를 써서 서로 내기를 하는 일.'로 놀이를 하여 그 결과에 따라 돈이나 재물을 따기도 하고 잃기도 하는 것을 말한다. '도기(賭技), 도박(賭博), 돈내기, 박희(博戲)'와 유의어이다. '도박'은 '요행수를 바라고 불가능하거나 위험한 일에 손을 댐.'으로, 아주 전문적이고 투기적인 돈 따먹기를 뜻한다. 반드시 놀이가 포함되지 않는 일에도 쓰인다. 이기거나 지는 것이 아주 불확실한 위험한 일에 돈이나 재물을 거는 것 등도 이에 해당한다.

배들이 모두 여기에 달려들어, 심성을 상하고 정신을 피폐시키고 생
사를 잊으니, 한탄스런 일이다.

바둑, 장기, 종정도(승경도)까지도 도박의 종류로 분류하고 있음을 알
수 있다. 바둑이나 장기를 도박으로까지 분류하는 것은 과한 듯 말하고
있지만 도박으로 분류하고 있다. 공자가 바둑이나 장기를 두는 것은 시
간을 헛되게 보내는 것보다는 낫다고 말하고 있지만 윤기가 볼 때는 장
기나 바둑도 권할 것이 못되는 도박임을 강조하고 있다. 맹자 또한 장기
나 바둑을 두는 것을 다섯 가지 불효 중의 하나로 보고 있으면서 오불
효는 동시에 이루어지는 것으로 인식하여 부정적으로 보고 있음을 알
수 있다.[8]

장기나 바둑을 도박의 한 종류라고 하여 부정적으로 생각하고 있는
데, 저포는 이보다 훨씬 더 부정적으로 생각하고 있다. 도박의 종류로
분류된 많은 것들 중에 윷놀이는 남녀노소가 즐기는 민속놀이이고, 종
정도는 양반집 아이들의 교육용 놀이이고, 금전이 오가는 골패, 투전 등
은 도박의 성격이 강한 것이다. 저포를 매우 부정적으로 생각하고 있는
『진서(晉書)』의 기록을 볼 수 있다.

---

8) 공자께서 "배부르게 먹고 하루가 다 지나도록 마음을 쓰는 곳이 없다면 곤란하다. 장기
나 바둑이라도 있지 않은가. 그렇게 하는 것이 시간을 헛되이 보내는 것보다는 나을 것
이다. [飽食終日 無所用心 難矣哉 不有博奕者乎 爲之猶賢乎已]"라고 하였다. 그래서 장
기나 바둑을 두는 자들이 간혹 이 말로 구실을 삼는데, 성인의 말씀은 마음을 쓰는 곳
이 없는 것은 도리어 장기나 바둑을 두며 하는 일이 있는 것보다 못함을 강조하여 말한
것이지, 어찌 참으로 장기나 바둑이 아무 일도 안 하는 것보다 낫다고 권한 것이겠는가.
맹자께서는 사지를 움직이기 싫어하는 것 [惰其四支], 장기나 바둑을 즐기고 술 마시기
를 좋아하는 것 [博弈飲酒], 재물을 좋아하는 것 [好貨財], 귀와 눈의 욕망만을 쫓는
것 [從耳目之欲], 만용을 부리기 좋아하여 싸우거나 사나운 짓을 하는 것 [好勇鬪狠]을
다섯 가지 불효로 꼽았다. 장기와 바둑이 그 중에 하나를 차지하고 있지만, 실제로는 이
다섯 가지를 한꺼번에 행하는 것이 형세상 당연한 이치이다. 『무명자집』, 문고 제11책
정상한화 11조목 [井上閒話 十一]

(10) 여러 참좌(參佐)들 중에 간혹 술 마시고 유희나 하면서 노는 자가
있자, 도간이 명을 내려 술 그릇과 주사위 도구들을 빼앗아 모두
강물에 던져 버리게 하고, 이장(吏將)에게 매를 때리면서 말하기를
"저포(주사위) 놀이는 돼지 기르는 종놈이나 하는 노름이다. 〔樗蒲
者 牧猪奴戲耳〕"라고 했다.

-『진서(晉書)』권66「도간열전(陶侃列傳)」

　　『진서』권66에서도 저포는 돼지 기르는 천한 사람들인 종놈이나 하
는 노름이라고 폄하하고 있음을 볼 수 있다. 저포는 쌍륙, 골패 등과 같
은 노름으로 인식하고 있다. 또한 저포로 인해 몇 대에 걸쳐 모은 재산
이 하루아침에 도박 빚으로 탕진했다는 기록이 『무명자집』에 나온다.

(11) 사혼(謝混)의 사위 은예(殷叡)가 저포(樗蒲)를 좋아하였는데, 주위
사람이 "사씨(謝氏) 집안에서 몇 대에 걸쳐 모은 재산이 은예의 하
루아침 도박 빚에 충당되었다."라고 기록하였다.

-『무명자집』, 문고 제11책 정상한화 11조목 〔井上閒話 十一〕

　　중국의 한·위·진(晉)·남북조시기에 저포가 대단히 성행하게 되었
는데 사람들이 이를 제재로 이야기까지 엮을 정도이었고, 남조 때 유경
숙(劉敬叔)의 저포 이야기가 유명하다.9) 또한 『세설신어(世說新語)』의「온
태진위미고시(溫太眞位未高時)」에서 저포의 도박성을 알 수 있다.10) 저

---

9) 저포놀이 대신 바둑 두는 것을 구경한 것을 '신선놀음에 도끼자루 썩는 줄 모른다'는
속담의 근원설화와 유사하다. 그 내용은 다음과 같다. 전에 어떤 사람이 말을 타고 산
길을 가고 있는데 먼 산굴에서 두 노인이 마주 앉아 저포를 노는 것을 보자, 말에서
내려 지팡이를 짚고 보았다. 자신은 시간이 별로 많이 지나지 않았다고 생각했는데,
자신의 말고삐를 보니 이미 썩었고, 또 뒤돌아 자기 말을 보니 이미 죽어버려 뼈만 남
았다. 집으로 돌아 가보니 친척과 친구들이 이미 죽어서 결국 슬퍼하며 죽었다
10) 온태진(溫太眞: 溫嶠)이 직위가 아직 높지 않을 때였다. 그는 여러 차례 양주(揚州)와 회
중(淮中)의 장사꾼들과 저포(樗蒲)라는 도박을 벌였는데, 그때마다 져서 돈을 잃고 말았

포가 노름이라는 인식은 우리나라에서도 그대로 통용되고 있음을 알 수 있다. 저포가 노름이라는 인식은 서거정의 『동문선』, 황현의 『매천집』에서도 있음을 볼 수 있다.

> (12) ① 시와 술로 내기했네 / 詩酒爲摴蒲 (서거정, 동문선(東文選) 제5권)
>
> ② 저포로 다 탕진하고 유지와 늙어 갔네. / 樗蒲散盡柳枝衰 (황현, 매천집(梅泉集) 제5권)
>
> ③ 승부는 참으로 한판 노름이었네 / 興亡一軌轍 (이색, 목은집(牧隱集) 제3권)

이처럼 저포가 노름, 도박으로 인식되었기 때문에 저포에서 사용된 용어들이 현대에도 노름의 용어로 쓰이고 있고, 더 나아가서 일반 어휘로 확장되어 쓰이게 되었다. 중국 당나라 때 이조가 찬술한 『당국사보(唐國史補)』에 저포의 놀이 방법이 비교적 자세히 기록되어 있다.[11]

다. 그러던 중 일찍이 한 번은, 큰 판에 걸려들어, 크게 잃고, 집으로 돌아갈 수도 없게 되었다. 그는 유량(庾亮)과는 아주 절친한 사이였다. 이에 배 안에서 유량을 불러 크게 소리쳤다. "그대가 나 좀 대속해 주게나!" 이 말에 유량은 즉시 돈을 보내 주었고, 그제야 그는 풀려날 수 있었다. 이러한 일이 여러 차례였다. 『세설신어(世說新語)』임탄편(任誕篇)

11) 낙양령 최사본은 옛날의 저포 놀이하는 것을 좋아했는데, 그 방법은 이렇다. 말밭(놀이판)은 360자(子)로 되어 있으며, 그것을 3등분하고 이관(二關)에 한 한다. 말(馬)은 놀이하는 사람마다 여섯 개씩 가진다. 던지는 것은 5개인데, 위는 검고 밑은 하얗다. 검은 것에는 2가 새겨져 있는데 이를 '독(犢, 송아지)'이라 한다. 흰 것도 2가 새겨져 있는데 이를 '치(雉, 꿩)'라 한다. 이것을 던져 모두 검은 것이 나오면 '노(盧)'라 하며 그 채(采)는 16점이다. '치(雉, 꿩)' 2개에 검은 것 3개면 '치(雉, 꿩)'라 해서 14점이다. '독(犢, 송아지)' 2개에 흰색(검은 것의 오자인 듯하다)이 3개면 '독(犢, 송아지)'이라 하여 10점이다. 모두가 흰 것이면 '백(白)'이라 하여 8점이다. 이 네 개(독, 치. 노, 백)는 모두 귀채(貴采)이다.
'개(開)'는 12점, '새(塞)'는 11점, '탑(塔)'은 5점, '독(禿)'은 4점, '효(梟)'는 2점, '궐(獗)'은 3점인데, 이 여섯 개는 잡채(雜采)이다. 귀채는 연속 던져 말이 갈 수 있고, 관문(關門)을 통과할 수 있고, 나머지 채(雜采)는 연속 던질 수 없다. 앞으로 나가는 것 9점, 뒤로 가는 것 6점의 두 채를 새로 더했다.
(洛楊令崔師本, 又好爲古之樗蒲。 其法 : 三分其子, 三百六十, 限以二關, 人執六馬, 其骰五

저포 놀이의 말밭(놀이판)은 360자(子)로 되어 있는데, 이것을 3등분하여 두 곳만 사용한다.[12] 던지는 것은 5개이고 말(馬)은 놀이하는 사람마다 여섯 개씩 가진다. 던지는 점수에 따라 좋은 사위인 귀채(貴采)와 나쁜 사위인 잡채(雜采)가 있다. 좋은 사위인 귀채는 노(盧, 16점), 치(雉, 꿩, 14점), 독(犢, 송아지, 10점), 백(白, 8점)이다. 귀채가 나오면 계속하여 던질 수 있고, 남의 말을 잡을 수도 있고 관문을 통과할 수도 있는 좋은 것이다. 그러나 나쁜 사위인 잡채(雜采)는 개(開, 12점), 새(塞, 11점), 탑(塔, 5점), 독(禿, 4점), 효(梟, 2점), 궐(獗, 3점)이다. 잡채는 연속 던질 수 없어 나쁜 사위이다.

> (13) ① 귀채(貴采): 노(盧, 16점), 치(雉, 꿩, 14점), 독(犢, 송아지, 10점), 백(白, 8점)
>   ② 잡채(雜采): 개(開, 12점), 새(塞, 11점), 탑(塔, 5점), 독(禿, 4점), 효(梟, 2점), 궐(獗, 3점)

저포의 주사위는 위는 검고 아래는 흰데, 다섯(五木)개를 던져 그 사위를 본다. 그 중에서 다섯 개가 모두 검게 나오는 노(盧)가 가장 좋은 것으로 끗수가 가장 높은 16으로 16칸을 가는 것이다. 가장 좋은 사위가 나오면 좋아서 '노(盧)났다'라고 외친다.

저포에서 쓰이던 '노났다'가 횡재했을 때, 또는 좋은 일이 있을 때 하는 말로 주로 놀음, 도박에서 많이 쓰이게 되었다. 그 다음으로 치(雉), 독(犢), 백(白)이 좋다. 이러한 좋은 사위(貴采)가 나오면 주사위를 계속하

枚, 分上爲黑, 下爲白。 黑者刻二爲犢, 白者刻二爲雉。 擲之全黑者爲盧, 其采十六 ; 二雉三黑爲雉, 其采十四 ; 二犢三白爲犢, 其采十 ; 全白爲白, 其采八。 四者貴采也 開爲十二, 塞爲十一, 塔爲五, 禿爲四, 獗爲三, 梟爲二。 六者雜采也。 貴采得連擲, 得打馬, 得過關, 余采則否。 新加進九退六兩采)。 『당국사보(唐國史補)』
12) 바둑판은 가로 19줄, 세로 19줄로 361자인데 저포는 360자이다.

여 던질 수 있으며, 남의 말을 잡거나 관문(關門)을 지날 수도 있다.

저포에서 귀채의 대표적인 사위로 '노'와 나쁜 사위의 잡채 중 대표적인 것으로 '독'을 사람들이 즐겨 외치며 놀이를 했다. 조선 전기의 문신이며 학자인 서거정(徐居正)의 시문집『사가집(四佳集)』제13권에서 '잠상인(岑上人)의 방임정(訪林亭) 시에 차운하다.'라는 시에서 저포 놀이에서 '노를 외치다'라는 말이 나오고, 그 외에도 여러 시문집에서 '노를 외치다'가 나온다.

(14) 서거정(徐居正) 사가집(四佳集)
    서가엔 업후의 서책이 꽂혔건만 / 架挿鄴侯軸
    주머니엔 두로의 돈이 텅 비었네 / 囊空杜老錢
    노를 외치면 천둥을 치는 듯하고 / 呼盧飛霹靂
    종이에 붓대면 운연을 쓴 듯해라 / 落紙掃雲煙
                                    -서거정, 속동문선 제5권

(15) 언도의 노 외침이 어찌 대수로우리 / 彦道呼盧那可數
    노 외치기를 다투며 노름판도 벌이는데 / 對枰爭呼盧
                                    -장유, 계곡집(谿谷集) 제25권

(16) 노야 신나게 외치는 내기판에도 끼어 들고 / 呼盧不放樗蒲局
                                    -장유, 계곡집(谿谷集) 제30권

(17) 나는 노 외치기를 좋아한다오 / 我喜呼盧
                                    -허균, 성소부부고(惺所覆瓿藁) 제12권

(18) 거문고랑 피리 젓대 흥겹게 어울리고 / 絲竹恣跌宕
    치와 노는 뒤섞여 호통치고 고함치네 / 雉盧雜叫喝
                                    -조엄(趙曮), 해사일기(海槎日記)

(19) 복 입고 쌍륙치던 원자와 같고 / 呼盧袁子服

　　　　　　-이규보, 동국이상국집(東國李相國文集) 제1권

(20) 공은 사람과 마주 앉아 장기[博六] 두며 동요하는 기색이 없이 호로(呼盧 장기·바둑·노름 등을 할 때 소리치는 것)할 뿐이었다.

　　　　　　-권별, 해동잡록(海東雜錄)

　서거정의 시에서 중국 당나라 때 업연후라는 관직에 있던 이필이란 사람의 집 서재에는 책이 수없이 많이 있고, 두보 시인의 주머니에는 돈이 텅텅 비었지만 한 푼은 남겨두었다라고 노래하고 있다. 두보의 공낭(空囊)시에, "주머니가 비면 남에게 부끄러워, 일 전을 남겨서 볼 수 있게 하노라.〔囊空恐羞澁 留得一錢看〕"라는 대목을 말하며 저포가 노름임을 말하고 있다.

　저포 놀이의 노(盧)가 나와 "노났다. 노야"라고 노를 외치면 좋아하는 소리가 천둥을 치는 듯이 크다고 노래하고 있다.13) 조선 전기의 서거정이 시에서 저포의 '노났다'를 외치며 좋아하는 장면을 노래하고 있음을 볼 수 있다. 조엄의 『해사일기』에서는 '노'뿐만 아니라 귀채의 하나인 '치'도 외치는 것을 보여주는 것으로 '치와 노는 뒤섞여 호통치고 고함치네.'가 있다. '노났다'에서 '노(盧)'가 저포의 '노'임을 알 수 있고, '노났다'라는 말을 이미 오래 전부터 말하고 있음을 알 수 있다.

　저포의 귀채뿐만 아니라 나쁜 사위인 잡채를 외치는 것도 볼 수 있다. 홍대용의 『담헌서(湛軒書)』 내집 2권에서 저포의 나쁜 사위인 '효(梟)'를

---

13) 시에서 말하는 '노를 외치다'의 '노'는 저포의 '노'인데 저포 놀이가 사라진 때에 저포에서의 '노'를 이야기하는 것이 윷놀이와 어떤 연관이 있는지는 좀더 살펴보아야 할 것이다. 과연 저포가 없어졌는데도 저포의 용어를 사용한 것인지, 왜 저포가 사라졌는데도 굳이 저포의 용어를 사용하고 있는지, 아니면 아직도 저포가 있었는지는 좀더 면밀하게 고증할 필요가 있다.

말하고 있는 것을 볼 수 있다. 그런데 '효'는 나쁜 사위인데 좋은 사위로 이야기하고 있는 점은 잘못인지 알 수 없지만 '효'를 외치고 있다.

> (21) 북량(北凉)의 장수 사애(謝艾)가 장차 조(趙) 나라를 치려하던 전날 밤에 올빼미가 성 안에서 울었다. 온 군사가 모두 의심하고 두려워하자 애는 말하기를, "육박(六博)은 효(梟)라는 글자를 얻는 자가 이긴다. 이제 올빼미가 성안에서 울었으니, 승리할 징조를 얻은 것이다." 하더니, 전장에 나아가 크게 격파시켰다.
>
> -『담헌서(湛軒書)』 내집 2권

이정귀(李廷龜) 『월사집(月沙集)』 제15권 폐축록 하(廢逐錄下), '금관(金冠)에 옥헌(玉軒)을 타고 와서 대청에서 떠들썩하게 소리치는 사람이 있길래 물어보았더니, 민이길(閔而吉)과 홍휘세(洪輝世)가 이제 막 도착해서 함께 정도(政圖)를 던지며 논다고 하였다. 이에 장난삼아 절구 한 수를 읊어서 부쳐 보이다.'라는 글제로 한시를 썼다.

> (22) 세간의 쟁탈 그 얼마나 승부가 뒤바뀌었던가 / 世間爭奪幾輪贏
> 꿈속의 공명이란 또 한바탕 바둑판인 것을 / 夢裏功名又一枰
> 북창 아래 침상에 누웠다 얼핏 잠이 깨니 / 欹枕北窓驚小睡
> 저녁 바람이 때때로 효를 외치는 소리 보낸다 / 晚風時送叱梟聲
>
> -『월사집(月沙集)』 제15권 폐축록 하

> (23) 정원용(鄭元容) 경산집(經山集) 雜戲黜呼梟
> 최유연(崔有淵) 현암유고(玄巖遺稿) 三匝象床呼梟聲

이정귀(李廷龜) 『월사집(月沙集)』에서는 정도(政圖)를 하면서 놀이를 하고 있다고 했는데 정도(政圖)는 종정도(從政圖), 승경도(陞卿圖), 종경도(從卿圖)라고 하는 일종의 놀이이다. 종정도(從政圖)는 넓은 종이에 벼슬 이름을 품계와 종별(種別)에 따라 써 놓고 다섯 모가 난 주사위를 굴려서 나온 끗수에 따라서 관등(官等)을 올리고 내리는 놀이이다. 종정도 놀이에서 '효'의 사위는 나오지 않는데 '효'라고 외친다는 말은 좋은 사위든 나쁜 사위든 원하는 것이 나오는 것을 상징적으로 표현한 말이다. 그런데 저포 놀이에 대한 정확한 놀이 방법에 대한 설명이 없다보니 현대어의 해설에도 그 해석이 서로 다른 경우를 볼 수 있다.

이정귀(李廷龜)의 『월사집(月沙集)』 해설에서 '효(梟)'를 '저포(樗蒲) 놀이에서 가장 끗발이 높은 것으로, 그 다음이 노(盧)이다.'라고 하고 있다. 이 해설은 '효(梟)'가 가장 좋은 것이고 그 다음이 '노(盧)'라고 말하고 있다. 이것은 저포의 놀이와는 상반되는 것이다. 그러나 이처럼 시문집의 '효'를 좋은 귀채로 쓰고 있다는 것은 저포 놀이가 없어지다 보니까 저포에서 사용되는 용어에 혼란이 있는 것으로 볼 수 있다.

이러한 용례는 정원용과 최유연에서도 볼 수 있다. 원래는 '효'가 잡채로 좋지 않은 사위이었지만 그 용법은 사라지고 다만 그처럼 사용했다는 것만 차용한 경우로 볼 수 있다. 문학의 수사법에서 이러한 경우를 환유법[4]이라고 한다. 환유법은 어떤 의미를 나타내기 위해 사물의 속성 또는 그 사물에서 연상되는 다른 것의 이름을 이용하여 의미를 나타내는 수사법이다. 즉 환유법은 어떤 사물을 그것의 속성과 밀접한 관계가 있는 다른 낱말을 빌려서 표현하는 수사법인데 저포의 경우 '효'가 원래는 나쁜 사위의 잡채인데 저포 놀이를 대표하는 어휘로 변하여 저포 놀이를 하는 것의 보조관념으로 쓰이게 되었다. 저포 놀이의 '효'라는 보조관념은 저포 놀이라는 원관념을 쉽게 떠올릴 수 있는 가장 특징적인 것으로 대표되어 저포의 원관념을 대신하여 쓰이게 된 것이다.

중국 명나라 말엽에 출간된 『산당사고(山堂肆考)』에 "저포는 올빼미(梟, 효)·노(盧)·꿩(雉, 치)·송아지(犢, 독)·새(塞)로 승부를 짓는다. 머리에 올빼미를 새긴 것이 으뜸이며 노·꿩·송아지·새의 순으로 나간다."는 내용이 있다. 육조에서 당까지는 다섯 가락이 모두 엎어진 것을 노라 하였으며, 반대를 오백(五白)이라 하였다. 저포 놀이는 시대의 변천에 따라 노는 방법이 변했는데 처음에는 둘이 놀다가 동진 때는 셋 이상이, 당대에는 다섯이 놀았다. 초기에는 효(올빼미) 가락을 가장 높은 수로 쳤으나, 동진대에는 노와 치(꿩)를 첫손에 꼽았다. 놀이판에서 "노 나왔다." 또는 "꿩 나와라." 외친 것은 이 때문이다. 이러한 까닭으로 저포를 오백(五白)이라고도 하였다. 서거정과 김윤식의 시에서 '오백(五白)을 외치다'라는 말이 나온다.

(24) ① 노름판에선 때로 오백 외치는 소리가 들리고 / 博局時聞呼五白
　　　　　　　　　　　-서거정(徐居正) 사가집(四佳集) 제12권
② 손이 오거든 수시로 오백을 외쳐 대고 / 客至有時呼五白
　　　　　　　　　　　-서거정(徐居正) 사가집(四佳集) 제22권
③ 팔 걷어붙이고 오백이야 소리치니 / 袒跣呼五白
한 번 던질 때마다 온 집안이 떠들썩 / 一擲滿堂哄
　　　　　　　　　　　-김윤식(金允植) 운양집(雲養集) 제1권

저포의 놀이판에서 '오백, 노, 효' 등을 외치던 습속이 이어져 오늘날은 '오백, 효'는 사라지고 '노났다, 독박이다'의 말이 쓰이고 있다.

(25) ① 동나다, 단동(單-), 한동, 단동내기, 한동내기, 단동불출(單-不出)
② 노나다, 이번 사업은 일이 잘 풀려 노났다. 노났네.

'동나다'는 '물건 따위가 다 떨어져서 남아 있는 것이 없게 되다.'로 '끝나다'의 의미가 있다. 윷놀이에서 말이 첫 밭에서 끝 밭을 거쳐 나가는 첫 번째 차례를 '단동, 한동'이라 한다.

'노나다5)'는 주로 '노났다'로 쓰이는데 노름판에서 쓰이는 경우가 많아 속어나 비속어 정도로 알고 있어서인지 국어사전에 등재되어 있지 않다. 그러나 '노(盧)'는 어원적으로 저포에서 주사위가 나오는 모양에 따른 명칭으로 속어나 비속어가 아닌데 그 쓰임이 노름판으로 한정되어 쓰이는 경우가 많아 속어처럼 되었다.14)

화투 노름의 하나인 도리짓고땡에서 패를 돌리는 선을 노라고도 한다. 선은 화투를 칠 때, 패를 돌리고 먼저 패를 떼는 사람으로 보통 앞판에서 이긴 사람이 선이 되고 노라고도 한다. 이때의 노는 가장 좋은, 유리한 위치라는 의미가 내포되어 있다. 그리고 노름에서 판돈을 놋돈이라고 하고, 판돈이 2배가 되면 1노, 3배가 되면 3노, 4배가 되면 4노라고 하는데 이때도 노를 쓰고 있다.

'노났다'는 좋은 의미로 횡재하는 경우에 쓰이지만 그 반대의 경우로 손해를 보았을 경우에 '독박'을 쓰고 있다.

(26) ① 독박, 독박쓰다. 독박썼다. 독쓰다, 박쓰다, 이번에는 게임까지 져서 박썼다. 박썼네. 이번 사업은 일이 잘 안 풀려 독썼다. 독썼네.
② 대박(大博), 대박이다. 대박이 나다, 대박이 터지다.

같이 잘못을 했을 경우 한 사람만 벌을 주는 것을 '독쓰다, 독썼다'라고 한다. 이때 '독썼다'는 남의 잘못을 대신하여 감당하는 경우를 이른 말로 국어사전에 등재되어 있지 않다. '독썼다'는 말은 노름에서 주로 사용되어 속어나 비속어로 알고 있기 때문일 것이다. 그런데 '독쓰다'라는 어휘도 저포에서 나온 말이다. 저포에서 가장 놓은 사위가 '노'인 것

---

14) '노났다'의 어원을 뱃사공이 돈을 많이 버는 횡재를 하여 노를 잡지 않게 되어 '노를 놓았다'에서 유래를 찾는 경우도 있다. 그런가 하면 '노다지'에서 찾기도 하나 익히 아는 것처럼 '노다지'는 '금광에서 황금에 손을 대지 마라'라는 'no touch'로 '노났다'와는 유래가 다르다.

에 비해 좋지 않은 사위도 있다. 개(開), 새(塞), 탑(塔), 독(禿), 궐(撅), 효(梟)와 같은 경우는 나쁜 사위(雜木)이다.

이중 독(禿)의 경우가 오늘날 '독쓰다'가 되었다. 독(禿)은 '대머리 독'으로 '대머리, 대머리가 되다, 민둥민둥하다, 모자라게 되다'의 의미이다. 저포에서 '독'은 끗수가 4이며 좋지 않은 끗수(잡채(雜釆))라고 하여 다시 주사위를 던질 수도 없고, 말을 잡을 수도 없으며, 관문을 통과할 수도 없다. 그러므로 '독'이면 좋지 않은 사위의 대표적인 것으로 쓰이게 되어 남의 잘못을 대신 감당하는 좋지 않은 것으로 사용하게 되었다.

'독쓰다'와 약간 차이를 보이는 '독박쓰다'가 있다. '독박'은 '화투 놀이의 하나인 고스톱에서, 먼저 점수를 얻어 고를 부른 사람이 이후 다른 사람의 득점으로 인해 혼자서 나머지 사람의 몫까지 물도록 하는 법칙'이고, '누나는 몇 판째 독박을 써서 얼마 안 되는 돈을 다 잃었다.'의 예문을 볼 수 있다.[15]

'독박쓰다'에서 '독쓰다, 박쓰다'가 파생되어 쓰이고 있다. 그런데 '독(禿)쓰다'는 저포의 '독(禿)'이기 때문에 한자어가 '독박(禿博)'이 되어야만 '독(禿)쓰다'와 '박(博)쓰다'가 가능하다. '박(博)'이 노름, 도박의 의미로 널리 쓰이고 있는데 의미가 확장되어 '혼자서 다른 사람의 몫까지 물게 되다'로 쓰이게 되었다. '박(博)'이 노름, 도박의 의미로 쓰이고 있는 예를 다음의 예에서 볼 수 있다.

 (27) ① 박국(博局) 바둑 따위의 놀음을 하는 판
    ② 박극(博劇) 노름. 도박.

---

15) 인터넷 포털 사이트 '다음'의 사전에 '독박(督迫)'을 설명하면서 한자어는 '심하게 자주 독촉함.'의 한자를 쓰고서, 정의는 고스톱의 독박으로 잘못 설명하고 있다. 국립국어원의 표준국어대사전에 '독박(督迫) 심하게 자주 독촉함.'으로 한자와 풀이가 올라 있다.

③ 박도(博徒) 노름꾼. 노름을 일삼는 사람

④ 박보(博譜) 장기(將棋) 두는 법을 모아 적은 책(冊)

⑤ 박사(博射) 돈을 걸거나 하여 노름 삼아 하는 활쏘기

⑥ 박새(博塞) 노름. 도박.

⑦ 박혁 (博奕/博弈) 장기와 바둑. 뜻이 변하여 도박의 뜻으로 쓰임.

⑧ 박희(博戱) 노름(돈이나 재물 따위를 걸고 주사위, 골패, 마작, 화투, 트럼프 따위를 써서 서로 내기를 하는 일).

(28) 표준국어대사전

① 박(博) - 저포(樗蒲)의 하나로 중국에서 전래된 가장 오래된 노름의 하나. 다섯 개의 나뭇가지를 던져 엎어지고 자빠지는 모양에 따라 효(梟), 노(盧), 치(雉), 독(犢), 새(塞)의 등급을 매기고 국(局) 위의 말을 움직여 승부를 정하였다.

② 박 - (명사) 노름판에서, 여러 번 패를 잡고 물주 노릇을 하는 일. 또는 그런 사람.

③ 박 - (의존명사) 노름에서 여러 번 지른 판돈을 세는 단위. 한 박 잡다. 한 박 먹다. 한 박 뜨다.

④ 바가지 쓰다 - 요금이나 물건값을 실제 가격보다 비싸게 지불하여 억울한 손해를 보다

'박쓰다, 박썼다'에서 '박'의 어원을 말하는 유래 중 하나가 노름 용어 '박'설이다.[16) '박'은 노름판에서 이겨 여러 번 패를 잡는 일, 또는 그런 사람을 말하는 겨우는 긍정적 의미인 경우이다. 그러나 '박쓰다'는 잘못

---

16) 다른 '대박'의 어원설이 '대박(大舶)'설이다. '대박'은 말 그대로 '큰 배'라는 뜻이다. 예전에 밀항선이나 화물선과 같은 큰 배가 항구에 들어오면, 온갖 진귀한 물건들을 접할 수 있었고, 또 그 물건을 팔아 돈도 벌 수 있었다. 그러므로 밀항선이나 화물선과 같은 큰 배는 재화를 버는 원천이 될 수 있었다. 그래서 '큰 배'를 뜻하는 '대박'에 '큰 이득'이라는 비유적 의미가 생겨났고, 이것이 다른 분야에까지 확대되어 지금과 같은 '대박'의 의미를 만들어 냈다는 것이다.

'대박'의 어원이 분명하게 드러나지 않자, 흥부가 큰 박을 터뜨려 횡재하는 장면을 연상하여 '대박'을 '큰 박'으로까지 설명하려 든다.(조항범, 2005 참조)

하여 자기가 남의 몫까지 떠안는 것으로 부정적 의미이기 때문에 저포를 의미한 '박'이 노름에서 손해를 입었다는 의미로 확장된 것이다.

『삼국사기』 도미설화에서 '도미와 내기를 하여 이겼다(與「都彌」博得之)'라고 하여 '박(博)'이 '도박하다, 내기하다'의 의미로 쓰이고 있음을 알 수 있다.

> (29) 가짜 왕이 부인에게 이르기를 "내가 오래전부터 네가 예쁘다는 말을 듣고 도미와 내기를 하여 이겼다. 내일 너를 데려다가 궁인으로 삼을 것이니 지금부터 너의 몸은 내 것이다"라고 하였다. (謂其婦日: "我久聞爾好, 與「都彌」博得之. 來日入爾爲宮人, 自此後, 爾身吾所有也.)

오늘날은 노름의 '박' 의미로 쓰는 경우가 많아, '바가지' 의미가 더 먼저 연상된다. 따라서 '박쓰다'가 '바가지 쓰다'로 연결되는 듯하고, 고스톱에서 피박, 광박, 멍박으로 확대되어 쓰이고 있다. 표준국어대사전의 명사로서의 '박(博)'과 의존명사 '박'을 구분하여, 의존명사는 고유어로 처리하고 있다. 그런데 의존명사로 처리한 '박'을 '노름에서 여러 번 지른 판돈을 세는 단위'가 아니라 '노름에서 여러 번 지른 판'으로 명사로 처리하는 것이 타당한 것으로 보인다. '대박이다'는 이 '박'에 '대(大)'가 붙은 것이다. 많이 따는 것을 '한 박 잡다'라고 한다. '박'이 명사로서 노름의 판이 되어 '대박'이 되어 긍정적 의미가 될 수도 있고, '독박, 박쓰다'가 되어 부정적 의미가 될 수도 있다.

조항범(2005)에서 '대박'의 어원 중 노름 용어 '박'설을 논하면서 '박'의 의미를 파악할 수 없다고 이야기하고 있다. 그런데 '박'은 저포 또는 노름과 관련된 '박'임을 알 수 있다.

(30) '박'은 노름에서 여러 번 패를 잡고 물주 노릇을 하는 일, 또는 그
렇게 해서 얻은 몫을 가리킨다. 이 '박'에 '大'가 첨가된 것을 '대박'
으로 본다. 이에 따라 '대박'을 '여러 번 패를 잡아 얻은 큰돈'으로
해석해 볼 수 있다. 이 돈은 그야말로 횡재한 돈이다. '대박'이 '횡
재한 큰돈'을 가리킨다면, 지금의 의미와 더더욱 가깝게 여겨진다.
다만 '대박'이라는 단어가 사전에 올라와 있지 않고, '박'이 '한 박
잡았다', '한 박 떴다'와 같은 표현에서 보듯, '한'의 수식을 받는
형식 명사로 '잡다'나 '뜨다'와 어울려 쓰인다는 점에서 보면 '박'
에 '大'가 붙을 수 있는 것인지, 노름 용어로서 '대박'이 존재한 것
인지, '대박'이 '나다'와 연결될 수 있는 것인지는 의문이 든다.

-조항범, 2005년 겨울

(31) 피박. 광박, 피박쓰다. 피박썼다. 광박쓰다, 광박썼다.

주로 고스톱이란 놀음에서 사용하는 어휘로 '바가지를 썼다'란 말로
'피를 가지고 바가지를 썼다'로 '피박'이란 말이 있다. 중국 마작 십인계
(十人契)는 1에서 10까지의 숫자가 적힌 바가지를 이리저리 섞어서 엎어
놓고 각각 자기가 걸고 싶은 바가지에 돈을 걸고서 시작하는 노름이다.

그리고 난 후에 물주가 어떤 숫자를 확인하고 그 숫자가 적힌 바가지
에 돈을 댄 사람은 맞히지 못한 사람의 돈을 모두 갖는다. 만약 아무도
맞히지 못했을 때에는 물주가 모두 갖는다. 이렇게 해서 바가지에 적힌
숫자를 맞히지 못했을 때 돈을 잃기 때문에 손해를 보는 것을 '바가지
썼다'라고 하게 되었다. 이 때 '바가지'를 줄여서 '박'이라 한다.

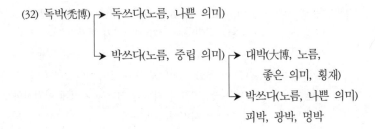

(32) 독박(禿博) ┌→ 독쓰다(노름, 나쁜 의미)
        └→ 박쓰다(노름, 중립 의미) ┌→ 대박(大博, 노름,
                                       좋은 의미, 횡재)
                                  └→ 박쓰다(노름, 나쁜 의미)
                                     피박, 광박, 멍박

4. 저포 관련 문헌

4.1. 중국 문헌에서 우리나라 저포 언급

저포에 관해 언급한 고대의 우리나라 문헌은 아직까지 밝혀진 바가 없다. 삼국사기, 삼국유사 등의 문헌에서 저포를 언급한 부분을 확인할 수 없어 고대의 우리나라에서 저포의 놀이 방법 등을 파악하기 어렵다. 다만 중국 문헌에서 백제의 놀이를 언급하는 중에 저포가 나오지만 명 칭만 언급되고 있어, 중국의 저포와 동일한 놀이 방법으로 백제에서도 놀이를 하지 않았을까라고 추론한다.

(33) ① 주서(周書) 권49 백제 : 투호와 저포 등의 여러 가지 놀이가 있 고, 바둑과 장기를 더 좋아한다.(有投壺樗蒲等雜戲 然尤尙奕棊)
    ② 수서(隨書) 권81 백제 : 놀이는 투호, 바둑, 저포, 쌍륙, 구슬치기 가 있다.(投壺圍棋樗蒲握槊弄珠之戲)
    ③ 북사(北史) 권94 백제 : 악기로는 고각·공후·쟁우·지적이 있 고, 투호·저포·농주·악삭 등의 놀이가 있는데, 오히려 바둑 과 장기를 숭상한다.(有鼓角箜篌箏竽簾笛之樂 投壺樗蒲弄珠握槊 等雜戲 然尤尙奕棊)

4.2. 국내 문헌

4.2.1 조선왕조실록

조선왕조실록에서 저포에 대한 언급이 단 세 번만 있다.[17] 그러나 이에 비해 조선왕조실록에 장기와 바둑을 언급한 경우를 보면 조선 초기에는 상당히 자주 언급되고 있다. 1506년 연산군 때까지만 하더라도 장기, 바둑의 언급 횟수가 30회에 이른다. 장기, 바둑에 대한 언급도 조선 후기로 가면 자주 언급하지 않는 경향이 있으며, 다만 언급할 때는 중국 고대의 공자와 맹자의 고사를 인용할 때 언급하는 정도로 언급 빈도가 줄어든다.

그럼에도 불구하고 장기, 바둑의 횟수에 비해 저포의 언급 횟수는 매우 제한적으로 4회만 나타난다는 것은 저포가 널리 성해지지 않았을 수도 있지만 저포 놀이를 부정적으로 생각하고 있다고 볼 수 있다. 세종 11년에는 '저포처럼 소용없는 자질을 버리지 않고'라고 하는 것을 보면, 저포를 소용없는 것으로 생각하는 부정적인 면을 볼 수 있다.

> (34) ① 세종 11년 기유(1429) 6월24일 맹사성·민여익·권진에게 궤장을 내리니 이들이 전을 올려 사례하다 : 이것이 대개 덕은 생민(生民)에 흡족하고 마음은 화육(化育)에 돈독하여, 저포(樗蒲)처럼 소용 없는 자질을 버리지 않고 특별히 우로(雨露)의 깊은 은

---

17) 저포라는 어휘가 조선왕조실록에서는 세종에서 1회, 명종에서 1회, 선조에서 1회로 모두 3회만 나타나고 있다. 조선왕조실록에서 저포가 나타나는 예는 다음과 같다.
세종 11년(1429) 6월24일(이것이 대개 덕은 생민(生民)에 흡족하고 마음은 화육(化育)에 돈독하여, 저포(樗蒲)처럼 소용 없는 자질을 버리지 않고 특별히 우로(雨露)의 깊은 은혜를 베푼 것입니다.).
명종 16년(1561) 12월29일(예로부터 나례를 관람할 때에 윤목(輪木)을 던지는 놀이【저포(樗蒲)나 쌍륙[博塞]의 종류이다.】가 있었으니 지금도 그 놀이를 하라.).
선조 30년 정유(1597) 11월27일(온종일 마냥 농지거리를 하며 끝없이 술을 마시다가 날이 저물자 비로서 활쏘기를 멈추고 다시 술을 마시며 저포(樗蒲) 놀이를 하다가 밤이 깊어서야 이내 취한 몸을 부축하여 돌아왔습니다.)

혜를 베푼 것입니다. 보호하기를 어린아이같이 하고, 인자하심
은 부모보다도 더하였습니다.

② 명종 16년 신유(1561) 12월29일, 충순당에 나아가 나례를 관람하
고 윤목을 던지는 놀이를 하라고 전교하다. : "예로부터 나례를
관람할 때에 윤목(輪木)을 던지는 놀이【저포(樗蒲)나 쌍륙[博塞]
의 종류이다.】가 있었으니 지금도 그 놀이를 하라."(甲申/上御忠
順堂, 觀儺。傳于侍臣等曰: "自古觀儺時, 有擲驎、輪木之戲。【樗蒲
博塞之類。】今亦擲之。)

③ 선조 30년 정유(1597) 11월27일 제독 접반사가 중국군의 훈련하
는 모습을 아뢰다. : 온종일 마냥 농지거리를 하며 끝없이 술을
마시다가 날이 저물자 비로서 활쏘기를 멈추고 다시 술을 마시
며 저포(樗蒲) 놀이를 하다가 밤이 깊어서야 이내 취한 몸을 부
축하여 돌아왔습니다.

동사강목(東史綱目), 해동역사(海東繹史), 지봉유설, 증보문헌비고, 오
주연문장전산고(五洲衍文長箋散稿) 등은 대체로 백제 놀이에 관한 중국
문헌을 재인용하고 있다.

4.2.2. 문집

문집의 여러 곳에서 저포와 관련된 글이 보이고 있는데 민속놀이로서
남녀노소가 즐기는 저포 놀이의 광경, 성인들의 노름으로서 저포 광경,
환유법으로서 '노, 치'를 외치는 광경 등이 나온다.

다산시문집 제16권 맏형수 공인(恭人) 이씨(李氏)의 묘지명(丘嫂恭人李
氏墓誌銘)에서 '용이 어릴 때 부모를 따라 연천현(漣川縣)으로 갔는데 아
직도 기억나는 일이 있다. 선비(先妣) 숙인(淑人)이 술 담그고 장 달이는
여가에 형수와 저포(樗蒲)놀이를 하여 3이야 6이야 하며 그 즐거움이 드
높았다.'라고 하여 어린이와 여자가 저포를 하는 모습을 말하고 있다.

매천집 제6권 서(序) 왕소금을 축수하는 서〔王素琴壽序〕에서 '그는 술이 얼큰히 취하면 수염을 휘날리며 말하기를, "남자라면 모름지기 반정원(班定遠)처럼 만리를 평정하여 후(侯)에 봉해질 정도는 돼야 한다. 그렇지 않으면 진(晉)나라 현자(賢者)들의 고사(故事)대로, 왼쪽에는 300섬의 술을 놓아두고 마시며, 오른쪽에는 100만 전의 판돈을 놓고 저포(樗蒲)를 즐기는 것도 한 방법이다."라고 말하곤 하였다.'라고 하여 노름으로서의 저포 놀이를 말하고 있다.

상촌선생집 제20권 정사년 섣달 그믐날 밤에〔丁巳除夕〕에서는 '작은 등불 앞에서 질화로의 향 다 탔네(土爐香燼小燈前), 두메산골 오늘밤에 또 한 해를 보내는가(峽裏今宵又送年), 괴로운 나그네 심사 아녀들이 어찌 알리(兒女豈知爲客苦), 시새워 저포 던지며 돈은 따지지 않네 그려(樗蒲爭擲不論錢)'라고 하여 설날 놀이로 저포를 하고 있다.

목은시고 제13권에서도 '세밑 경신일에 밤새도록 떠들어 대라(歲抄庚申徹夜喧), 관현악과 등불 아래 취하여 정신이 없네(管絃燈火醉昏昏), 아이들은 화롯가에서 저포놀이를 하는데(圍爐兒子樗蒲戲), 백발의 늙은이는 스스로 높은 체 하누나(白髮衰翁妄自尊)'라고 하여 설날 전후로 저포 놀이를 하고 있음을 알 수 있다.

매월당시집 권14에서는 저포 놀이에 대해 비교적 자세히 노래하고 있다. '우리나라 저포는 네 개로 하는데(鄕樗只四白), 말의 행로는 다섯 구역 안에서 이루어지네(馬跡五圈耳), 운이 나쁘면 노(盧)가 나오려다가 독(犢)이 되고(命屯盧變犢), 운이 좋으면 자기의 말을 보호하며 화점(花點)을 빠져나올 수 있네(運通花防己), 지난 날 청주(上黨)에서 지낼 때(日與爾而爭), 너와 주사위(雙六) 던지며 마음껏 소리를 질러댔지(雙六與爾喝), 누구든 지는 사람이(爾若不勝也), 일어나 작설차를 달이는 거다!(起去煎雀舌)'라고 노래하고 있다. 매월당 시에서 저포는 네 개로 하고, 다섯 구역이 있으며, 노, 독, 화점을 이야기 하고 있다.

5. 마무리

지금까지 이 연구에서는 김시습의 「만복사저포기」의 저포와 관련된 노름 어휘인 '귀채, 잡채, 노나다, 독쓰다, 독박, 박'을 중심으로 살펴보고, 이들 어휘가 각종 문헌에서 어떻게 쓰이고 있는지, 그리고 저포 놀이와 윷놀이와의 관계를 고찰하였다.

저포와 윷놀이의 명칭을 고찰하고, 저포와 윷놀이에 관련된 어휘를 살펴보았다. 저포의 한자 명칭은 가죽나무 저(樗)와 부들 포(蒲)의 저포(樗蒲), 그리고 노름 저(摴)와 부들 포(蒲)의 저포(摴蒲), 가죽나무 저(樗)와 도박 포(蒱)를 사용한 저포(樗蒱)의 세 가지로 혼용되고 있다. 가죽나무 저(樗)와 부들 포(蒲)의 저포(樗蒲)가 가장 일반적으로 쓰이고 있다. 저포와 혼용되어 쓰이는 어휘로는 박(博), 박희(博戲), 도박희(賭博戲), 육박(六博), 오목(五木)이 있다. 윷놀이는 사희(柶戲), 척사(擲柶), 척사희(擲柶戲), 탄희(攤戲), 뉴(扭), 뉴(忸), 유치(遊齒)가 있다. 저포 놀이의 사위에는 귀채(貴采)와 잡채(雜綵)가 있다. 귀채는 노(盧, 16점), 치(雉, 꿩, 14점), 독(犢, 송아지, 10점), 백(白, 8점)이 있고, 잡채(雜采)는 개(開, 12점), 새(塞, 11점), 탑(塔, 5점), 독(禿, 4점), 효(梟, 2점), 궐(獗, 3점)이 있다. 귀채의 노(盧)에서 '노나다, 노났다'가 파생되었으며, 잡채의 독(禿)에서 '독쓰다'가 나왔고, 노름의 박(博)과 독(禿)이 합성되어 '독박'이 나왔다.

저포 놀이는 백제에서 즐겨했다는 기록이 있고, 김시습의 「만복사저포기」가 있어 그 명칭은 익숙하지만 놀이의 방법에 대해 구체적으로 기록한 문헌이 없다. 다만 중국의 『당국사보』에 저포 놀이의 방법에 대해 대략적으로 기술하고 있어 그 윤곽을 파악할 수는 있으나 정확히 알 수 없는 한계가 있다. 저포의 '노, 치, 효'가 시문집에 나타나고 있는데 과연 조선시대까지 저포가 있었는가 의심스럽다. 사실상 저포가 사라졌는데 어떻게 저포의 용어가 조선시대까지 쓰이고 있는지에 대해서는 좀 더 많은 연구가 필요하다.

▣ 참고문헌 ▣

국립국어연구원, 표준국어대사전.

김광언(2004), 『동아시아의 놀이』, 서울: 민속원.

김린구(1989), 「조선조 후기시가의 민속학적 연구」, 단국대학교 박사학위논문.

김명순(2007), 『조선후기 한시의 민풍 수용 연구』, 서울: 보고사.

서정섭, 조봉래 역(2012), 『최척전, 만복사저포기』, 서울: 북스힐.

심경호(2010), 『김시습평전』, 파주: 돌베개.

유승훈(2006), 『다산과 연암, 노름에 빠지다』, 파주: 살림.

이상천 역주(2006), 『당국사보(唐國史補)』, 서울: 학고방.

임영수(2011), 충남 연기군 향토박물관.

조수화(2001), 「中·韓 民俗놀이 比較 硏究」, 인하대학교 대학원 교육학석사학위논문.

조항범(2005), 「잘못 알고 있는 어원 몇 가지(4)」, 『새국어생활』 15(4).

한국고전번역원(1996), 한국고전종합DB (http://db.itkc.or.kr/index.jsp?biz Name=MK).

한국학중앙연구원(1996), 한국민족문화대백과.

■ 편집자 주석

1) 만복사저포기: 조선 초기 김시습(金時習)이 지은 한문소설로서 소설집 『금오신화 金鰲新話』에 실려 있다. 이 작품은 생사를 달리하는 남녀가 만나 서로 사랑을 나눈다는 것으로 경이로움을 강조하는 명혼전설(冥婚傳說)을 바탕으로 한다. 전설을 소설로 개조하여 소설적 필연성을 강조하면서 세상에서 소외된 자의 고독과 간절한 사랑의 소망을 나타낸 것이다.
   줄거리는 다음과 같다. 전라도 남원에 사는 총각 양생(梁生)은 일찍 부모를 여의고 만복사의 한쪽 구석방에서 외로이 지내며 배필이 없음을 슬퍼하던 중 부처와 저포놀이를 하여 이긴 결과 아름다운 처녀를 얻게 된다. 그 처녀는 왜구의 난에 부모를 이별하고 정절을 지켜 3년간 구석진 곳에 묻혀서 배필을 구하던 터였다. 둘은 인연을 맺고 며칠간 열렬한 사랑을 나누다가 다시 만날 것을 약속하고 헤어진다. 양생은 약속한 장소에서 기다리다가 딸의 대상을 치르러 가는 양반집 행차를 만나 자기와 사랑을 나눈 여자가 3년 전에 죽은 그 집 딸의 환신임을 알게 된다. 여자는 양생과 더불어 부모가 베푼 음식을 먹고 나서 저승의 명을 거역할 수 없다며 사라지고 양생은 홀로 귀가했는데, 어느 날 밤 여자의 말소리가 들리기를, 자신은 타국에 가 남자로 태어났으니 당신도 불도를 닦아 윤회를 벗어나라고 한다. 양생은 여자를 그리워하며 다시 장가들지 않고 지리산으로 들어가 약초를 캐며 지냈는데, 그 마친 바를 알 수 없다고 했다.
   [네이버 지식백과] 만복사저포기 [萬福寺樗蒲記] (네이버고전문학사전, 2004. 2. 25.)
2) 저포: 나무로 만든 주사위를 던져서 그 사위로 승부를 다투는 놀이.
3) 박(博): 중국에서 전래된 가장 오래된 노름이다. 다섯 개의 나뭇가지를 사용하고 국(局)이라는 판 위에 말을 움직여 승부를 내는 방식이다. 나뭇가지 다섯 개가 엎어지고 자빠지는 모양에 따라 효(梟), 노(盧), 치(雉), 독(犢), 새(塞)의 등급을 매기고 국(局) 위의 말을 움직인다.
4) 환유법: 문학의 수사법의 일종. 어떤 의미를 나타내기 위해 사물의 속성 또는 그 사물에서 연상되는 다른 것의 이름을 이용하여 의미를 나타내는 수사법, 어떤 사물을 그것의 속성과 밀접한 관계가 있는 다른 낱말을 빌려서 표현하는 수사법. 저포의 경우 '효'가 원래는 나쁜 사위의 잡채인데 저포 놀이를 대표하는 어휘로 변하여 저포 놀이를 하는 것의 보조 관념으로 쓰이게 된 것.
5) 노나다: 주로 '노났다'로 쓰이며 '횡재했다'는 의미를 갖는다. '노나다'는 국어사전에 등재되어 있지 않은데 이는 노름판에서 쓰이는 경우가 많아 비속어로 판단되었기 때문으로 추측된다. '노(盧)'는 어원적으로 저포에서 주사위가 나오는 모양에 따른 명칭으로 속어나 비속어로 볼 수 없다.

※ 이 글은 『건지인문학』 제12집에 실렸던 것을 새로 다듬은 것입니다.

농인 국어교육론의 정립을 위한 제안
─ 농인의 국어 인식 및 국어 능력에 대한 조사 연구 필요성 ─

[해 설]

◎ 목적 및 특성

이 글은 농인(聾人)의 특성을 제대로 반영한 국어교육론의 설정이 필요하며, 이를 위해서는 먼저 현재 농인들의 국어에 대한 인식 및 국어사용 능력과 관련된 실태를 정확하게 파악할 필요가 있다는 점을 밝히는 데 목적이 있다.

농인들은 청인(聽人)과 달리 일반적으로 소리를 들을 수 없다. 이러한 농인만의 특수한 상황을 고려할 때, 농인에게는 일반적인 국어교육 방법론의 적용이 문제가 될 수 있으며 따라서 그런 특수성에 맞는 새로운 국어교육론이 필요하다.

이 글은 이러한 국어교육론의 방법을 찾기 위해서, 먼저 농인이 가진 언어 및 국어에 대한 인식과 농인의 실제 국어 능력이 어떤지를 연구해야 한다는 점을 강조하고자 한다. 농인의 국어 능력과 의사소통 능력을 향상시키기 위해서는 현재 농인의 국어사용 실태를 정확히 인지하고, 그에 바탕하는 교육론의 수립이 필요함을 확인할 것이다. 또한 농인의 국어사용 실태 조사가 어떻게 이루어져야 하는지에 대해서도 더불어 고찰해 볼 것이다.

◎ 연구 대상 및 방법

이 연구에서 제시하는 것은 농인의 국어교육론을 위한 제언이다. 그동안 농인에 대한 많은 연구가 이루어졌음에도 불구하고 농인을 위한 국어교육론은 정립되어 있다고 하기 어렵다. 농인들은 소리를 듣지 못하는 특성을 갖고 있음에도 음성언어를 전제하는 교육론에 방치되어 있다. 이는 농인의 국어 능력 발전을 제한하여 농인 스스로 자괴감을 갖게 함은 물론이고, 청인들로 하여금 마치 농인 자체의 능력에 문제가 있는 것으로 잘못 인식하게끔 한다. 농인에 대한 청인들의 잘못된 인식을 거두고 농인들 스스로 자존감을 느끼게 하려면 농인의 국어사용 능력을 키우는 것이 중요하며, 농인을 위한 국어교육론의 정립이 반드시 필요하다.

이 글에서는 먼저 농인 국어교육론의 정립을 위해 농인의 국어사용에 대한 조사가 선행되어야 하는 이유를 학문 내적, 외적으로 자세히 살펴볼 것이다. 그리고 실제 농인의 국어 능력 향상을 위한 이 조사가 취할 구체적인 연구 방법에 대해 세부적으로 알아볼 것이다. 그리고 마지막으로 이 연구가 수행되었을 때 기대되는 효과에 대하여 정리할 것이다.

◎ 핵심 내용

농인을 위한 국어교육론의 정립과 농인의 국어사용 실태 파악이 시급한 이유는 다음과 같다.

가. 농인의 국어 기본권보장

국어기본법에 따르면 국가는 정신·신체상의 장애로 언어 사용에 어려움을 겪는 국민이 불편 없이 국어를 사용할 수 있도록 해야 한다. 농인들의 기본권을 보장하기 위해서는 농인들이 일상에서 사용하는 수화 및 국어의 사용 실태를 조사하여 문제점을 알아보고, 이를 토대로 올바른 국어 교육 방법을 제시해야 한다.

나. 국어로서의 농인의 언어 성찰

한국 수화언어는 넓은 의미에서 국어에 포함된다. 그러나 농인의 수화언어는 음성언어에 기초한 청인의 언어와 본질적인 차이가 있다. 따라서 한국 수화언어의 문법 체계를 정확히 파악하고 국어와의 상관성을 살펴야 한다.

다. 농인의 국어사용 능력 및 국어인식 태도 조사 및 대책

현재 수화 교습은 농인에게 익숙한 자연식 수화가 아니라 국어의 체계에 맞춘 문법식 수화로 이루어지며, 국어교육 역시 그에 기반하기 때문에 농인들이 어려움을 느끼고 있다. 따라서 농인의 수화 및 국어사용 실태 조사를 토대로 농인 교

육의 방향을 제시해야 한다.

라. 의사소통 능력 제고를 통한 농인의 자아실현
수화언어는 상대적으로 사회 여러 분야의 전문용어나 특수용어가 발달해 있지
않다. 따라서 농인들이 적성에 따라 다양한 사회 분야에서 활동하려면 국어 능
력이 반드시 필요하다.

마. 수화언어에 관한 농인의 권리
농인이 수화언어를 통해 자유롭게 소통할 권리를 보장해야 하며, 자연수화 언어
와 유기적으로 관련된 국어능력을 함께 체득하여 사회의 각 분야에서 자아를 실
현하도록 해야 한다. 이를 위해서는 농인의 자연수화 언어와 국어의 차이를 조
사하고 농인들의 국어사용 실태를 조사하는 기초적 연구가 요구된다.

그렇다면 농인의 국어사용 실태를 정확하게 파악하기 위해 어떤 방식으로 조사가
이루어져야 하는가? 그러한 조사가 필수로 포함하여야 하는 부문들은 다음과 같다.

가. 농인의 국어사용 능력 향상 관련 국내외 정책 검토
ㄱ. 농인의 국어능력 향상 관련 정책의 변천 과정 조사
ㄴ. 농인의 국어능력 향상 관련 정책의 효과 및 문제점 분석
ㄷ. 외국의 농인 언어능력 향상 관련 정책 조사 및 분석
ㄹ. 국내외 농인의 언어능력 향상 정책 및 제반 여건 비교 분석
ㅁ. 농인의 국어능력 향상을 위한 효과적인 정책 제언

나. 농인의 국어사용 능력 실태 조사 및 분석
ㄱ. 농인의 국어생활 관련 자료 수집 및 분석
ㄴ. 농인의 국어 능력 실태 분석을 위한 테스트 및 분석
ㄷ. 농인 및 수화통역사, 농인교육자 심층 면담 및 분석
ㄹ. 농인의 국어사용 오류 유형화 및 국어문법 체계와의 비교
ㅁ. 농인의 언어특성에 기초한 국어사용 능력 향상 방안 제시

다. 농인의 국어인식 실태 조사 및 분석
ㄱ. 농인의 국어인식 및 태도 실태 조사 및 분석
ㄴ. 농인 및 수화통역사 심층 면담 및 분석
ㄷ. 농인의 국어인식 및 태도 분석 및 국어능력과의 상관성 분석
ㄹ. 농인의 국어인식 및 국어사용 능력 향상 방안 제시

라. 농인의 국어사용 능력 향상 방안 제안
  ㄱ. 수화통역사 및 농인교육자 대상 설문지 및 면담 조사
  ㄴ. 농인의 언어체계와 국어의 문법 체계상 공통점과 차이점으로 인한 문제점
    유형화
  ㄷ. 농인 대상 국어교육 및 국어사용 능력 향상을 위한 방안 모색

마. 전문가 검토 및 자문회의 개최

◎ 연구 효과

이 연구가 진행된다면 기대할 수 있는 것은 첫째, 농인의 국어사용 능력의 실태를 확인하고 이에 따른 문제점을 개선하는 정책을 제안할 수 있을 것이다. 조사 결과가 정책에 반영되도록 함으로써 농인의 언어생활을 윤택하게 할 수 있다.

둘째, 농인의 국어능력이 향상되는 데 기여할 것이다. 농인들에게 국어 습득에 대한 동기 부여를 유도하고, 수화언어 특성에 기초한 국어교육을 제공하여 궁극적으로 농인의 국어능력을 향상시킬 것이다.

셋째, 농인의 국어교육 기초자료를 제공할 수 있을 것이다. 농인의 수화언어와 국어의 문법 체계상의 공통점과 차이점을 밝혀 그에 기초한 국어교육 모형을 개발하는 데 효과적인 자료를 제시할 수 있다.

넷째, 자연식 수화에 기초한 문법모형 개발을 위한 기초자료를 제공할 수 있을 것이다. 이 연구를 통해 기왕의 한국 수화언어 모형의 오류를 밝히고, 적합한 문법모형을 체계화하는 데 기여할 것이다.

다섯째, 수화에 대한 국어학적 연구의 활성화를 유도할 수 있다. 한국수화에 대한 연구가 음운, 통사, 의미·화용적 측면에서 가능함을 보여줌으로써 연구의 활성화를 도모할 것이다.

1. 들어가며 - 농인의 국어사용에 관한 연구 배경

이 글은 일반인을 대상으로 하는 국어교육 방식과 구별되는, 농인[1]의 특성을 제대로 반영한 국어교육론의 설정이 필요하며 그를 위해서는 먼저 현재 한국 농인의 국어사용 실태를 정확하게 파악할 필요가 있다는

점을 밝히는 데 목적이 있다.

2012년 말 현재 한국의 인구는 약 5,000만 명이 넘어선 것으로 알려지고 있다. 일반적인 지적대로 인구의 약 10%가 장애인이며 그 장애인의 약 20% 정도가 농인[1]이라는 점을 고려하면 한국의 농인은 약 100만 명 정도로 추정할 수 있다.[2] 이들과 이들 가족 및 관련자를 포함할 때 이 수는 결코 작은 수라고 할 수 없다. 이들이 다른 일반인처럼 한국인이라는 점은 의심할 수 없는 사실이라면 이들 역시 우리 사회 안에서 스스로 자유로운 언어생활이 가능하도록 만들어 주어야 하는 것은 너무나 당연하다.[3]

그런데 농인들은 일반적으로 소리를 들을 수 없다. 유전적 원인이나 질병으로 인해 청각 인지 능력을 상실해 소리를 통한 언어사용이 전혀 불가능하거나 들을 수 있다 하더라도 일반적인 소통이 매우 어렵다. 이러한 농인만의 특수한 상황을 고려할 때, 농인에게는 일반적인 국어교육 방법론의 적용이 문제가 될 수 있으며 따라서 그런 특수성에 맞는 새로운 국어교육론이 필요하다. 이 글은 이러한 국어교육론의 방법을 찾기 위해서, 먼저 농인이 가진 언어 및 국어에 대한 인식과 농인의 실

---

1) 농인(聾人)은 다른 말로 청각장애인이라고 한다. 맹인을 시각장애인이라고 하는 것과 같다. 이곳에서는 일반적인 농사회(농인들은 일반적인 사회와 구별하여 자기들끼리의 사회를 이렇게 부른다.)에서의 호칭 습관에 따라 농인이라는 용어를 사용하기로 한다. 청인(聽人) 또는 아아인(이들은 농사회에서 일반인을 가리키는 용어이다.)은 무심코 사용하지만 농인들에게 청각장애인이라는 용어는 부정적인 느낌을 준다. 농인들은 듣지 못한다는 것을 제외하면 청인과 아무런 차이가 없다는 점에서 스스로 장애인이라는 취급을 받는 것에 대해서 부정적이다.

2) 이미혜(한국농아인협회 사무처장)에 따르면 현재 한국농아인협회에 정식으로 등록된 한국 농인의 수는 약 50만 명이지만 실제 여러 가지 이유로 등록되지 않은 농인의 수까지 포함하면 대략 100만 명 정도가 될 것으로 추정된다고 한다.

3) 그러나 아직 우리 사회에는 농인에 대한 잘못된 인식과 농인의 국어능력에 대한 오해와 불신으로 농인이 자유롭게 의사소통하며 살아가는 데 많은 어려움이 있는 것이 사실이다.

제 국어능력이 어떤지를 파악하는 게 필요하다는 점을 강조하고자 한다.

이를 위해 이 글에서 취한 순서는 다음과 같다. 먼저. 2장에서는 농인의 국어사용에 대한 조사가 필요한 이유를, 학문 내적, 외적으로 좀 더 자세히 살펴볼 것이다. 3장에서는 실제 농인의 국어능력 향상을 위한 이 조사가 취할 구체적인 연구 방법에 대해서 세부적으로 알아보고 마지막 4장에서는 결론으로 이 연구가 수행되었을 때 기대되는 효과에 대하여 정리할 것이다.

2. 농인의 국어사용 조사의 필요성

그동안 농인 및 농사회에 대한 많은 연구에도 불구하고 농인을 위한 국어교육론이 정립되어 있다고 말할 수 있는 형편이 되지 못한다. 오히려 농인들은 소리를 듣지 못하는 특성을 갖고 있음에도 불구하고 음성 언어를 통한 교육을 전제로 하는 교육방법론에 무방비로 방치되어 있는 형편이다. 따라서 당연히 농인의 언어 및 국어 능력 발전이 심각하게 제한되고 이는 농인의 일반 의사소통 능력 저하로 귀결될 수밖에 없다.

이는 농인 스스로 무언가 부족하다는 자괴감을 갖게 함은 물론이고 농인이 음성 기반 언어의 사용을 통한 의사소통 능력이 떨어지는 것을 마치 농인 자체의 능력에 문제가 있는 것으로 잘못 이해하는 일반인의 편향된 시각을 만드는 데에도 영향을 준다. 따라서 농인에 대한 잘못된 인식을 거두고 농인 스스로 자존감을 느끼며 사회의 구성원으로 참여하도록 만들기 위해서는 농인의 국어사용 능력을 키우는 것이 중요하다고 할 수 있다. 이러한 전제하에서 농인을 위한 국어교육론의 정립을 위해 농인의 국어사용에 대한 실태 파악이 무엇보다 시급하다.

이제 그 필요성의 배경에 대해 간단하게 정리하여 제시하면 다음과 같다.

2.1. 농인의 국어 기본권 보장

언어능력의 실현에 필요한 모든 신체적 능력을 지니고 태어나는 일반적인 사람과 달리 농인들은 신체상의 특정 장애, 즉 청각장애로 말미암아 국어의 습득에 어려움이 발생한다. 그 때문에 농인들은 청각에 의존하는 국어 대신에 시각에 의존하는 그들만의 수화언어[2]를 발전시켰다. 이러한 단절로 인해 농인들은 수화언어를 능숙하게 사용하지만 국어를 제대로 사용하지 못하고 있다. 그러나 농인 역시 국민의 한 구성원이라면 국어를 자유롭게 사용할 수 있도록 만들어야 한다. 2005년 공포된 국어기본법에도 이런 내용이 포함되어 있다.

> (1) 국어기본법 제4조 제2항
> "국가와 지방자치 단체는 정신·신체상의 장애에 의하여 언어사용에 어려움을 겪고 있는 국민이 불편 없이 국어를 사용할 수 있도록 필요한 정책을 수립하여 시행하여야 한다."

위의 국어기본법에 근거하여 농인들의 국어 기본권을 보장하기 위해서는 농인들이 일상생활 속에서 사용하고 있는 수화언어뿐만 아니라 국어의 사용 실태를 조사하여 그 문제점이 무엇인지를 알아 볼 필요가 있다.

농인들의 수화언어가 살아 움직이는 문법체계를 이해하지 않고는 수화언어를 매개로 한 농인들의 의사소통 능력과 경험의 확장을 도모할 수 없을 뿐만 아니라 이를 토대로 한 올바른 국어교육의 방향을 제시하

지 못하여 한국인으로서의 농인들의 국어사용에 관해 법률이 정한 기본
권을 보장할 수도 없다.

2.2. 국어로서의 농인의 언어 성찰

오랜 시간을 거쳐 농인들 사이에서 자생적으로 형성된 농인의 언어는
청인3)의 말과 다른 모습으로 발전해 왔다. 문제는 청인과 농인의 언어
가 외형상의 차이뿐만 아니라 문법 체계상의 차이까지 보이며 달리 발
전해 온 점이다.

현재 국어는 수많은 학자들의 연구로 그 대강의 모습이 많이 드러나
있지만, 농인의 언어인 수화는 연구가 이루어지지 않는 황무지 상태로
남아 있다. 따라서 아직 국어로서 농인의 수화가 어떤 모습인지 제대로
밝혀진 것이 없다. 농인의 언어는 청인의 언어와 다른 요소로 구성되어
있고 다른 체계를 지닌다는 점이 분명하다. 그럼에도 불구하고 그동안
의 연구는 농인의 언어를 단순히 일반적인 국어의 문법 체계에 맞추려
는 연구 경향이 있어 왔다.4)

농인의 언어를 일반적인 청인의 언어 체계에 맞추어 체계화하려는 시
도는 농인의 수화 언어가 가지는 독자성이나 고유함을 정확하게 파악하

---

4) 실제 많은 농인들이 현재 진행되고 있는 수화 연구에 크게 반발하고 있다. 그 이유는
대략 두 가지이다. 첫째, 현재의 연구는 농인을 위한 수화 연구가 아니라 청인을 위한
수화 연구라는 것이다. 수화 연구의 결과가 농인의 수화 사용 내지는 농인의 의사소통
에 기여하는 방식으로 진행되지 않고 단순히 수화 그 자체에 대한 청인의 관심을 반영
하고 있다는 것이다. 둘째, 연구 대상인 수화에 대해 일반 언어의 기준을 일방적으로
적용함으로써 농인이 실제 사용하고 있는 수화와 질적으로 다른 연구 결과가 나타나고
있다는 점이다. 이러한 잘못은 무엇보다 수화에 대한 연구가 본격적으로 이루어지지 못
한 데 원인이 있다. 즉, 수화 연구자들은 수화와 언어에 대한 이해가 동시에 필요함에
도 그 동안 이런 두 조건을 충족하는 연구자들이 거의 없었다는 점에서 이런 문제점은
어쩌면 당연한 것이었다.

지 못한 상태에서 이루어져 소기의 목적을 달성하지 못할 수밖에 없다.

한국 수화언어가 넓은 의미에서 국어의 범주에 포함되는 것은 당연하다. 넓은 의미에서 국어는 이 땅에 살고 있는 국민들이 의사소통에 사용하는 언어이기 때문이다. 그러나 농인이 사용하는 수화는 일반 음성언어 기반 국어와 본질적인 면에서 차이가 있다는 점도 반드시 고려해야 한다. 따라서 농인의 수화언어가 가지는 특성에 기초하여 연구될 때 비로소 국어와의 상관성이 정확하게 파악될 수 있을 것이다. 당연히 먼저 농인의 언어로서 한국 수화언어의 문법 체계를 정확히 파악하는 작업이 우선적으로 필요하다. 그리고 이에 비추어 국어와의 상관성을 살펴보는 것은 결과적으로 농인의 국어능력 향상을 위한 국어교육의 출발점이 될 수 있을 것이다.

2.3. 농인의 국어사용 능력 및 국어인식 태도 조사 및 대책

현재 한국 수화는 크게 자연식 수화[4]와 문법식 수화[5]로 구분할 수 있다. 물론 대부분의 농인들은 자연발생적으로 형성된 자연식 수화를 통해 서로 의사소통을 하는 것을 편하게 여기고 있다.

이에 비하여 문법식 수화는 농인의 국어사용을 전제로 국어의 체계에 맞게 체계화된 수화를 말한다. 1982년에 금옥학술문화재단의 재정 지원으로 발간된『표준수화사전』과 1991년에 교육부에서 국가적 사업으로 발간한『표준수화사전』, 교육부에서 1993년부터 1995년에 걸친 1종도서인 수화교과서 3권 등이 여기에 해당하며 그동안 이를 통해 농인의 국어능력 향상을 도모하려는 노력이 있어 왔다.

그러나 이러한 한국수화 관련 자료들은 국어의 문법 체계에 따라 만들어진 것이기 때문에, 농인들의 언어방식과 달리 일반 청인의 국어식

표현이어서 농인들은 이를 배우기 어려워할 뿐만 아니라 사용하려 들지
도 않는 경향이 일반적이다.

예를 들어, 국어의 경우는 조사와 어미, 접미사 등이 발달되어 있고
어순이 비교적 자유롭지만, 수화언어는 조사와 접미사 등이 거의 없고
오히려 어순은 의미 결정에 매우 중요한 역할을 한다. 이처럼 서로 다른
문법 체계가 사용되기 때문에 자신의 수화언어에 익숙한 농인들은 체계
가 다른 일반 국어의 사용을 어렵게 느낀다. 그런데도 청인의 문법체계
에 꿰어 맞춘 문법식 수화를 통해 수화 교습이 이루어지고 그에 기반하
여 국어 역시 교습되어왔기 때문에 전반적으로 농인에게 국어습득은 여
전히 어려운 것으로 인식되고 있다.

따라서 농인의 언어인 수화언어의 문법 특성을 파악하는 것과 농인의
국어의 사용실태를 조사하는 작업이 선행적으로 반드시 이루어질 필요
가 있다. 이러한 작업을 토대로 농인을 대상으로 한 올바른 국어교육이
이루어지도록 방향을 제시하여 국어 기본권에 관한 농인들의 욕구를 충
족시켜 줄 필요가 있는 것이다.

2.4. 의사소통 능력 제고를 통한 농인의 자아실현

농인의 주요 의사소통 수단은 수화언어이다. 청인들은 청각을 통하여
부모형제나 친구, 이웃, 대중매체 및 학교교육 등 다양한 경로로 국어를
학습하여 그 자신의 의사소통 능력을 향상시킨다. 그러나 농인들은 신
체적 장애 때문에 청인에게는 너무나 자연스러운 이러한 기회를 제공받
지 못한다. 농인의 입장에서 보면 농인의 의사소통 방식 학습은 대부분
학령기 때 학교 선배—물론 이때 선배는 농인으로서 농식 수화 구사자
이다—로부터 수화언어를 배우는 것이 유일하다.

　그런데 농인들이 선배로부터 배우게 되는 수화언어는 대개 일상생활 주변의 내용으로 이루어져 있는 경우가 많다. 때문에 상대적으로 사회의 여러 분야에서 쓰이고 있는 전문용어나 특수용어에 해당하는 수화 어휘는 발달되어 있지 않다. 이런 현실 때문에 농인들은 일반 사회의 다양한 전문분야에 진출하는 데 큰 어려움을 겪을 수밖에 없으며 또 그런 사실은 농인을 농인만의 사회 속에 머물도록 만들고 일반 사회와 소통을 어렵게 만드는 원인이 된다.

　따라서 농인들이 일반 사회생활을 영위하며 청인들과의 교류 속에서 본인의 적성에 따라 다양한 전문분야에서 활동하도록 만들기 위해서는 농인들에게 수화언어뿐만 아니라 국어사용 능력도 반드시 갖추어지도록 하여야 한다.

　그런데 여기서 한 가지 주목해야 할 점이 있다. 농인을 일반 사회의 다양한 분야로 이끌기 위해서는 무엇보다 농인에 대한 교육이 중요한데 이때 농인을 가르치는 선생님의 수화 사용능력은 매우 중요하다. 농인의 국어교육에 있어, 수화를 이해하지 못하는 교사와 농인 학생 사이의 소통장애는 큰 문제가 된다. 농아동이 이해할 수 있는 언어로 교육을 하지 않으면 학생은 그 내용을 이해할 수 없으며 그저 시각적인 방법만으로 교육 내용을 추측할 뿐이다. 교사 역시 교수 대상인 학생이 실제 교육 내용을 이해하는지 확인할 수 없기 때문에 교육의 목표 설정이나 평가가 제대로 이루어질 수 없다. 당연히 이러한 교육은 학생이나 교사 모두를 힘들게 할 뿐이다. 그럼에도 불구하고 지금까지 농인 교육에 있어서 자연 언어인 한국 수화언어의 문법체계가 정비되지 못하여 교사들은 일반 국어를 통하여 가르치거나 수화를 일부 활용한다고 하더라도 자연 수화가 아니라 문법수화로 가르침으로써 농아동과 교사 사이의 소통을 어렵게 하고 있는 것이 오늘의 실정이다.

농인들 역시 일반 사회와의 소통을 위하여 일반 국어에 대한 이해가 반드시 필요하다. 따라서 농인들이 제대로 된 국어교육을 받지 못하고 자연수화 언어만을 주요 의사소통 수단으로 삼는다면 농인의 사회적 소통은 여전히 어려울 것이며 이는 농인에게 사회와 소통하며 자신의 적성에 따라 다양한 분야의 전문가로 성장할 수 있는 기회를 박탈하는 것이 될 것이다.

2.5. 수화언어에 관한 농인의 권리

농인들이 수화언어를 사용할 권리를 제한하여서는 안 된다. 수화언어를, 농인들이 주로 사용하는 소수의 특수 언어로서, 국어에 비하여 의사소통 능력과 정보접근의 능력이 뒤떨어지는 언어라고 부정적으로 평가하여서는 안 된다.

농인들은 신체적인 청각능력의 상실로 음성언어를 매개로 한 의사소통 능력은 처음부터 기대할 수 없다. 서로가 서로의 소리를 듣지 못하기 때문에 음성언어인 국어를 사용하여 사회적 관계를 확장하거나 정서 교류를 기초로 한 인간적 관계를 형성하는 것도 제한적일 수밖에 없다.

그럼에도 불구하고 아무런 지원이나 교육도 없이 농인들에게 음성언어를 기반으로 하는 언어 환경에 적응하라고 강요하는 것은 효과가 전혀 없을 뿐만 아니라 농인의 의사소통 체계를 도외시한 부적절한 요구라고 할 것이다.

오히려 농인이 수화언어를 사용하여 농인들로 이루어지는 작은 사회 공동체 내에서 서로 간의 의사소통 능력을 최대한으로 활용하여 인간다운 생활을 누리며 행복을 추구할 수 있도록 도와야 한다. 그리고 그것에서 나아가 자연수화 언어와 유기적으로 관련된 국어능력을 체득하게 함으로써 농인도 본인의 적성에 따라 사회의 다양한 전문 분야에서 자아를 실현할 수 있도록 하는 권리도 보장되어야 한다.

그러기 위해서는 농인들이 사용하는 자연수화 언어의 체계와 국어의 체계가 가지는 차이를 조사하고 농인들의 국어인식 및 국어사용 능력에 대한 실태를 조사하고 정비하는 기초적 연구 작업이 시급히 요구된다.

3. 농인의 국어사용 조사의 구성 및 방법

앞 장에서 우리는 농인의 국어능력 향상을 위한 교육 방법론의 개발이 필요한 근거를 다양하게 살펴보았다. 이런 고찰을 통하여 그 목표를 달성하기 위해서는 현재 농인의 국어사용 실태를 정확히 인지하고 그에 바탕하는 교육론의 수립이 필요함을 확인하였다. 그렇다면 농인의 국어사용 실태를 정확하게 파악하기 위해서는 어떤 방식으로 연구가 이루어지는 것이 효과적일까? 여기서는 농인을 대상으로 하는 국어능력 실태의 조사가 앞에서 말한 목표에 부합하기 위해서 필수적으로 포함하여야 하는 부문들을 검토해 보기로 한다.

3.1. 농인의 국어사용 능력 향상 관련 국내외 정책 검토

농인의 국어사용 능력은 농인 개개인이나 농사회에만 맡겨둘 일이 아니다. 오히려 사회 전체 나아가 국가적인 차원에서 그리고 제도적인 차원에서 접근해야 그 실효성이 확보되는 경우가 많다. 따라서 국가적인 차원에서 어떻게 관련 제도가 이루어지고 있는지 그 실태를 조사하는 것이 중요하다. 더욱이 이런 관련 법률이나 제도가 상대적으로 미비한 국내의 현실을 고려하여 농인의 언어능력 향상을 위해 이미 효과적인 제도를 시행하고 있는 여타 다른 나라의 현황을 파악하는 것이 필요하다. 결과적으로 국내외 농인의 언어능력 향상 관련 정책을 조사하고 정책의 효과 및 문제점을 분석함으로써 앞으로 추진할 효과적인 정책 및 정책 수행에 필요한 사항을 제안할 수 있을 것이다.

이 부문과 관련하여 연구할 내용을 좀 더 세분하여 살펴보면 다음과 같다.

> (2) 농인의 국어사용 능력 향상 관련 국내외 정책 조사의 세부 내용
> ① 농인의 국어능력 향상 관련 정책의 변천 과정 조사
> ② 농인의 국어능력 향상 관련 정책의 효과 및 문제점 분석
> ③ 외국의 농인 언어능력 향상 관련 정책 조사 및 분석
> ④ 국내외 농인의 언어능력 향상 정책 및 제반 여건 비교 분석
> ⑤ 농인의 국어능력 향상을 위한 효과적인 정책 제언

(2), ①의 '농인의 국어능력 향상 관련 정책의 변천 과정 조사'는 정책의 통시적 변천 과정을 살펴보자는 것이다. 현재 우리나라의 장애인 관련 법령이나 제도 등에서 농인의 국어능력 향상을 위한 것들로는 어떤 것이 있었으며 또 어떻게 변화되어 왔는지 조사하는 것이다. 이러한 조사는 현재 우리의 관련 법령이나 제도가 어떤 단계에 와 있으며 앞으로 어떻게 추진하는 것이 효과적인지를 가늠하게 해 줌으로써 불필요한 시행착오를 줄이는 데 기여할 것이다.

(2), ②의 '농인의 국어능력 향상 관련 정책의 효과 및 문제점 분석'은 (2), ①에서 살핀 국내의 정책이 가지는 장단점을 구체화하는 데 필요하다. 각 정책이 특성상 어떤 효과와 문제점을 지녔는지 분석하되 그것이

농인의 입장에서 볼 때, 농인의 국어사용에 어떤 영향을 미쳤는지를 중심으로 살피는 것이 중요하다.

(2), ③의 '외국의 농인 언어능력 향상 관련 정책 조사 및 분석'은 농인의 국어능력 향상에 많은 노력을 기울이고 있는 나라들의 정책이나 제도를 조사하여 제시하자는 것이다. 상대적으로 농인의 국어사용 능력이 좋은 나라들에서는 농인들의 사회 참여가 활발하고 이들이 사회에 기여하는 바도 크다. 여기에는 무엇보다 농인의 국어사용 능력이 일반인과 크게 차이나지 않아 농인과 일반 사회 사이의 소통에 장애가 없다는 점이 전제되어 있다. 따라서 미국이나 영국, 스웨덴, 핀란드, 일본 등 농인에 대한 지원이 많은 나라들의 정책 및 지원 사례를 조사하여 그 장단점을 분석하는 것이 필요하다.

(2), ④의 '국내외 농인의 언어능력 향상 정책 및 제반 여건 비교 분석'은 (2), ②에서 이루어진 우리나라의 정책과 (2), ③에서 살핀 외국의 정책을 상호 비교 분석하자는 것이다. 이를 통해 각 정책의 장단점이 구체화되는 것은 물론이고 현재 국내의 정책적 상황이 지닌 문제점과 앞으로 지향해야 하는 바를 확인할 수 있게 하자는 것이다.

(2), ⑤의 '농인의 국어능력 향상을 위한 효과적인 정책 제언'은 연구에서 반드시 포함되어야 할 중요한 사항이다. 앞에서 살핀 정책적 조사나 비교가 실제 국내 농인의 국어능력 향상에 기여할 수 있도록, 국가가 추구해야할 정책 방향에 대해 제안해야 한다는 것이다. 물론 단순한 제언보다는 구체적인 방향을 제시해야 할 것이며 그와 함께 각 제안의 근거와 기대 효과 등을 함께 제시해야 할 것이다. 그래야 국가에서 정책을 추진하는 데 필요한 설득력과 추진력을 줄 수 있을 것이기 때문이다.

3.2. 농인의 국어사용 능력 실태 조사 및 분석

농인을 위한 국어교육론이 적절하게 확립되기 위해서는 무엇보다 현재 농인의 국어사용 능력이 어떤 상태에 있는지 그 실태를 정확히 아는 것이 중요하다. 그런데 지금까지 수행된 많은 연구에서 농인의 국어사용 능력을 이른바 청인의 국어능력 조사와 동일한 방식으로 조사하는 오류를 범해 왔다. 물론 농인이 사용하는 국어 역시 일반 청인의 국어와 동일한 것이어야 하므로 농인의 국어능력 역시 조사나 분석 과정에서 청인의 국어능력 조사를 참조할 필요가 있다. 그러나 농인이 가진 신체적 장애 즉, 듣지 못한다는 점은 일반 청인의 국어 습득 과정에서 거의 필수적인 기재를 농인이 가지지 못하고 있다는 점을 고려해야 한다. 따라서 농인의 국어능력 실태 파악은 단순한 조사 자료보다는 다양한 방식으로 확인하는 것이 필요할 것이다.

따라서 농인들이 작성한 다양한 시청각 자료나 농인을 상대로 한 실제 테스트 자료는 물론이고 농인 및 농인 교육자나 수화통역사 등 농인의 국어사용과 직접적으로 관련되는 전문가 등과의 심층 면담 자료 등도 활용하는 것이 좋다. 이제 이런 다양한 방법을 통해 농인이 일반적으로 가지고 있는 국어능력의 실태를 조사하고 분석할 때 그 과정을 좀 더 세분하여 각 부문을 살펴보면 다음과 같다.

(3) 농인의 국어사용 능력 실태 조사 및 분석의 세부 내용
 ① 농인의 국어생활 관련 자료 수집 및 분석
 ② 농인의 국어능력 실태 분석을 위한 테스트 및 분석
 ③ 농인 및 수화통역사, 농인교육자 심층 면담 및 분석
 ④ 농인의 국어사용 오류 유형화 및 국어문법 체계와의 비교
 ⑤ 농인의 언어특성에 기초한 국어사용 능력 향상 방안 제시

(3), ①의 '농인의 국어생활 관련 자료 수집 및 분석'은 자유로운 농인의 담화 자료를 수집하자는 것이다. 자연스러운 상황에서 농인이 사용한 말이나 글 자료를 수집하기 위하여 부부간, 친구 간 등 다양한 대화 참여자의 일상 담화는 물론이고 편지나 게시판의 글짓기 자료, 문자메시지 자료 등 농인의 언어생활을 판단할 수 있는 자연 발화들을 수집하여 활용하는 것이 중요하다.

(3), ②의 '농인의 국어능력 실태 분석을 위한 테스트 및 분석'은 구체적으로 설문지 등을 통한 측정 자료를 활용하는 것을 말한다. 농인이 국어를 얼마만큼 잘 알고 있는가를 알아보기 위해서 최소한의 농인을 대상으로 테스트를 실시하는 것이다. 그 숫자는 많을수록 좋지만 전체적인 농인을 대상으로 하기보다는 우선 제안적 수준이면 족할 것이므로 지역과 성별, 나이, 학력 등을 고려하여 필요한 만큼의 농인을 설정하는 것이 필요하다. 이런 변인을 고려할 때 약 300명 정도면 필요한 결론을 이끌 수 있을 것으로 생각된다.

(3), ③의 '농인 및 수화통역사, 농인교육자 심층 면담 및 분석'은 농인을 대상으로 하는 측정 자료만 가지고 빠뜨리기 쉬운 부분을 채우고 실제 농인 교육 및 농인 사회 현장에서 필요한 정책 및 교육 방법을 확인하기 위한 것이다. 농인과 수화통역사, 농인교육자를 각각 20명 정도씩 선정하여 농인의 국어사용 능력의 실태와 교육 시 문제점 등에 대해 조사하는 것이 필요하다.

(3), ④의 '농인의 국어사용 오류 유형화 및 국어문법 체계와의 비교'는 앞의 (3), ①과 (3), ②에서 확보한 농인의 국어사용 자료를 분석하고 이를 일반 청인의 국어능력과 비교하여 그 실태를 확인하는 작업이다. 또한 각각의 자료 분석에서 나타난 결과를 농인의 수화사용과 일반 청인의 국어사용 차이에서 나타나는 공통점과 차이점에 기대어 살펴보려

는 것이다. 이를 통해 국어의 문법체계와 다른 농인의 수화문법 체계가 드러날 수 있을 것이며 나아가 이러한 이중언어적인 간섭현상에 대한 고려가 농인의 국어능력 향상에 필수적으로 고려되어야 한다는 사실을 밝힐 수 있을 것으로 생각된다.

마지막으로 (3), ⑤의 '농인의 언어특성에 기초한 국어사용 능력 향상 방안 제시'은 (3), ③과 (3), ④에서 확인된 농인의 국어사용 능력의 실태와 오류를 해결하기 위해서는 어떤 노력이 필요한지 그 구체적인 방안을 제시하는 것을 말한다. 앞에서 살핀 (2), ⑤ 및 뒤에서 살필 (4), ④의 견해와 같이 앞으로 국어능력 향상에 필요한 구체적 방안을 제시하는 것이다. 더욱이 이런 방안이 적용되면 농인의 수화언어와 청인의 국어가 가지는 실질적인 상호관련성을 제시함으로써 적어도 일반 국어의 문법체계를 무리하게 농인의 국어교육에 적용하는 오류에서 벗어날 수 있게 될 것이다.

3.3. 농인의 국어인식 실태 조사 및 분석

농인의 국어사용 능력을 향상시키는 데는 농인이 국어에 대해 가지는 인식도 중요한 역할을 할 것이다. 일반적으로 농인에게 강요된 문법식 수화나 농인이 이해할 수 없었던 국어의 문법체계는 농인에게 국어사용이 어려운 것으로 인식되도록 만들었을 뿐만 아니라 국어 자체에 대한 교육 필요성에 회의적으로 만들었다. 일부 농인들은 자신이 사용하는 자연수화 즉 농식 수화와 다른 일반 국어에 대하여 자신들을 어렵게 만드는 것이라는 잘못된 생각을 갖는 경우가 많다. 이런 인식은 국어에 대한 교육의 필요성을 떨어뜨리는 데 영향을 줄 것으로 생각된다. 그러나 반대로 국어에 대하여 적극적으로 그 필요성을 인식하고 중요성을 이해하는 농인의 경우에는 국어교육이 좀 더 효율적일 것으로 기대된다. 이는 다문화나 북한이탈주민들이 겪는 국어교육 현장에서도 마찬가지이다.[5]

따라서 농인의 국어능력 향상을 위한 국어교육론을 정립하기 위해서는 농인의 국어에 대한 인식을 조사하여 그것이 국어사용 능력에 미치는 영향을 분석하는 것도 필요하다. 그리하여 농인의 국어에 대한 인식 및 태도와 효과적인 국어 습득 및 사용 사이의 밀접한 상관관계를 밝히는 작업이 요청된다. 이제 이에 대한 조사에 필요한 내용을 좀 더 세부적으로 살펴보면 다음과 같다.

> (4) 농인의 국어인식 실태 조사 및 분석의 세부 내용
> ① 농인의 국어 인식 및 태도 실태 조사 및 분석
> ② 농인 및 수화통역사 심층 면담 및 분석
> ③ 농인의 국어 인식 및 태도 분석 및 국어능력과의 상관성 분석
> ④ 농인의 국어인식 및 국어사용 능력 향상 방안 제시

(4), ①의 '농인의 국어 인식 및 태도 실태 조사 및 분석'은 농인을 대상으로 직접 국어인식 태도를 조사하여 자료를 확보하는 것을 말한다. 국어에 대한 인식 태도를 측정할 수 있는 설문지를 작성하여 농인에게 대답하게 함으로써 실제 자료를 확보하면 될 것이다. 연구의 편의를 위하여 앞에서 농인의 국어능력 실태를 조사하는 것과 동시에 이 조사도 병행할 수 있을 것이다. 국어능력을 조사하는 데 고려했던 것처럼 지역, 성별, 연령, 학력 등을 고려하여 약 300명 정도를 대상으로 하면 효과적일 것으로 생각된다.

---

5) 다문화 가정이나 북한이탈주민들이 한국어에 대해서 가지는 이질감은, 그들이 한국어에 대해서 얼마나 적극적으로 인식하느냐에 따라 극복될 가능성이 다르게 나타난다. 당연히 한국어에 대한 인식이 긍정적일수록 한국어 학습의욕도 함께 높아지고 효과도 높게 나타날 것이다.

그런데 여기서 중요한 것은 국어능력 실태 파악과 국어인식 태도 조사가 반드시 구별되어 실시되어야 한다는 점이다. 동시에 같은 장소에서 같은 피조사자 농인을 대상으로 실시된다고 하더라도 반드시 농인이 직접 문항을 보고 답해야 하는 국어능력 실태 조사와는 달리 이 국어인식 태도 조사에서는 조사 보조원을 활용할 수 있다. 실질적인 국어능력을 묻는 국어능력 실태 조사와 달리 이 조사는 피조사자인 농인의 국어에 대한 인식을 묻는 것이므로 다른 사람의 도움을 받아도 괜찮기 때문이다.

(4), ②의 '농인 및 수화통역사 심층 면담 및 분석'은 학습을 받는 농인의 입장에서 국어교육을 받을 때 문제점이 무엇인지, 어떻게 하면 좀 더 이해가 쉽고 도움이 되는지에 중점을 둔다. 또한 청인 전문가, 농인학교 교사나 수화통역사 등과의 심층면담에서는 다양한 사례 조사와 함께 농인이 국어에 대해 가지는 인식적 태도가 국어 습득 및 국어 사용에 미치는 영향에 대하여 조사하고 분석하는 것이다.

이 경우에도 농인과 청인으로 나누어 농인의 경우 학생, 종교인, 회사원, 교사 등 다양한 사회 분야에서 일하는 사람들 약 20명과 청인 중에서 기관 종사자, 수화 통역사, 농인 교육자 등 약 20명 정도를 대상으로 하면 족할 것으로 생각된다. 앞서 말했던 국어능력 실태 조사 시 면담할 대상과 중복하여 물을 수 있다.

(4), ③의 '농인의 국어 인식 및 태도 분석 및 국어능력과의 상관성 분석'은 특히 앞서 진행했던 농인의 국어사용 능력 텍스트 결과와 비교하여 그 상관성을 분석하는 데 꼭 필요한 조사이다. 이를 통해 그동안 아무런 고려 없이 진행된 농인에 대한 국어교육의 문제점이나 개선 방향 등을 분석하는 데 실증적인 자료를 제공할 수 있을 것이다. 나아가 국어와 수화언어의 상관성 및 이들의 공통점이나 차이점에 바탕하는 합리적인 국어교육 방법을 도출할 수 있으리라 기대한다.

(4), ④의 '농인의 국어인식 및 국어사용 능력 향상 방안 제시'은 농인의 국어에 대한 인식 제고가 농인의 국어능력을 향상시키는 데 커다란 동기 부여가 될 수 있다는 전제하에서 어떻게 국어에 대한 중요성이나 학습의 필요성을 높일 수 있을지를 고민해 보자는 것이다. 이런 논의를 통하여 예상컨대, 농인의 국어사용 능력 향상을 위해서는 농인이 자연스럽게 사용하는 수화언어와 국어의 상관관계를 정확히 인식할 필요가 있으리라는 결과가 예측된다. 그리고 이런 상관관계에 대한 인식이 자연스럽게 농인이나 농사회에 전파되도록 함으로써 국어습득 및 국어사용에 적극적인 자세를 가지도록 만들 수 있으리라고 생각된다. 그 방안이 무엇일지 찾아보자는 것이다.

3.4. 농인의 국어사용 능력 향상 방안 제안

사실 농인의 국어능력 실태를 조사하고 또 농인이 국어에 대하여 가지는 인식 태도를 조사하는 까닭은 농인이 국어를 사용하는 능력을 향상시키기 위해서이다. 각각의 조사에서 그 구체적인 개선방안이 마련될 수 있겠지만 국어능력 실태나 국어인식 조사를 통해 간접적으로 추출하는 방식과 함께 농인 또는 농인 관련 청인 전문가와의 면담, 농인 정책 보고서 및 관련 자료 등을 통해서 직접적으로 확인하고 분석할 필요가 있다. 이를 좀 더 세부적으로 정리하면 다음과 같다.

> (5) 농인의 국어사용 능력 향상 방안 제안의 세부 내용
> ① 수화통역사 및 농인 교육자 대상 설문지 및 면담 조사
> ② 농인의 언어체계와 국어의 문법 체계상 공통점과 차이점으로 인한 문제점 유형화
> ③ 농인 대상 국어교육 및 국어사용 능력 향상을 위한 방안 모색

(5), ①의 '수화통역사 및 농인 교육자 대상 설문지 및 면담 조사'는 농인과 청인 전문가를 상대로 국어사용 능력 향상 방안에 대한 의견을 들어 분석하는 것이다. 농인의 경우 자신이 느낀 과거 농인 국어교육의 문제점 및 차후 개선이 필요한 교육 방식에 대해 들어봄으로써 국어교육에서 실질적이고 효과적인 방안을 마련할 수 있을 것이다. 또한 오랫동안 농인을 접촉하면서 농인의 의사소통 및 교육에 관여해 온 수화통역사 및 교육자들로부터는 농인 대상 교육이 가지는 특성을 고려하여 시행착오를 줄이는 교육 방안을 마련할 수 있을 것이다. 농인의 직접적인 개선 방안과 함께 이들 청인이 가진 다양한 경험과 현장 노하우는 농인의 국어능력 향상을 위한 정책 및 교육 방안을 마련하는 데 중요한 역할을 하리라 생각된다.

(5), ②의 '농인의 언어체계와 국어의 문법 체계상 공통점과 차이점으로 인한 문제점 유형화'란 앞에서 실시한 농인의 국어능력 실태 조사나 농인의 국어사용 자료 등을 토대로 농인이 국어를 사용하면서 범하는 오류들을 국어 문법의 체계를 중심으로 유형화하고 이를 수화언어의 문법 체계와 상호 비교해 보는 것이다. 이렇게 함으로써 수화언어를 기반으로 하는 농인의 언어사용에서 국어를 효과적으로 사용하도록 만드는 방안을 도출할 수 있을 것이다. 나아가 수화언어 및 국어의 문법 체계상 공통점과 차이점을 추출하고 이를 기반으로 하는 교육 방안을 제시할 수도 있을 것이다.

(5), ③의 '농인 대상 국어교육 및 국어사용 능력 향상을 위한 방안 모색'은 농인을 대상으로 하는 국어교육에 효과적으로 적용할 수 있는 교육적 방안을 제시하고 궁극적으로 농인의 국어사용 능력을 향상시키는 데 필수적인 수화언어의 체계화를 가능하게 하는 방안을 제시하려는 것이다. 농인의 국어사용 능력 역시 교육을 통해서 습득되어야 하는 것이

라면 당연히 이들을 대상으로 하는 교육 방안이 마련되어야 한다. 그러나 그것은 철저히 농인의 언어사용 특성을 고려한 것이어야 하며 그렇게 하기 위해서는 일반 문법체계의 일방적인 교수는 지양되어야 한다.

3.5. 전문가 검토 및 자문회의 개최

연구의 결과가 효과적이고 실질적인 것이 되기 위해서는 관련 연구자의 검증 과정이 필요하다. 연구 과정에서 연구팀과 관련 전문가(수화통역사, 농인교육자, 수화연구 학자 등)가 참여하는 자문회의를 개최하는 것이 필요한데 이러한 자문회의는 연구의 시작과 중간 또 마지막 등에 개최되어야 한다. 그리하여 시작 과정에서 그들의 의견을 반영하여 효율적인 연구가 될 수 있도록 연구 방법이나 방향을 수립하는 것이 중요하며 연구 과정 중간에도 필요한 방식의 수정이 이루어질 수 있을 것이다. 물론 연구 성과를 바탕으로 하는 결과 작성 시에도 이들의 검토를 반영하는 작업이 필요하다.

4. 나오며 - 연구의 기대효과

지금까지 농인의 국어능력 향상을 위한 연구가 필요한 이유와 연구 과정 및 방법에 대하여 살펴보았다. 이를 통해 이에 대한 연구가 왜 필요한지 그 배경과 이런 연구가 가지는 의의를 알 수 있었고 농인의 국어능력 향상이라는 목표를 달성하기 위해 어떻게 연구조사를 진행하고 분석해야 하는지를 살폈다. 이제 이러한 연구가 어떤 효과를 가질 수 있는지를 밝히는 것으로서 논의를 정리해보자.

이 연구가 진행된다면 우선 기대할 수 있는 것은 첫째, 농인의 국어사용 능력의 실태를 확인하고 이에 따른 문제점을 개선하는 정책을 제안할 수 있을 것이다. 농인을 대상으로 하여 설문지를 이용한 테스트와 심층 면담을 진행하여 얻은 자료의 분석을 통하여 농인의 국어사용 능력에 대한 현황을 파악하고 문제점을 분석함으로써 그에 맞는 해결책을 마련할 것이다. 그리고 그 결과가 정책에 반영되도록 함으로써 농인의 일상 언어생활이 일반 국민의 언어생활과 유리되지 않고 서로 소통될 수 다양한 방안을 강구하는 데 기여할 수 있다.

둘째, 농인의 국어능력이 향상되는 데 기여할 것이다. 농인들의 국어에 대한 인식 및 태도에 관한 설문조사와 실제 국어 능력에 대한 테스트를 통해서 농인의 국어에 대한 인식을 점검하고 국어에 대한 인식의 변화를 유도하고 국어사용 능력의 습득에 대한 동기 부여를 가능하게 할 수 있다. 또 여기에서 얻은 결론을 활용하여 농인들이 실제 국어능력 습득 의지를 효과적으로 활용할 수 있도록 농인의 수화언어 특성에 기초한 국어교육을 제공함으로써 궁극적으로 농인의 국어 능력 향상에 기여할 수 있을 것이다.

셋째, 농인의 국어교육 기초자료를 제공할 수 있을 것이다. 농인의 수화언어 체계와 국어의 일반 문법 체계상의 공통점과 차이점을 밝혀 그에 기초한 국어교육 모형을 개발하는 데 기초를 제공할 수 있다. 본 연구사업의 결과로 확인할 수 있는 농인의 국어사용상 오류의 유형은 농인의 자연수화에 기초한 문법모형을 개발할 때, 특히 농인의 국어사용 시 오류를 유형화할 때 기초자료로 활용할 수 있기 때문이다. 결과적으로 본 연구는 농인을 대상으로 국어교육을 하는 데에까지 효과적인 자료를 제시할 수 있을 것이다.

넷째, 자연식 수화에 기초한 문법모형 개발을 위한 기초자료를 제공할 수 있을 것이다. 본 연구를 통하여 그동안 진행되어 온 한국 수화언어 모형에 대한 오류가 밝혀짐으로써 자연식 수화, 즉 농식 한국 수화언어의 문법모형에 대한 필요성이 제기될 것으로 생각된다. 그때 본 연구는 한국 수화언어의 문법모형을 체계화하는 데 기초자료를 제공할 수 있을 것이다.

일반적인 국어 문법의 내용을 그대로 반영하는 문법식 수화는 실제 농인이 사용하는 자연식 수화와의 이질성으로 인하여 농교육이나 농인의 일상생활에서 거의 사용되지 않고 있다. 오히려 청인과의 의사소통에 장애로 작용하는 결과를 보이고 있다. 이는 곧 농인의 국어능력 저하로 이어지고 있는 현실이다. 따라서 본 연구 사업이 성공적으로 수행되면 문법식 수화가 아니라 자연식 수화에 기초한 수화의 문법모형을 마련해야 할 필요성이 크게 제기될 것이다. 또한 본 연구는 그러한 자연식 수화에 기초한 문법 모형의 개발에 기초적인 자료를 제공할 수 있을 것이다.

다섯째, 수화에 대한 국어학적 연구의 활성화를 유도할 수 있다. 수화에 대한 연구는 국어학 분야에서 본격적으로 다루어지지 않았다. 수화에 대한 기초적인 연구조차 없는 불모지 같은 상황에서 본 연구 사업은 한국 수화 특히 자연식 수화에 대한 국어학적 연구가 음운론적, 통사론적, 의미·화용론적 측면에서도 가능함을 보여주는 계기가 될 것이다. 이는 한국 수화에 대한 연구를 본격적으로 수행해야 할 필요성을 제기함으로써 한국 수화언어의 언어학적 체계화에 관한 연구가 활발히 이루어지는 데 기여할 것이다.

결과적으로 농인의 국어능력 향상을 위해서는 무엇보다 국민의 구성원으로서 농인이 일상생활에서 의사소통 수단으로 사용하는 방식에 대한 이해가 필수적이다. 따라서 농인의 자연식 수화언어에 대한 철저하고도 체계적인 인식이 필요하며 이를 바탕으로 일반 청인과의 의사소통 및 사회 교섭을 위해 국어에 대한 학습 기회를 제공해야 한다. 수화언어의 정체성을 인정하고 국어와의 상관성을 살피는 것이야말로 농인을 우리 사회의 구성원으로 당당히 받아들이는 것이며 동시에 농인 스스로 그러한 인식을 갖고 자신의 능력을 사회에 기여하도록 만들어 줄 수 있으리라 생각된다. 실질적인 연구가 시급히 시행될 수 있기를 바란다.

▣ 참고문헌 ▣

고영근·남기심(1997), 『표준국어문법론』, 서울: 탑출판사.
권재일(2008), 「외국인을 위한 한국어 문법 교육 방법의 실제」, 『한국수화연구』 1.
김칠관(1999), 『수화 지도의 이론과 실제』, 인천: 인천성동학교.
나운환·강윤주(2001), 「청각장애 아동의 언어습득에서 자연식 수화의 효과」, 『특수교육재활과학연구』 40-1.
남기현(2012), 「한국수화의 기호학적 연구」, 고려대학교 박사학위논문.
원성옥·강윤주(2002), 『수화교육개론』, 서울: 농아사회정보원.
윤병천(2005), 「국내 수화연구의 동향분석」, 『특수교육저널:이론과실천』 6-1.
윤석민(2000), 『현대국어의 문장종결법 연구(텍스트언어학총서4)』, 서울: 집문당.
이영재(2010), 「한국 수화언어의 인칭대명사 체계 연구」, 전북대학교 석사학위논문.
이익섭·임홍빈(1993), 『국어문법론』, 서울: 학연사.
한국표준수화규범 제정추친위원회(2007), 『한국수화 문형사전』, 국립국어원·한국농아인협회.
황도순(1994), 「농학생 수화의 통사구조와 발달」, 단국대학교 박사학위논문.
Altmann, Gerry T. M./홍우평·최명원 역(2005), 『말하는 뇌 -언어커뮤니케이션의 비밀』, 서울: 역락.
Fusfeld T. S.(1958b), "How the deaf communicate manual language", A.A.D. 103.
Gillian Brown(1983), Discourse Analysis, Cambridge University Press.
Jackendoff, Ray/김종복·박장운·이예식 역(2005), 『언어의 본질』, 서울: 박이정.
Wendy Sandler and Diane Lillo-Martin(2006), Sign Language and Linguistic Universals, Cambridge University Press.

■ 편집자 주석

1) 농인: 농인(聾人)은 일반적으로 '청각장애인'으로 간주되고 있다. 그런데 '청각장애'는 청력의 결여 또는 부족을 상징한다. 거기에는 청력은 원래 있는 것이라는 전제가 있으며, 청력이 없는 것은 '비정상'으로 간주된다. 이러한 관점은 농인을 부정적으로 평가하는 윤리적 문제가 있다.
이에 따라 최근에는 장애를 병리학적으로 간주하는 것이 아니라 사회·구조적 문제로 파악하고 있다. 이러한 관점에 따르면 농인이라는 용어는 '수화를 제1언어로 사용하는 사람', '농문화를 형성하는 농사회의 구성원'을 가리킨다. 즉 농인은 청각의 손실을 강조하는 병리적 개념이 아니라 문화적 개념을 나타내는 것이다. (아베 야스시(2003), 「농인의 언어적 권리에 대한 사회언어학적 연구」, 대구대학교 석사학위논문, pp.5, 17.)

2) 수화와 수어: 우리나라에서는 일제 강점기부터 '수화(手話)'라는 용어를 널리 써 왔다. '수어(手語)'도 '수화'와 같은 뜻으로 사용해 왔으나 '수화'만큼 널리 쓰이지는 않았다. 그런데 최근 수어가 한국어와는 다른 별도의 언어라는 인식이 높아지면서, '한국어, 중국어, 영어' 등 언어의 명칭들이 '-어'로 끝나는 것과 대등하게 '수화'보다는 '수어'라는 용어를 선호하는 경향이 나타났다. 2013년에는 한국 수어 관련 법령 제정을 준비하며 용어 선호도를 조사한 결과 '수어'에 대한 선호도가 더 높아 법정 용어로 '수어'가 선택되고, '한국수어법안'이 발의되기도 하였다. (국립국어원(2014), 『수어, 또 하나의 언어』, p.8.)

3) 청인: 청인(聽人)은 음성언어를 사용하는 사람을 나타낸다. 이와 관련하여 '건청인(健聽人)'이라는 용어를 사용하기도 하는데, 이는 귀가 건강한 사람이라는 뜻으로 윤리적인 문제를 내포하고 있다. '건강한 청력'이 '정상적'인 상태로 간주되고, 청력의 손상은 '치료' 또는 '보완'해야 할 대상이라는 뜻이 되기 때문이다. 따라서 농인과 청인을 문화적으로 대등한 존재로서 파악하기 위해서는 '건청인'보다 '청인'이라는 용어의 사용이 바람직하다. (아베 야스시(2003), 「농인의 언어적 권리에 대한 사회언어학적 연구」, 대구대학교 석사학위논문, pp.5, 17.)

4) 자연식 수화: 자연식 수화는 농식수화라고도 하며 농인들 사이에서 자연발생적으로 생성, 습득되어 온 수화를 말한다. 농인들의 사고와 생활을 반영하는 독자적인 언어 체계로서 음성언어의 어순에 일치되지 않는 문법적 특성을 지니고 있다. (최상배·안성우(2003), 『한국수어의 이론』, 고양: 서현사, pp.14-15.)

5) 문법식 수화: 문법식 수화는 문자언어의 어순에 따라서 필요한 문법식 기호와 단어를 표현하는 수화로서 대부분의 청인 교사와 부모들이 사용하는 수화이다. 기존에는 수화언어에 대한 연구와 인식이 부족하여 문법식 수화가 한국 수어의 진정한 모습인 것처럼 인식되어 왔으나, 최근에는 비판적인 목소리가 높다. 문법식 수화는 한국어의 문법체계로 수어의 단어를 배열하는 인공적인 의사소통 수단이므로 진정한 농인의 언어로볼 수 없기 때문이다. (최상배·안성우(2003), 『한국수어의 이론』, 고양: 서현사, pp.13-15.)

※ 이 글은 『건지인문학』 제12집에 실렸던 것을 새로 다듬은 것입니다.

프로그램을 활용한 작중인물의 언어 연구

이태영

목 차

[해 설]

◎ 목적 및 특성

언어를 컴퓨터로 전산화하였을 때 이 데이터를 활용할 수 있는 방법은 여러 가지가 있다. 소설의 특징도 이러한 데이터를 활용하여 파악할 수 있을 것이다. 이 글은 말뭉치라 불리는 대규모의 언어 데이터를 활용하여 소설의 언어적 특징, 구체적으로는 등장인물의 언어적 특징을 파악하는 방법을 모색하고 있다. 그리고 그 결과를 구체적으로 제시하고 있다.

◎ 연구 대상 및 방법

이 글은 소설 작품 중에서 『태백산맥』을 예로 들어 분석하고 있다. 특히 소설의 두 축인 염상구와 김범우의 성격을 객관적으로 분석해 내는 묘미를 보여 주고 있다. 'ㅎ ·ㄴ글', '인용문 검색기(wa.exe)', '깜짝새(SynKDP)', '지능형 형태소 분석기 2.0' 등을 활용하여 말뭉치를 분석하고 있다. 이 글은 프로그램의 활용법에 대한 안내서도 될 것이다.

◎ 핵심 내용

문학 작품의 연구와 해석은 주로 국문학자들에 의해서 이루어지고 있다. 현재 시와 소설의 상당수가 말뭉치로 구축되어 있는데, 그 자료를 정밀하게 분석하는 작업은 더 활성화되어야 한다.

한국어 정보화는 국어 정보화는 물론이고 국문학 정보화가 아울러 이루어져야 한다. 말뭉치 구축이 이루어졌지만 그 말뭉치를 이용하여 국어국문학, 한국어 교육에 활용하는 연구는 많지 않은 실정이다.

이 글이 문학 자료를 강조하는 이유는 문학 자료를 통해서 생생한 국어와 다양한 국어의 모습을 만날 수 있기 때문이다. 이러한 특징이 국어국문학 연구에 새로운 도움을 주게 되고, 국어 연구와 국어 교육에 실제적인 기여를 할 수 있을 것이라 보고 있다.

◉ 연구 효과

이 글은 문학 작품을 비롯한 언어 자료를 전산화하고 활용할 수 있는 방법을 제시하고 있다. 이러한 방법론은 국문학자들에게도 도움이 될 것이다.

하지만 이 글이 문학 작품과 연구자에게만 도움을 주는 것은 아닐 것이다. 연구자가 아니어도 문학에 관심이 있는 사람이 있고 연구자라 할지라도 다양한 학자들이 다양한 목적으로 문학 작품을 대할 수 있다. 이 글의 방법은 그러한 사람들에게도 하나의 지침이 될 것이다.

1. 서론

소설 작품은 언어 연구를 위한 자료로 활용할 수 있다. 소설 작품에는 지문과 대화문이 존재한다. 대화는 장면이며 이 장면의 언어는 살아 있기 때문에 매우 다양하다. 국어 연구는 다양해야 하므로 문학 작품을 활용하는 일이 필요하다.

작품에서 우리는 1) 표준어, 일상어, 방언을 살필 수 있고, 2) 어휘: 고유어, 민속어, 유행어, 비속어, 외래어, 관용어, 속담, 의성·의태어 등을 얻을 수 있으며 3) 품사: 명사, 대명사, 수사, 동사, 형용사, 관형사, 부사, 감탄사, 조사의 기능을 확인할 수 있다. 4) 문법 형태소[1]와 5) 문체적 특징을 연구할 수 있으며, 6) 국어사전의 용례도 채취할 수 있다.

작품의 언어를 살피게 되면 언어 연구와 문학 연구를 함께 수행할 수
있다. 언어를 통해 작가와 등장인물의 언어적 특징과 아울러 인물의 성
격까지도 연구할 수 있다.

그러나 수많은 자료를 일일이 읽어가면서 언어 연구를 해야 하는 특
성 때문에 연구 자료로 활용하는 일을 꺼리는 게 현실이다. 정보화 시대
에 여러 기관에서 전산화한 자료 또는 말뭉치와 이를 검색하는 프로그
램을 활용한다면 훨씬 손쉽게 문학 작품에서 다양한 언어 자료를 채취
할 수 있을 것이다.

이 논문에서는 소설의 언어적 특징을 살피면서, 대화문에 나타난 등
장인물의 언어적 특징을 통하여 인물의 성격을 파악하는 작업을 프로그
램을 활용하면서 수행해 보고자 한다.

2. 프로그램의 활용과 문학 말뭉치

말뭉치(corpus)는 사용된 언어 자료를 대량의 전자 형태로 모은 것으
로, 연구 분야의 언어 현실을 전반적으로 보여줄 수 있는 자료의 집합체
를 말한다. 어떤 자료가 말뭉치로 인정받기 위해서는 일정한 규모 이상
의 크기이어야 하고, 내용에서 다양성과 균형성을 가져야 하며, 전자 형
태로 되어 있어야 한다.

문학 작품 말뭉치는 현재 1) 21세기 세종계획2) 구축 말뭉치, 2) 고려
대 민족문화연구원 구축 말뭉치1), 3) 연세대 한국어 사전 구축 말뭉치,

---

1) 고려대학교 민족문화연구원에서 제공하는 SJ-RIKS Corpus(Sejong -Research Institute of
   Korean Studies)는 21세기 세종계획에 의해 구축 된 <세종형태의미 분석 코퍼스>를 수
   정, 보완한 코퍼스로서 최초 구축 당시보다 약 250만 어절이 추가되어 약 1,500만 어절

4) 겨레말큰사전편찬위원회 구축 말뭉치 등이 활용되고 있다.

소설 작품은 이미 21세기 세종계획을 수행하면서 많은 말뭉치가 구축되어 있다. 물론 현재 이 말뭉치는 국립국어원이나 고려대학교 민족문화연구원에서 검색을 할 수 있도록 프로그램화 되어 있으나 저작권 때문에 입력된 자료가 공개되어 있지는 않다.

만일 소설 작품이 입력되어 있다면 '인용문 검색기'(wa.exe), '통합 한글검색기'(SynKDP), '지능형 형태소 분석기 2.0' 등을 이용하여 언어 현상을 다양하게 검색하고 분석할 수 있다. 이제 예를 들면서 프로그램을 활용하는 방법을 제시하기로 한다.

2.1. 작품의 전처리 작업

소설 작품이 입력되어 있어도 일단 연구자가 일일이 읽으면서 내용을 파악하는 일이 가장 먼저 이루어져야 한다. 그 뒤에 읽으면서 궁금한 사항을 프로그램으로 수시로 검색하는 것이 바람직할 것이다.

1) 먼저 작품을 입력해야 한다. 입력할 때 등장인물의 이름을 다음 과
   같이 붙이는 것이 좋다. 『태백산맥』을 예로 들어 제시한다.

   "(염상구) 성님, 나 몰르겄소?"
   사내가 자신의 가슴을 퍽 치며 턱없이 큰 소리로 말했다.
   "(김범우) 상구 아닌가, 어쩐 일인가?"
   김범우의 목소리에는, 알은 체한 상대가 면구스러울 정도로 아무런 감
   정이 담겨 있지 않았다.

에 달하는 대규모의 분석 코퍼스이다. 이 말뭉치는 고려대학교 민족문화연구원 홈페이지에서 검색이 가능하여 많이 활용하고 있다.

"(염상구) 아니 성님, 나가 지끔 동냥질허는 것도 아닌디 워째 사람을
요로크름 뜨광허고 찬바람 나게 대헌다요?"

2) 여러 프로그램을 오가며 사용할 때, 추출된 자료를 프로그램에 맞
게 활용하기 위하여, 또는 해석의 필요에 따라서 전처리를 해야 하
는 어려움이 있다. 이러한 작업은 번거롭고 시간이 걸리기 때문에
이런 작업을 피하려는 경향이 강하다. 그러나 '흔글'의 매크로 기
능을 익혀 이용하면 쉽게 해결할 수 있을 것이다. 또한 프로그램마
다 다루는 데이터의 파일형식이 다르기 때문에 오갈 때마다 파일
형식을 변환해야 하는 어려움이 있다.

2.2. 인용문 검색기 (wa.exe)의 활용

'인용문 검색기'(wa.exe)는[2] 소설의 인용문을 추출하는 프로그램으로
인용부호에 들어 있는 인용문을 한꺼번에 추출하는 프로그램이다. 이『
태백산맥』을 예로 들어 사용하는 방법을 제시하기로 한다.

1) 입력한 '태백산맥.hwp'를 '태백산맥.txt' 문서로 변환한다.
2) '인용문 검색기'에서 인용문을 한꺼번에 추출한다. 이때 인용문은
처음부터 순서대로 추출되기 때문에 이를 정렬해야만 동일한 인물
의 발화를 추출할 수 있다.
3) 인용문을 정렬(소트)하여 개별적인 등장인물별로 정렬한다.
4) 해당 인물 "(염상구)", "(김범우)" 등을 뽑는다.

---

2) '인용문 검색기'는 연세대학교 박진양 군이 필자의 요청으로 만든 프로그램으로 문학
작품에서 인용 부호(" ")로 된 부분을 추출하는 검색기이다.

"(염상구) 성님, 성님."

"(염상구) 아, 범우 성니임!"

"(염상구) 니기미 씨펄, 귓구녕에 말뚝을 박은 것이여, 사람을 무시허는 것이여."

"(염상구) 아 범우 성님, 나 잠 봅씨다."

"(염상구) 성님, 나 몰르겄소?"

5) 등장인물인 '염상구'의 발화를 여러 프로그램에서 활용하기 위해서는 '"(염상구)"'의 발화에 나오는 모든 부호를 삭제하여 순수한 염상구 발화만을 남겨둔다. 이를 '깜짝새'에서 활용하기 위해서는 '염상구대화.2b'로 저장하고, '지능형 형태소 검색기 2.0'에서 활용하기 위해서는 '염상구대화.txt'로 저장한다. 그러면 다음과 같이 한 화자의 발화 내용만 남는다.

성님 성님

아 범우 성니임

니기미 씨펄 귓구녕에 말뚝을 박은 것이여 사람을 무시허는 것이여

아 범우 성님 나 잠 봅씨다

성님 나 몰르겄소

2.3. '깜짝새 (SynKDP)'의 활용

'SynKDP'에서는 어절의 빈도를 내어 어절을 다양하게 정리할 수 있고 이 프로그램의 '전문가탐색창'에서는 각종 형태소와 예문을 검토할 수 있다. 그 과정을 간단히 정리하면 다음과 같다.

1) '염상구대화.hwp' 파일을 '염상구대화.2b'로 변환한다.

2) 어절 빈도를 내어 빈도수가 많은 어절(어휘)을 검색한다.

나가 : 000096	성님 : 000037	또 : 000025
그 : 000087	싸게 : 000036	이 : 000025
다 : 000062	고런 : 000035	허먼 : 000025
무신 : 000050	헐 : 000032	고것이 : 000024
것이 : 000049	못 : 000029	일 : 000023
것 : 000045	내 : 000028	인자 : 000023
허는 : 000045	것잉께 : 000028	있는 : 000022
나 : 000043	근디 : 000027	더 : 000021
워째 : 000038	안 : 000027	
그리 : 000038	말 : 000026	

3) 결과물을 가나다순으로 정리하여 전체적으로 염상구의 어휘를 살 펴본다. 소설 『태백산맥』에 나오는 '염상구'는 방언을 많이 쓰는 관계로 전라 방언의 어휘를 살필 수 있다.

가차운	눈	눈구멍에는
가차이	눈구녕	눈깔
가차이서	눈구녕에	느그
가찹제라	눈구녕이고	느그가
느그넌	느그덜도	느그만
느그덜	느그덜이	

4) 전체 작품을 읽으면서 '염상구'의 어휘의 특징을 정밀하게 파악한다.

2.4. 지능형 형태소 분석기 2.0

'지능형 형태소 분석기'는 21세기 세종계획에서 만든 프로그램으로 품사 정보는 물론 문법 정보를 분석해 주기 때문에 이를 잘 활용하면 인물의 언어적 특징을 통하여 그 성격을 분석할 수 있다. 대화문이 표준 어로 되어 있으면 분석이 용이하지만 방언은 분석이 불가능하다.

여기서는 『태백산맥』의 '김범우'의 대화문을 가지고 분석해 보기로 한다.

1) '인용문 검색기'를 이용하여 추출한 대화문에서 '김범우'의 대화를 추출한다.
2) '김범우대화.hwp' 파일을 만들고 불필요한 부호를 삭제한다.
3) 이 프로그램에서 사용하는 코드인 '김범우대화.txt'로 변환한다.
4) '지능형 형태소 분석기'에서 형태소 분석을 시도하면 다음과 같이 '김범우대화.tag'를 얻는다.

버마	버마/NNP
전선에서	전선/NNG+에서/JKB
꼬박	꼬박/MAG
나흘을	나흘/NNG+을/JKO
자지도	자/VV+지도/EC
먹지도	먹/VV+지도/EC
못하면서	못하/VX+면서/EC
싸웠네	싸우/VV+었/EP+네/EF

5) 예를 들어 형용사를 추출할 때, '지능형 형태소 분석기 2.0'으로 추출한 형용사는 형용사만 추출한 것이 아니고 뒤에 시제나 종결어

미 정보 등이 연결되어 있기 때문에 이런 정보를 제거하는 작업이 필요하게 된다. 이러한 전처리 작업이 꽤 필요하다.

2.5. 프로그램의 교차 이용

대화문을 추출하고 그 대화문을 형태소 분석을 해야 하며, 또한 필요한 어휘와 문법 형태소를 검색해야 한다. 이 과정에서 전처리 작업을 수행해야 하기 때문에 여러 프로그램을 드나들면서 사용해야 하는 번거로움이 있다.

1) '지능형 형태소 분석기 2.0'에서 사용한 태그세트를 참고한다. 이 태그세트를 알아야 '깜짝새'의 '전문가탐색창'에서 태그된 부호를 사용하여 형용사나 부사 등 각종 정보를 검색할 수 있다.
   일부만 제시하면 다음과 같다.

용언	동사	VV		
	형용사	VA		
	보조용언	VX		
	지정사	VC	긍정지정사	VCP
			부정지정사	VCN
수식언	관형사	MM		
	부사	MA	일반부사	MAG
			접속부사	MAJ
독립언	감탄사	IC		

2) '깜짝새(SynKDP)'에서 '동사, 형용사, 부사, 감탄사' 등 품사를 검색한다. 다음의 예에서와 같이 형용사 뒤에 연결되는 어미와 조사

들이 뒤따르게 되기 때문에 전처리 작업을 통하여 이를 제거해야
한다.

고맙/VA+습니다/EF
고약스럽/VA+ㄴ/ETM
괜찮/VA+은/ETM

3) 검색한 파일을 한글의 매크로를 이용하여 전처리 작업을 한 후 가
나다순으로 정렬한다.

간단하다 갑작스럽다 경이롭다 고약하다 곤란하다

4) 작업이 끝나면 '깜짝새'에서 빈도를 내어 고빈도어를 중심으로 어
휘의 특징을 살펴 인물의 성격을 파악한다.

그렇다 : 000131 (16.64549%) [16.64549%]
없다 :   000104 (13.21474%) [29.86023%]
어떻다 : 000057 (7.24269%) [37.10292%]
있다 :   000037 (4.70140%) [41.80432%]
좋다 :   000037 (4.70140%) [46.50572%]
같다 :   000033 (4.19314%) [50.69886%]
고맙다 : 000025 (3.17662%) [53.87548%]
크다 :   000013 (1.65184%) [55.52732%]
많다 :   000013 (1.65184%) [57.17916%]
괜찮다 : 000012 (1.52478%) [58.70394%]
이렇다 : 000011 (1.39771%) [60.10165%]

5) '깜짝새'의 '전문가탐색창'에서 빈도가 높은 어휘를 검색하여 그
용례를 확인하면서 해석한다.

6) '국어사전'에서 어휘와 문법형태소의 뜻을 수시로 확인하면서 등장
   인물의 성격을 파악한다.

위의 방법으로 '동사, 형용사, 부사, 감탄사' 등의 품사를 검색하여 그
용례를 확인하면 등장인물의 언어적 특징을 찾을 수 있다.[3]

3. 등장인물의 성격 분석

소설 『태백산맥』에는 많은 인물이 등장한다. 염상구, 염상진, 김범우,
정하섭, 하대치 등 주요 인물의 성격을 분석하는 일은 일단 소설을 읽고
등장인물의 상관관계 속에서 해석하는 일이 우선되어야 할 것이다.
  그러나 한편으로는 등장인물의 발화를 따로 모아서 정보학적인 방법
으로 인물의 언어적 특성을 통하여 그 성격을 파악하는 일도 가능한 것
이다. 이제 대표적인 인물인 염상구와 김범우를 대상으로 그 언어 특징
과 성격을 파악하기로 한다.

3.1. 염상구의 언어와 성격

『태백산맥』의 염상구는 작가가 아주 중요시하는 등장인물이기 때문
에 출현빈도가 아주 많고 방언적 요소가 다양하다. 따라서 개성이 확실

---

3) 부사는 용언이나 다른 말 앞에 놓여 그 말의 뜻을 분명히 제한해 주는 품사이며 형용사는
   사물의 성질이나 상태를 표시하는 품사이다. 부사는 용언 앞에 놓여서 그 말을 뜻을 분
   명하게 하므로써 대화자의 성격을 보다 명확하게 드러내는 역할을 담당하며, 형용사는
   성질이나 상태를 표시하는 품사로 인물의 상태와 성질이 나타나는 중요한 품사가 된다.

히 드러난다. 악역을 맡고 있는 관계로 욕설, 비속어와 같은 어휘를 매우 많이 사용하는 특징을 보인다.[4]

1) 자기중심적인 인물이다.

염상구의 발화에서는 어절 빈도에서 '나가'가 가장 많이 쓰이는 고빈도 어절이며, ' 나가, 나, 내, 나도, 나년, 날, 나럴' 등이 많이 쓰이고 있다. 특히 주어로 쓰이는 '내가'가 발화에서 매우 높은 빈도를 보이고 있는데 이것은 등장인물이 주체가 되고자 하는 욕구를 표현한다고 할 수 있다.

> 니, 나가 누군지 몰르냐? 요 염상구 칼침 맛 홍어회 묵디끼 쌈빡허니
> 보고 잡으냐? 『태백산맥』

'알다'의 빈도 높은 어휘 사용을 통하여 자기의 처지를 수시로 확인하거나, 사건이나 비밀을 간직하고 있는 인물 유형임을 나타내고 있다. 염상구도 '알다, 알아묵다'의 고빈도 어휘를 통하여 어떤 사실을 확인하려는 태도를 보인다.

염상구의 발화에서는 '-는 것이다'와 '-을 것이다' 구문이 높은 빈도를 보이고 있다. '-는 것이다'는 '말하는 이의 확신, 결정, 결심 따위를 나타내는 말.'이고 '-을 것이다'는 '화자의 전망, 추측 또는 주관적 소신 따위를 나타내는 말.'이기 때문에 염상구의 성격이 자기중심적으로 생각하는 인물임을 나타낸다.

---

4) 『태백산맥』에서 악역을 맡고 있는 '염상구'의 언어적 특징은 『혼불』에서 악역을 맡고 있는 '옹구네'의 언어적 특징과 매우 유사한 특징을 보이고 있다. 이러한 현상은 『토지』의 '임이네'도 마찬가지다.

나가 성님을 딱 본께로 기차 타로 역으로 나가는 것이 분명헌디, 찡을 안 가진 것이 틀림읎덜 않겄소. 필경 여그 장사꾼덜 속에도 빨갱이눔덜 꼬랑댕이가 숨어 있을 것인디.『태백산맥』

염상구의 발화에서는 '말'이 고빈도 어휘로 쓰이고 있다. '-는 말이다' 구성은 '다시 강조하거나 확인하는 말.'인데 이 구성이 많이 쓰이고, 명사 뒤에 '말이야'로 쓰여 '앞에서 언급한 사실을 강조하여 말하는 뜻을 나타내는 말.'로 쓰인다. 또한 '-어야 말이지' 구성은 '어떤 행위가 잘 이루어지지 않음을 탄식하는 말.'이다.

백골, 백골…… 긍께 고것이 지독스럽게 고맙고 고맙다는 말인디라. 백골 머시냐……. 그런디 고 못생겨묵은 쌍판얼 워디서 꼭 본 듯 본 듯 헌디 영 생각이 나야 말이제라.『태백산맥』

2) 현실을 부정하는 인물이다.

염상구의 발화에서도 부정을 나타내는 '안, 아니, 못' 등이 높은 빈도를 보이고 있다.

요것이 존 말로 헌께 안되겠네. 니 쌈빡허니 맛 잠 볼참이여!『태백산맥』

염상구의 욕설은 상대방을 비난하는 욕이 대부분이다.

니기미 씨펄, 저 개좆 겉은 새끼가, 니미럴 놈, 지까짓 눔이, 지기 미, 니기미, 좆 달린 사내새끼, 쌍녀러새끼, 고년, 씨부랄 새끼, 백여시 겉은 년, 씨부랄 년, 니년, 썩을 년, 오살육시헐 년, 설빠진 무당년, 싸가지읎는 무당년, 씨부랄눔덜이, 잡녀러새끼덜, 요런 쎄빠질 자석아, 지 에미허고 붙어묵을 놈덜, 내 좆만도 못헌 새끼덜, 미친년아, 니기미씨펄눔덜이『태백산맥』

염상구의 발화에서도 '생각'은 매우 부정적인 데에서 주로 쓰인다. '일'도 역시 고빈도 어휘인데 부정적인 일이 대부분이다.

> 대장님, 새 서장이 남인태하고 똑같은 인물이라고 생각허지 마씨요이.
> 암만 생각혀도 저년이 헌 짓거리럴 보면 빨갱이 냄새가 폴폴 난다니께요.
> 『태백산맥』

3) 불확실한 사고를 하는 인물이다.

염상구의 발화에서는 정해지지 않은 불확실한 방법이나 이유를 나타내는 부사 '어찌, 워찌, 워째'와 관련된 어휘의 빈도수가 높게 나타난다. '모르다 /몰르다'는 빈도수가 높은 어휘로 '사람이나 사물, 사실을 알거나 이해하지 못하다'는 뜻과 '불확실한 사실에 대한 짐작이나 의문의 뜻을 나타내는' 의미가 있다.

> 자수헌 사람 죽이는 판이니 고런 사람 믿고 워찌 살겄냐. 『태백산맥』

> 안직 지무실지 모른디 요리 일찍 전화혀서 쓸란지 몰르겄소?" 안직도
> 이 염상구가 누군지 몰르겄냐! 『태백산맥』

염상구의 발화에서도 '무신, 워째, 워찌, 워디, 머' 등이 높은 빈도로 사용되고 있다. 의문문이 많이 쓰인다는 사실을 통하여 옹구네가 궁금한 사항, 의심이 많은 사람이고, 또 그것을 알기 위하여 찾아다니는 인물이라는 것을 알 수 있다.

4) 추측을 잘 하는 인물이다.

염상구의 발화에서 추측을 나타내는 구문이 많이 쓰이고 있다. 확인되지 않은 사실에 대하여 주관적인 추측을 하면서 '-갑, -개비' 등을 자

주 사용한다.

저것덜 노는 것 봉께로 하로이틀 눈맞춘 사이가 아닌갑는디? 와따, 사
령관이 바꽈져서 그런가 영 바쁜개비요이.『태백산맥』

5) 비아냥거리는 인물이다.

염상구의 발화에서는 감탄사가 다양하게 쓰이고 있다. 감탄사는 대체
로 긍정적인 문장이 수반되는 데 비하여 이 발화에서는 부정적인 문장
이 수반되는 경우가 많다.

'아, 아니, 어이, 어이웨, 와따메, 와따, 참 성님도, 허어, 와따매, 차암,
워쩨, 니기럴, 허먼, 긍께, 니기미, 오냐, 지기럴, 아이고, 워메, 야아, 허 참,
에라, 근디, 잉, 허, 긍께 고것이 머시야, 고것이 멋인고 허니, 고것이 먼고
허니, 아이고메, 하'

비속어를 적절히 사용하면서 상대를 무시하거나 비아냥거리는 태도
를 가지고 있다.

소갈머리, 쥐창아리, 가시내, 뱃때지, 설레발친, 뽕빠지게, 꼬랑댕이, 뿌
랑구, 대강이(대가리), 지랄발광헐란지도, 주딩이, 염병허네, 지랄허고 자빠
졌네, 쌍판때기, 낯짝, 쌍판, 배때지, 뱃대지, 좆대가리, 턱쪼가리, 아가리,
쑤셔백혀, 잡아다 족쳐서, 조지고 잡은 모냥인디, 지랄, 배창새기, 밑구녕,
똥배짱, 주먹댕이, 쉰밥(신세를 이르는 말), 도둑섬, 망쪼, 좆대감지, 개좆맹
키로, 거지새끼, 기집년, 눈깔, 뒤질, 꼬드라질, 싹수머리웂는(싹수, 싹아지),
모강댕이, 빙신아, 손모가지, 목구녕, 지눔(지놈), 뻑따구, 진짜배기, 빵구,
번개섬, 니노지, 쥐좆도 아닌, 비우짱, 꼬랑댕이, 좆나게, 쌩고상, 아새끼,
영감탱이, 재수대가리 웂이, 인정 있는 칙끼 허고 자빠졌네, 짓거리, 넋빠
진 소리, 마빡『태백산맥』

염상구의 발화에서는 속담은 거의 없고, 주로 관용 표현을 쓰고 있는데 과장되거나 비속한 표현이 대부분이다.

> 귓구녕에 말뚝을 박은 것이여. 봉창 두들기는 소리 고만 허씨요 똥줄 타게 도망질 친. 한석봉이 찜쪄묵을 명필이여. 엎어지면 코 달 디서 용허니 무사혔구만요. 아무리 바빠도 바늘허리에 실 감아서 쓰는 법 있읍디여?. 임허고 잠자리를 혀야 아들을 볼 것이고 기차가 와야 탈 것 아니겄어라우?. 소갈머리가 쥐창아리만 해갖고. 우리 경찰은 핫바지저구리간디요?. 눈 개리고 아웅허는 빨갱이덜 수법이랑께요. 고런 대강이에 피도 안 몰른 어린것덜허고 새 날아가는 소리다요?. 똥줄 빠지게 삼십육계혀부렀지요 무신 자다가 봉창 뚜딜기는 소리다요?. 날이 쇠불알 얼어붙게 칩네이. 귀창 떨어지겄소 속으로는 좆묵어라 험시로. 삥삥이럴 돌았소 똑 봉사 문고리 잡디끼 허는 일이. 곤조통은 부려야 쓰겄소 니 엄씨허고 붙어묵다가 좆대감지 뿌라져 꼬드라질 눔아. 니눔 딸년허고 붙어묵다가 좆대감지 뿌라져 뒤질 놈아. 개새끼도 지 밥통 차면 쥔이라도 물어뜯고 뎀비는겨. 똥구녕으로 바람 넣어 뱃대지 터쳐 쥑일 놈아. 남자로 한평상 사는 것이 배짱 놀음이고 오기놀음인디. 니미 붙어묵어라. 니 애비 좆이다. 장닭이 밤낮 개림스로 일 험디여?. 염병헌다 문딩이. 썩은 홍어좆이 아니라는 것을. 똥친 막대기맹키로. 개소리 씹어돌리지 말고. 까마구 날자 배 떨어지드라고. 서당개 삼 년이면 풍월을 읊는다등마.

『태백산맥』의 작가는 염상구를 독기가 있고, 말이 거칠며, 교활하고 냉혹하며, 간교하고 눈치 빠른 인물로 묘사하고 있다. 염상구를 복합적 성격의 소유자로 만드는 작업은 작가의 정밀하고 생생한 세부 묘사에 힘입고 있다. 작가의 이런 세부 묘사들에 힘입어 염상구는 이중적 면모를 간직하면서도 생생히 살아있는 인물로 전달된다.(한만수, 2003: 122) 작가는 대화를 통하여 염상구의 성격을 잘 드러내고 있으며, 또한 직접적인 묘사를 통하여도 염상구의 성격을 해설하고 있다.

염상구는 적의를 누그러뜨리지 않고 있었다. 검은 동자가 반나마 가릴 정도로 작게 찢어진 눈, 살이라곤 붙어 있지 않은 강파른 얼굴에 주걱처럼 안으로 휘어든 턱, 성깔 사나움과 독기가 한데 어울려 있는 생김이었다. 바짝 마른 체구는 허약해 보이는 것이 아니라 오히려 얼굴의 느낌과 함께 날쌔고 강인해 보였다.『태백산맥, 1, 168』

염상구의 입에서는 금방 상소리라도 터져나올 것처럼 말이 거칠어져 있었고, 그 몸놀림도 여태까지와는 달리 주먹패의 냄새가 나도록 난잡스러웠다. 제나름으로 다하고 있는 성의를 무시당했다고 생각하는 모양이었고, 그래서 화가 난 것 같았다. 제멋대로 열등감을 품고 있는 사람을 대하기가 얼마나 피곤한 일인가를 김범우는 새삼스럽게 느끼고 있었다.『태백산맥, 1, 171』

염상구의 살기등등한 말 속에서는 혈연으로서의 염상진의 존재는 찾을 수도 없었다. 완전한 편갈이만 있을 뿐이었다.『태백산맥, 1, 174』

염상구는 교활하게 느껴지는 웃음을 입가에 바르고 있었다. 형의 이야기에 조금도 감정변화를 보이지 않는 차가움이었다.『태백산맥, 1, 177』

염상구는 그때마다 냉혹하게 눈총을 쏘았다.『태백산맥, 2, 162』

염상구는 간교하게도 충동질을 해대고 있었다.『태백산맥, 2, 292』

자세는 그대로였지만 염상구의 음성은 차갑고 날카로웠다.『태백산맥, 3, 35』

염상구는 독기가 내밴 얼굴로 부하에게 손짓했다.『태백산맥, 4, 150』

염상구의 교활은 단순하면서도 썩는 냄새는 나지 않는데, 그의 교활은 복잡하면서 썩는 냄새가 진동하는 것 같았다.『태백산맥, 4, 283』

염상구에게는 주먹패의 의리나마 있지만 그에게는 돈과 권력만을 좇는 파렴치함밖에는 없는 것으로 보였다.『태백산맥, 4, 283』

염상구가 과장된 몸짓을 하고 들어서며 목청을 드높이고 있었다.『태백산맥, 6, 250』

이상하게도 염상구 앞에서는 표준말이라는 것을 흉내내면 안 될 것같은 생각이 들어 최서학은 아주 진하게 고향말을 썼다. 어설프게 표준말을 흉내냈다가 금방, 야 니가 잠 배왔다고 쌨바닥얼 그리 놀리냐? 할 것만 같았던 것이다.『태백산맥, 7, 231』

염상구의 비웃음 담긴 말이었다.『태백산맥, 7, 279』

염상구가 눈치빠르게 잡아챘다.『태백산맥, 9, 28』

염상구는 고개를 젖히며 코웃음을 날리고는, "느그 존 말로 헐 때 앞티워. 까불면 마빡에다 칼침 박고 말 것잉게." 얼굴이 싹 변한 그가 잔인스럽게 내쏘았다.『태백산맥, 10, 337』

염상구의 방언에는 '뜨광허고, 금메, 영축웂이, 당아, 종그고, 깨끔 허니, 징상시럽게, 시퍼보는(무시하는), 짜잔허게, 찰방지다, 걸쩍허니, 깝깝허제라, 갤차주다, 몰뚝잖은디도, 요상시럽고, 달브다, 씨불대다' 등 아주 독특한 전남방언이 사용되고 있다. 다양한 방언 사용으로 토착적인 인물임을 부각하고 대화의 사실성을 통하여 매우 현실적인 인물로 묘사하고 있다.

『태백산맥』의 염상구는 본능형에서 신념형으로 변화한 인물로 평범한 생활인일 뿐, 이데올로기와는 무관한 사람이다. 걸쭉한 육담과 욕설이 존재하며 질진 생명력을 가지고 있다. 노비의 후예인 염상구가 시대

와 역사의 변화 속에서 우익 자본 계층에 편입하는 과정을 보여주는데
그는 자신의 사회적 존재를 지키기 위해 보다 극력하게 좌익 타도에 앞
장서고, 보다 간악하게 자신의 재산을 지키려고 노력한다. 염상구는 이
소설에서 등장하는 악인의 대표적인 인물이나 뒤에 신념형으로 바뀐다.
(정혜숙, 2003: 42)

이러한 점은 '살아서나 빨갱이제 죽어서도 빨갱이여.' 하면서 염상진
의 시신을 수습하는 염상구의 모습을 통하여 인간적인 면모를 부여하고
있다. 염상구는『태백산맥』의 등장인물 중에서 가장 내면적 모순이 강
하고 복잡한 성격의 소유자다. 그는 온갖 악행을 도맡아 하면서도 가장
인간적인 면모를 보여주고 있다.(한만수, 2003: 121)

『천하태평춘』의 '윤직원 영감',『혼불』의 '옹구네',『토지』의 '임이
네'와 마찬가지로『태백산맥』의 염상구도 소설 속에서 악역을 맡은 등
장인물이다. 따라서 이러한 악역들은 거의 비슷한 언어적 특징을 보이
고 있다. 다만 작가들의 경향에 따라서 등장인물을 다루는 언어적 특징
이 차이를 보이고 있다.

3.2. 김범우의 언어와 성격

『태백산맥』의 등장인물인 '김범우'는 염상구와 대조되는 사람으로 지
식인이다. 그는 소설을 처음부터 끝까지 이끌어가는 객관적 주인공이다.
염상구가 현실에 뛰어들어 적극적인 삶을 살아간 반면, 김범우는 관조
적으로 세상을 바라보는 소극적 지식인이다.

1) '김범우대화문'에서 형용사의 빈도를 내면 다음과 같다.

그렇다 :	000131	괜찮다 :	000012
없다 :	000104	이렇다 :	000011
어떻다 :	000057	급하다 :	000009
있다 :	000037	어렵다 :	000009
좋다 :	000037	죄송하다 :	000008
같다 :	000033	옳다 :	000008
고맙다 :	000025	다르다 :	000007
크다 :	000013	바쁘다 :	000006
많다 :	000013	쉽다 :	000006

'그렇다'는 '앞에서 이미 이야기하였거나 듣는 이가 생각하고 있는 성질이나 모양이 그와 같다'는 뜻이어서 이미 한 내용을 객관적으로 이야기하면서 진술하는 신중한 면을 보인다. '좋다, 고맙다, 크다, 많다, 괜찮다, 죄송하다, 옳다'와 같이 비교적 긍정적인 형용사를 사용하는 것으로 보아 성격이 예의 바르고 긍정적인 사고를 하는 인물임을 알 수 있다.

2) '김범우대화문'에서 부사의 빈도를 내면 다음과 같다.

좀 :	000039	그런데 :	000025	어찌 :	000018
그럼 :	000033	또 :	000022	지금 :	000017
더 :	000033	아니 :	000021	그래 :	000016
왜 :	000029	그만 :	000019	바로 :	000016
너무 :	000025	곧 :	000018		

'좀'은 '부탁이나 동의를 구할 때 말을 부드럽게 하기 위하여 삽입하는 말'이다. 김범우는 예의 바른 사람임을 보여준다. '그럼'은 '그러면'의 준말로 '앞의 내용이 뒤의 내용의 조건이 될 때 쓰는 접속 부사.'이거나 '앞의 내용을 받아들이거나 그것을 전제로 새로운 주장을 할 때 쓰는 접속 부사.'이다. '그러면, 왜, 그런데'와 같은 부사가 많이 쓰이는 것으로 보아 김범우는 상당히 논리적인 사람임을 알 수 있다.

3) '김범우대화문'에서 감탄사의 빈도를 내면 다음과 같다.

```
글쎄요 : 000015 (18.98734%) [18.98734%]
옹 :      000008 (10.12658%) [29.11392%]
글쎄 :    000006 (7.59494%) [46.83544%]
네에 :    000005 (6.32911%) [53.16456%]
예에 :    000005 (6.32911%) [59.49367%]
아 :      000004 (5.06329%) [64.55696%]
```

감탄사 '글쎄'는 '남의 물음이나 요구에 대하여 분명하지 않은 태도를 나타낼 때 쓰는 말.'이다. 이 감탄사가 많이 쓰이는 것으로 보아 매우 신중한 성격을 나타내고, 자기 자신을 쉽게 드러내지 않는 분명하지 않은 태도를 보여주고 있음을 알 수 있다.

김범우의 대화문을 전체적으로 살펴보면 '-ㅂ니다'가 아주 많이 쓰이고, '제가' 등 존칭과 겸양을 나타내는 형태소를 자주 사용한다. 한편으로 '예상 밖의 못마땅한 일을 강조할 때 쓰는 말.'인 관형사 '무슨'을 많이 쓰는 것으로 보아서는 뜻밖의 상황을 많이 만나는 인물로 설정된 듯하다. 염상구가 '나' 중심의 화법을 구사하는 반면에, 김범우는 '자네'가 많이 나타나는 것으로 보아 대화의 상대를 배려하는 태도를 보이고 있다.

위에서 '염상구'와 '김범우'의 대화를 중심으로 그 성격을 언어적 특성으로 살펴본 것처럼 다른 작중인물에 대해서도 얼마든지 자세하게 그 성격을 파악할 수가 있다.

4. 결론

시와 소설과 같은 문학 작품에 대한 연구 및 해석은 대체로 국문학 연구자들이 담당하고 있다. 그러나 현재 시와 소설은 많은 양이 말뭉치로 구축되어 활용을 기다리고 있다. 일차적으로 국립국어원과 고려대 민족문화연구원의 사이트에서 검색되어 활용되고 있으나 연구자들은 그 자료를 정밀하게 분석하길 원하고 있다.

한국어 정보화는 국어 정보화는 물론이고 국문학 정보화가 아울러 이루어져야 한다. 말뭉치 구축이 이루어졌지만 그 말뭉치를 이용하여 국어국문학, 한국어 교육에 활용하는 연구는 많지 않은 실정이다.

이 연구에서는 현재 자주 사용되고 있는 여러 프로그램과 그 프로그램을 활용하여 작품의 언어를 분석하는 방법을 제시하였다. 이 논문이 문학 자료를 강조하는 이유는 생생한 국어와 다양한 국어의 모습을 만날 수 있기 때문이다. 이러한 국어가 새로운 방향의 국어국문학 연구에 도움을 주게 되고, 국어 연구와 교육에 실제적인 자료로 활용될 수 있을 것이다.

그러나 이처럼 다양한 프로그램의 사용과 '훈글'에서의 전처리 과정 등 번거로운 처리 과정이 한국어 정보화에 큰 걸림돌이 되고 있다. 기회를 만들어 국어자료를 통합적으로 처리하여 검색할 수 있는 통합처리 프로그램이 만들어졌으면 한다.

▣ 참고문헌 ▣

문화관광부·국립국어원(2007), 「21세기 세종계획 최종 성과물(말뭉치) CD」.

이태영(2001), 「채만식 소설 『천하태평춘』에 나타난 방언의 특징」, 『문학과 방언』에
　　재수록, 역락, pp. 311-349.

이태영(2004), 「『혼불』에 쓰인 방언의 기능과 등장 인물의 성격」, 『혼불의 언어세계』,
　　혼불학술총서2, pp. 293-340.

이태영(2006), 「윤흥길의 『소라단 가는 길』에 나타난 일상어의 특징」, 『국어국문학』
　　142, pp. 31-54.

이태영(2009), 「윤흥길의 『빛 가운데로 걸어가면』에 나타난 언어·문체의 변화와 그 효
　　용성」, 『국어문학』 47, pp. 63-82.

이태영(2010), 『문학 속의 전라 방언』, 국립국어원 문학 속의 방언 총서 02, 글누림.

정혜숙(2003), 「역사 소설 『태백산맥』에 나타난 인물 유형 분석」, 신라대학교 교육대
　　학원석사논문.

한만수(2003), 『태백산맥 문학기행』, 해냄.

■ 편집자 주석

1) '문법 형태소': 언어는 크고 작은 단위들로 구성된다. 그 중에서 그 자체로 어휘적 의미나 기능적 의미를 가진 단위가 있는데 우리가 흔히 알고 있는 '단어', '문장' 따위가 그 것이다. 그런데 그렇게 의미를 가진 단위 중에서 가장 작은 단위를 '형태소'라고 부른다. 예를 들어 '풋사랑'이라는 단어도 '풋-'과 '사랑'으로 쪼개 볼 수 있는 것이다. 그런데 형태소 중에서 '사랑'처럼 우리가 흔히 생각하는 내용적·어휘적인 의미를 가진 것이 있고, '풋-'처럼 홀로는 의미를 띠지 못하고 다른 말들과 어울려 일정한 기능적·문법적·형식적인 의미를 띠는 것들이 있다. 앞의 것을 흔히 '어휘 형태소' 또는 '실질 형태소'라 부르고, 뒤의 것을 흔히 '문법 형태소' 또는 '형식 형태소'라 부른다.

2) 21세기 정보화 사회에서는 정보가 곧 경쟁력을 의미한다. 따라서 정보화 사회에서 국민 전체의 언어·문화생활을 향상시키고 과학 기술 및 학문을 발전시키기 위해서는 대규모 언어 자료를 축적하고 그것을 정보·지식으로 가공하는 일이 중요하다. 이러한 인식 하에 여러 선진국들은 자국어를 중심으로 한 언어 자원 확충과 정보화를 위해 여러 가지 계획을 추진하고 있다. 이러한 상황에서 우리의 언어·문화 발전을 기하고, 세계적인 정보화 추세에 적극 대응하며, 문화 산업 및 정보 산업 역량을 육성하기 위해서는 중장기적 설계의 국어 정보화 사업의 추진이 필요하였다. '21세기 세종계획'은 이러한 인식 하에 우리나라의 선진 정보 문화를 자주적으로 구현하기 위해 국가 정책적으로 시행되는 국어 정보화 중장기 사업으로 10년 간(1998년~2007년)의 계획으로 추진되었다.

'21세기 세종계획'의 세부 목표는 우리말과 우리글을 바탕으로 하는 정보 사회 건설, 세계 수준의 국어 기초 언어 자료 기반 구축을 통한 우리말 정보화, 표준화된 전자 사전 구축을 통한 우리말 체계화, 한민족 언어 정보화를 통한 우리말 세계화, 언어 정보화 관련 규격 및 도구의 체계적 정리를 통한 우리말 표준화 이상의 5가지였다.

사업 추진 기관은 문화체육관광부이고 사업 관 기관은 국립국어연구원(현 국립국어원)이었다. 국어기초자료구축분과, 국어 특수자료 구축분과, 한민족 언어 정보화 분과, 전자 사전개발분과 등 총 9개의 분과로 구성되었다.

(출처 - 한글이 걸어온 길, 국가기록원)

학문 목적 한국어 학습자를 위한 기능
통합 수업 모형
— TV 뉴스 자료 활용을 중심으로 —

장승익

목 차

[해 설]

◉ 목적 및 특성

이 글의 목표는 학문 목적 한국어(Korean for Academic Purposes) 학습자를 대상으로 한 기능 통합 기반 수업에서, TV 뉴스 자료가 효과적으로 활용될 수 있음을 확인하는 것이다. 학문 목적 한국어 학습자란, 한국어로 의사소통 및 제반 활동이 이루어지는 대학(원)에서 수학할 목적으로 한국어를 학습하는 외국인을 말한다. 학문 목적 한국어교육은 기본적으로 언어의 네 기능이 통합된 형태로 진행되어야 한다. Brown(2001: 232-346)은 기능 통합 모형 중 '주제 중심 교수'를 언급하며, 학문 목적용 영어(English for Academic Purposes)가 이에 적절한 예라고 말한다. 민현식(2008)에서도 기능 '통합'의 한 예로 '내용 중심 교육과정'을 언급하면서, 이 교육과정은 '네 기능의 습득 자체가 아니라 전공 교과 영역을 외국어로 학습하는 것에 최종 목표를 둔다'고 하였다. 이 글에서는, 학문 목적 학습자들에게 기능 통합 교육을 수행하는 데 있어서 'TV 뉴스' 자료가 어떤 상관성을 가지는지 확인코자 한다.

◎ 연구 대상 및 방법

강희숙(2011)에서는 '학문 목적 한국어'의 범위를 '공통 한국어, 일반적 학문 목적 한국어, 특정 학문 목적 한국어'로 분류하였다. 이 중 이 글에서 다루는 '학문 목적 한국어'는 '일반적 학문 목적 한국어'로만 한정한다. '공통 한국어'는 한국어를 학습하는 목적과 관계없이 필수적으로 수행해야 하는 과정으로, 종래의 '일반 목적 한국어'와 대응하는 개념이므로 이 글의 논의에서는 제외한다. '특정 학문 목적 한국어'도 논의에서 제외하였다. 이는 '특정 학문 목적 한국어' 학습자들의 요구를 현실적으로 모두 충족시킬 수 없는 데 기인한다.

다음으로, 일반적 학문 목적 한국어교육을 할 수 있는 대상의 수준 설정이다. TOPIK II의 등급별 평가 기준에 입각하여 이 글에서는 '4급 이상'의 한국어 학습자에게 '일반적 학문 목적 한국어'를 교육하는 것으로 그 대상 및 범위를 한정한다.

◎ 핵심 내용

● 학습자 환경 분석

▶학습자 요구 분석

교육 자료를 선정하는 데는 학습자의 요구를 분석하는 절차가 매우 중요하다. 학습자 요구 분석에 관한 연구에는 김정숙(2000), 김인규(2003), 안경화(2005), 박선옥(2009), 강희숙(2012) 등이 있다. 이를 비교 분석한 결과, 학문 목적 한국어교육 자료는 '네 기능을 적절하게 통합하여 교수할 수 있는 교육 자료'여야 하며 '듣기 기능을 훈련할 수 있는 교육 자료'여야 함을 확인할 수 있다.

▶대학(원) 교실의 상황 분석

학문 목적 한국어 학습자가 처해 있는 '대학(원) 교실의 상황'을 살펴보는 것도 교육 자료 선정에 큰 도움을 줄 수 있다. 오선경(2007)에 따르면 강의의 '전형적인 담화적 특질'로는, 교수자의 강의 발화는 기본적으로 구어체적인 특징을 많이 가지고 있지만, 보통의 구어체보다는 훨씬 격식적이며, 음성 정보 뿐 아니라 시각 정보도 함께 사용한다는 것을 알 수 있다. 이상의 논의를 종합하여, 학문 목적 한국어교육 자료의 조건을 다음과 같이 설정하였다.

(1) 학문 목적 한국어교육 자료의 조건
    ㄱ. 네 기능을 적절하게 통합하여 교수할 수 있는 교육 자료
    ㄴ. 듣기 기능을 훈련할 수 있는 교육 자료
    ㄷ. 격식적인 언어 형식을 사용하는 구어체 자료
    ㄹ. 음성 정보 이외에 시각 정보가 제공될 수 있는 자료

ㅁ. 외국인 학습자를 고려하지 않은 실제 언어 자료

• 교육 자료의 선정

이제 (1)에서 제시한 기준에 적합한 교육 자료를 모색한다. (1ㅁ)은 학문 목적 학습자에게 적절한 교육 자료는, 역설적이게도, '한국어를 모국어로 하는 화자'를 염두하고 제작된 언어 자료여야 함을 암시한다. 이 기준을 잘 충족하는 자료는 대중 매체이다. 그리고 (1ㄹ)에 따라 대중 매체 중에도 시청각 매체가 더 적절한 교육 자료가 된다. 시청각 매체 중 영화, 드라마, 예능, 광고 등은 실제 언어를 잘 반영하고 있고, 특히 학습자의 흥미를 유발할 수 있는 내용이 많이 있다는 장점이 있다. 하지만 이들 매체는 일상적인 언어 정보를 사용할 뿐 격식적인 언어를 제공하지 않기 때문에 (1ㄷ)을 충족하지 못한다. 또한 이들 매체는 말하기 교육에서 중요한 부분인 '발음 교육'에 적절하지 않고, 읽기 교육을 할 만한 텍스트를 제공하지 못한다는 점에서 (1ㄱ)도 위배하고 있다. 결국 학문 목적 학습자에게 가장 적절한 교육 자료는 'TV 뉴스' 자료인 것이다.

◎ 연구 효과

• 각 기능 별 주안점

1) 듣기

TV 뉴스 자료는 아나운서 또는 기자가 일방적으로, 속도감 있게 말하는 자료이기 때문에 학습자 입장에서는 듣기 활동에 적합한 자료이다. 아나운서나 기자는 한국어의 표준 발음을 훈련한 사람들이기에 학습자 입장에서는 정확한 발음을 들을 수 있는 좋은 기회이기도 하다.

2) 읽기

각 방송사의 홈페이지에 게시된 뉴스의 대본을 읽기 텍스트로 사용할 수 있다.

3) 말하기

TV 뉴스는 표준 발음에 가까운 음성 자료이기 때문에 학습자 발음의 정확성이 향상될 수 있다. 또한 격식적인 구어체 자료를 접하는 것은 실제 교실 상황에서 학습자의 말하기에도 도움을 준다.

4) 쓰기

TV 뉴스 자료를 통해 다양한 쓰기 활동(받아쓰기, 요약하기, 설명·논증하기)을 할 수 있다.

● TV 뉴스를 활용한 수업 모형

학문 목적 한국어교육에서 뉴스를 활용하는 수업 모형을 간략히 제시하면 다음과
같다.

1차시		2차시		3차시		4차시		5차시
듣기 활동	▶	읽기 활동	▶	말하기 활동	▶	쓰기 활동	▶	복습 점검

1. 서론

이 글의 목표는 4급 이상의 학문 목적 한국어(Korean for Academic
Purposes) 학습자를 대상으로, 기능 통합에 기반한 수업에서 TV 뉴스 자
료가 효과적으로 활용될 수 있음을 확인하는 것이다. 학문 목적 한국어
학습자[1]란, 한국어로 의사소통 및 제반 활동이 이루어지는 대학(원)에서
수학할 목적으로 한국어를 학습하는 외국인을 말한다.[1] 구체적으로는
현재 국내 대학(원)에 재학 중인 외국인 유학생과, 진학을 목표로 한국

---

1) '학문 목적 한국어 학습자'에 대해 김정숙(2000)은 '한국 내 대학에 진학하여 학문적 활
동을 수행하고자 하는 자'로, 최정순(2012)은 '한국의 대학 및 대학원 진학을 목적으로
한국어를 배우는 학습자, 대학/대학원에서 재학 중인 유학생 집단 모두'로 정의하였다.
그런데 국내 대학이라 할지라도 수업 및 기타 의사소통이 영어(및 기타 외국어)로 이루
어지는 경우가 있음을 감안할 때, 그 영역을 '국내 대학'이라고 한정할 수는 없다. 이런
점에서 '한국 내 대학교에서의 학업(한국어가 사용되는 상황)을 위한 경우, 외국에서의
한국과 관련한 학업을 위한 경우'로 '학문 목적 한국어교육'의 범위를 정한 김인규
(2003)가 좀 더 명확한 개념을 제시하고 있다. 다만 '학문 목적 한국어 학습자'는 그 소
재가 한국인가, 외국인가의 문제보다는 그가 배우려고 하는 '학문'을 한국어로 배우고
이해하는가가 더 중요하다고 판단하여, 필자는 위와 같이 정의를 내렸다.

어를 학습하는 외국인 언어 연수생으로 나누어 생각할 수 있다. 출입
국·외국인정책본부의 최근 자료(2014년 10월 31일 현재)에 따르면 외
국인 유학생 수는 총 89,205명으로 전년 동월 대비 5.2% 가량 증가하였
다.[2] 이러한 유학생 증가세에 발맞추어 학문 목적 한국어 학습자를 대
상으로 한 연구도 2000년 이후 꾸준히 진행되어 왔다. 최정순 외(2012)
에 따르면 2011년까지 학문 목적 한국어교육과 관련된 연구는 209편(학
위논문 104편, 학술지 논문 105편)에 달한다고 한다.[3]

한편, 학문 목적 한국어교육은 기본적으로 듣기, 읽기, 말하기, 듣기
등 언어 기능이 통합된 형태로 진행되어야 한다. Brown(2001: 232-346)
에서는 기능 통합 모형[2]으로 '내용 중심 교수, 과업 중심 학습, 주제 중
심 교수 등을 제시하고 있다. 이중 '주제 중심 교수'를 '내용 중심 교수'
의 약한 버전이라 언급하면서, 학문 목적용 영어(English for Academic
Purposes)가 이에 적절한 예라고 말한다. 민현식(2008)에서도 기능 '통합'
의 한 예로 '내용 중심 교육과정'을 언급하면서, 이 교육과정은 '네 기능
의 습득 자체가 아니라 전공 교과 영역을 외국어로 학습하는 것에 최종
목표를 둔다'고 언급하고 있다. 이러한 논의를 차치하고라도 학문 목적
한국어 학습자가 처한 대학(원) 교실 상황이 한국어 교실 상황과 달리
이들에게 우호적이지 않음을 생각한다면, 이 학습자들에게 특정 기능만
을 강조하여 교육할 수 없음을 어렵지 않게 짐작할 수 있다.

이러한 학문 목적 학습자들에게 기능 통합 교육을 수행하는 데 있어

---

2) 자세한 내용은 출입국·외국인정책본부 홈페이지(www.immigration.go.kr)>통계자료실>통
   계월보를 참고할 수 있다. 이 자료에 따르면, 언어 연수생을 '외국인 유학생' 항목에 포함
   하여 집계하기 시작한 2004년 이래, 학문 목적 한국어 학습자는 매년 50% 전후의 큰 폭
   으로 증가하다가 8만 명을 돌파한 2009년 이후로는 그 증가세가 다소 주춤하고 있다.
3) 학술연구정보서비스(www.riss.kr)에서 검색한 결과, 2012년부터 현재까지 학문
   목적 한국어교육 관련 연구가 146편(학위논문 76편, 학술지 논문 70편)이 발표
   된 것으로 확인되어, 현재까지 이 주제와 관련된 연구는 총 355편에 이른다.

서 'TV 뉴스' 자료는 매우 효과적인 자료이다. 이는 학습자의 상황, 학습자의 요구, 학습자에게 필요한 것 등이 TV 뉴스 자료의 특성과 상통하는 부분이 있기 때문이다. 보다 자세한 내용은 3장에서 다룬다.

2. 연구 범위 및 대상

본격적인 논의에 앞서 이 글의 연구 범위 및 대상을 좀 더 구체적으로 한정할 필요가 있다. 먼저, '학문 목적 한국어'의 범위이다. 최정순(2006)에서는 '특정 목적의 한국어(KSP)'의 하위 범주 중 하나로 '학문 목적의 한국어'를 설정하고, 이를 다시 '일반적 학문 목적의 한국어(KGAP)'와 '특정 학문 목적의 한국어(KSAP)'로 분류하고 있다. 이를 토대로 강희숙(2011)은 '학문 목적 한국어'의 범위를 다음과 같이 정리하였다.

(1) '학문 목적 한국어'의 범위 및 개념4)

구분	개념
공통 한국어	모든 한국어 사용에서 공통되고 일반적인 한국어
일반적 학문 목적 한국어	모든 학문 분야에서 공통으로 필요한 한국어
특정 학문 목적 한국어	특정 학문 분야의 교과목 이수를 위해 필요한 한국어

이 글에서 다루는 '학문 목적 한국어'는 (1)의 '일반적 학문 목적 한국어'에 해당한다. (1)의 '공통 한국어'는 한국어를 학습하는 목적과 관계없이 필수적으로 수행해야 하는 과정으로, 종래의 '일반 목적 한국어

---

4) 강희숙(2011)의 [표-7]을 인용하였다.

(Korean for General Purposes)와 대응하는 개념이므로 이 글의 논의에서
는 제외한다. 물론 최정순(2006)에서 '공통 한국어'는 '일반 목적의 한국
어'와 '특정 목적의 한국어'를 아우르는 개념으로 사용되고 있다. 이는
특정 목적의 학습자라 해도 초급 단계에서는 한국어에 대한 기본적인
이해가 선행되기 때문이다. 즉 일반 목적과 특정 목적을 이분법적으로
나누기보다는 최종 목적에 도달하는 일종의 '과정'으로 생각해야 한다
는 것이다. 이는 타당한 지적이나, 이 글의 목표가 '특정 목적 학습자(학
문 목적 한국어 학습자)'에게 가장 적합한 수업 모형3)을 제시하는 것임
을 감안하여 초급 단계의 공통 한국어는 논의의 범위에서 제외하였다.
'특정 학문 목적 한국어'는 현실적인 이유에서 논의에서 제외하였다.
'학문 목적 한국어 학습자'라고 해도 관심사나 전공은 천차만별이다. 이
들 학습자의 요구를 모두 수용한다면 개설될 수 있는 강좌의 수는 대폭
감소할 것이다. 다른 한 편으로, 특정 학문 목적 한국어를 강의할 수 있
는 인력이 부족하다. 현재 한국어 교육 기관에 있는 한국어 교수자의 대
부분은 한국어문학 또는 한국어교육학을 전공하였다. 따라서 다른 전공
분야에 대해서는 이해도가 떨어질 수밖에 없다. 반대로 해당 전공에 대
해 깊이 이해하고 있는 교수자는 한국어 및 그 교육 방법에 대한 이해
가 부족하기에 '특정 학문 목적 한국어' 강좌를 한국어 교육 기관에서
담당하는 것은 어려움이 있다.5) 이러한 이유로 이 글에서는 '일반 학문
목적 한국어'만을 논의의 범위로 삼는다.

다음으로, 일반적 학문 목적 한국어교육을 할 수 있는 대상의 수준 설
정이다. (2)는 TOPIK II의 등급별 평가 기준을 3급부터 제시한 것이다.

---

5) 물론, 한국어 교수자와 특정 전공 교수자의 협업이나, 특정 전공을 한 한국어 교사를 양
성하는 방안을 생각해 볼 수 있겠으나, 이 글에서는 이에 대해 본격적으로 다루지 않는다.

(2) TOPIK II의 등급별 평가 기준6)

등급	평가기준
3급	- 일상생활을 영위하는데 별 어려움을 느끼지 않으며, 다양한 공공시설의 이용과 사회적 관계 유지에 필요한 기초적 언어 기능을 수행할 수 있다. - 친숙하고 구체적인 소재는 물론, 자신에게 친숙한 사회적 소재를 문단 단위로 표현하거나 이해할 수 있다. 문어와 구어의 기본적인 특성을 구분해서 이해하고 사용할 수 있다.
4급	- 공공시설 이용과 사회적 관계 유지에 필요한 언어 기능을 수행할 수 있으며, 일반적인 업무 수행에 필요한 기능을 어느 정도 수행할 수 있다. - 또한 '뉴스, 신문 기사' 중 평이한 내용을 이해할 수 있다. 일반적인 사회적·추상적 소재를 비교적 정확하고 유창하게 이해하고, 사용할 수 있다. - 자주 사용되는 관용적 표현과 대표적인 한국 문화에 대한 이해를 바탕으로 사회·문화적인 내용을 이해하고 사용할 수 있다.
5급	- 전문 분야에서의 연구나 업무 수행에 필요한 언어 기능을 어느 정도 수행할 수 있다. - '정치, 경제, 사회, 문화' 전반에 걸쳐 친숙하지 않은 소재에 관해서도 이해하고 사용할 수 있다. 공식적, 비공식적 맥락과 구어적, 문어적 맥락에 따라 언어를 적절히 구분해 사용할 수 있다.
6급	- 전문 분야에서의 연구나 업무 수행에 필요한 언어 기능을 비교적 정확하고 유창하게 수행할 수 있다. - '정치, 경제, 사회, 문화' 전반에 걸쳐 친숙하지 않은 주제에 관해서도 이용하고 사용할 수 있다. 원어민 화자의 수준에는 이르지 못하나 기능 수행이나 의미 표현에는 어려움을 겪지 않는다.

(2)를 보면, 3급까지는 개인, 일상, 친숙하고 구체적인 소재에 중점을 두고, 4급 이후부터 사회, 업무, 전문 분야, 친숙하지 않고 추상적인 소재 등의 이해 및 표현을 주요 기준으로 삼고 있음을 확인할 수 있다. 앞서 이 글에서 논의의 범위로 정한 '일반적 학문 목적 한국어'의 수준은

6) 출처 : http://www.topik.go.kr/usr/cmm/subLocation.do?menuSeq=2110101#none.

4급의 '일반적 업무 수행에 필요한 기능을 어느 정도 수행할 수 있다'는 기술과 상통한다. 이상의 논의에 따라 이 글에서는 '4급 이상'의 한국어 학습자에게 '일반적 학문 목적 한국어'를 교육하는 것으로 그 대상 및 범위를 한정한다.

3. 학습자의 환경에 따른 교수 자료 선정

3.1. 학습자의 환경 분석

3.1.1. 학습자의 요구 분석

민현식(2008)에서는 Brown(1995)를 토대로 교육과정 구성의 단계적 모델을 제시하였는데, '1단계: 학습자 요구 분석, 2단계: 교육 과정의 목적과 목표 설정, 3단계: 교육 자료 선정, 4단계: 교수법 개발, 5단계: 평가'가 그것이다. 이중 1단계인 '학습자 요구 분석'은 교육과정 구성의 기초가 되는 부분이다. 따라서 교육 자료를 선정하는 데는 학습자의 요구를 분석하는 절차가 매우 중요하다. 학습자 요구 분석에 관한 대표적인 연구로는 김정숙(2000), 김인규(2003), 안경화(2005), 박선옥(2009), 강희숙(2012) 등을 들 수 있다. 각 연구에서 제시하고 있는 학습자 요구 분석 내용을 정리하면 다음과 같다.

(3) 학습자 요구 분석 주요 내용 정리

연구	내용
김정숙 (2000)	1) 대학 수학에 필요한 언어 기술: 쓰기>듣기>읽기>말하기[7] 2) 대학 수학에 필요한 한국어 기능 - 강의 듣기>듣고 노트>책·논문 읽고 요약>책·논문읽기>보고서 쓰기>발표>토론>기타
김인규 (2003)	1) 한국어가 주로 사용되는 영역: 통합적 기술 2) 기능 별 중요도 - 말하기: 일반 대화>질의응답>토론=발음>발표 - 듣기: 교사 언어>일반 대화>토론 - 읽기: 전공서적>전공관련>일반>교양 - 쓰기: 강의 요약>교재 요약>보고서>시험[8]
안경화 (2005)	1) 어려운 언어 기술: 말하기>듣기>읽기>쓰기[9] 2) 항목 별 어려운 순위 - 교재: 한자혼용>한국어>번역>서류>게시물>외국어 - 강의: 질의응답>듣기>필기>판서 - 세미나: 발표>발제문>듣기>질의응답 - 교재읽기: 속도>요약=평가 - 보고서, 시험: 서본결>문법=인용=답안작성
박선옥 (2009)	1) 대학 수업에서 가장 필요한 영역 - 말하기>듣기>어휘>쓰기>문법, 표현>읽기[10] 2) 희망 개설 강좌: 전공 읽기>전공, 시험 쓰기>강의 듣기 등
강희숙 (2012)[11]	1) 공통(일반) 한국어: 학교 생활, 일상 생활 관련 강좌 개설 2) 일반적 학문 목적: 대학 강의를 듣고 이해할 수 있는 강좌 3) 특정 학문 목적: 각 학문 영역별 전공 기초 한국어 강좌

---

7) 쓰기(28.5%), 듣기(27.4%), 읽기(22.4%), 말하기(21.7%)로, 각의 영역이 두드러지게 큰 차이를 보이지는 않는다.

8) 강의 요약(36점), 교재 요약(32점), 보고서(32점), 시험(30점)으로, 각의 영역이 두드러지 게 큰 차이를 보이지는 않는다.

9) 구체적인 수치 없이 그래프로만 제시되어 있는데, 각 영역이 큰 차이를 보이지 않는다.

10) 각 영역이 1위를 차지한 빈도만 제시하였을 때는 큰 차이를 보이는데, 1~3순위까지를 더하여 순위를 정하면 듣기(25건), 말하기(25건), 쓰기(23건), 어휘(21건), 문법과 표현 (20건), 읽기(9건)으로, 읽기를 제외하면 각 영역이 큰 차이를 보이지 않는다.

11) 이 연구는 심층 면접을 통한 분석을 하고 있어 앞선 연구들에서 제시하고 있는 영역별

이들 연구는 조사 대상의 규모, 전공, 국적, 질문 항목, 질문 유형 등에서 차이를 보이기 때문에 단순 비교를 하기는 어렵다. 다만, 학습자들은 말하기, 듣기, 읽기, 쓰기 전 영역에서 어려움을 느끼고 있으며,12) 특히 듣기에 대한 어려움이 전반적으로 높은 순위를 차지하고 있다.

이상의 논의를 토대로 학문 목적 한국어교육을 위해서는 다음과 같은 조건을 충족하는 자료를 선정해야 한다.

(4) 학문 목적 한국어교육 자료의 조건
　　ㄱ. 네 기능을 적절하게 통합하여 교수할 수 있는 교육 자료
　　ㄴ. 듣기 기능을 훈련할 수 있는 교육 자료

3.1.2. 대학(원) 교실의 상황 분석

학문 목적 한국어 학습자가 처해 있는 '대학(원) 교실의 상황'을 살펴보는 것도 교육 자료 선정에 큰 도움을 줄 수 있다. 대학(원) 교실은 교수자, 학습자, 보조 자료(교재, 칠판, 프로젝터, 스피커 등) 등으로 이루어져 있다. 특정 유형의 수업(발표, 토론 식 수업)을 제외하고는 교실에서 이루어지는 대부분의 발화를 교수자가 일방적으로 담당하기 때문에, 교실 상황에서 교수자의 영향력은 매우 크다.13) 오선경(2007)은 이러한 관점에서 강의의 '전형적인 담화적 특질'을 분석하려는 연구이다. 이 논문에서 제시한 일반적인 강의의 특징을 요약하면 다음과 같다.

순위는 없다.

12) 구체적으로, 듣기에서는 강의 내용을 이해하는 데 대한 어려움, 말하기에서는 대화 및 질의응답의 어려움, 읽기에서는 전공 교재 이해의 어려움, 쓰기에서는 요약, 과제 작성 등에서 어려움을 느끼고 있다.

13) 3.1.1에서 듣기의 어려움이 높은 순위에 나타나는 것도 같은 맥락에서 생각할 수 있다.

(5) 일반적인 강의의 특징(오선경 2007)

　　ㄱ. 구어체적 언어 요소: 휴지, 주저어, 부가어, 생략, 구어체, 만연
　　　체, 주어-서술어 도치, 격식체-비격식체의 혼재, 높임법의 혼재

　　ㄴ. 격식적인 언어와 형식 사용: 격식적 어휘·표현, 문어 텍스트와
　　　유사한 구조

　　ㄷ. 빈번한 화제 전환: 즉흥적인 화제 전환

　　ㄹ. 담화 표지 사용

　　ㅁ. 상화작용적인 요소: 학습자들과의 상호작용 및 대화 시도

　　ㅂ. 외국어의 빈번한 사용

　　ㅅ. 강의 보조 자료의 활용: 파워포인트 자료, 핸드아웃, 교재, 판서,
　　　슬라이드 등

　이를 보면, 교수자의 강의 발화는 기본적으로 구어체적인 특징을 많
이 가지고 있지만(5ㄱ, ㄷ, ㅁ), 보통의 구어체보다는 훨씬 격식적이며(5
ㄱ,ㄴ), 음성 정보 뿐 아니라 시각 정보도 함께 사용한다(5ㅅ)는 것을 알
수 있다.

　이외에 대학(원) 교실의 상황은 외국인 학습자에게 초점을 맞추지 않
고, 한국인 학습자, 즉 한국어를 모국어로 하며, 한국어로 의사소통하는
데 어려움이 없는 학생이 기준이 된다는 점에서도 특징적이다. 이것은
외국인 학습자가 중심이 되어 천천히 친절하게 발화하는 한국어 교실과
대비되어 매우 생소하며, 불친절하게 느껴질 수도 있다.[14)]

　이상, 대학(원) 교실 상황을 통해, 학문 목적 한국어교육 자료의 조건
을 다음과 같이 추가할 수 있다.

---

14) 한국어 교실의 과도한 친절이 오히려 학습자에게 부정적인 영향을 미칠 수도 있다. 한
국어 듣기 교재의 음성 자료 속도를 측정한 최은지(2007)에서는 음성 자료 발화 속도
가 실제 발화 속도보다 적게는 80%부터 많게는 60%에도 못 미치는 교재가 있음을 지
적하였다. 이러한 음성 자료와 실제 발화의 괴리는 학습자들이 실제 의사소통 상황에
서 당황하게 되거나, 학습 의욕 자체를 잃게 할 수 있음을 지적하였다.

(4)′ 학문 목적 한국어교육 자료의 조건

    ㄱ. 네 기능을 적절하게 통합하여 교수할 수 있는 교육 자료

    ㄴ. 듣기 기능을 훈련할 수 있는 교육 자료

    ㄷ. 격식적인 언어 형식을 사용하는 구어체 자료

    ㄹ. 음성 정보 이외에 시각 정보가 제공될 수 있는 자료

    ㅁ. 외국인 학습자를 고려하지 않은 실제 언어 자료

3.2. 교육 자료의 선정

이 절에서는 (4)′에서 제시한 기준을 토대로 학문 목적 한국어교육에 적합한 교육 자료를 모색하고자 한다. 먼저 (4′ㅁ)은 교육 자료의 큰 범위를 제시하는 조건이다. 즉, 학문 목적 학습자가 대학(원) 교실 상황에서 접하게 될 실제적인 언어 자료에 익숙해지도록 교육 자료도 실제 언어 자료를 사용해야 한다는 것이다. 역설적이게도 한국어교육을 목적으로 제작된 자료는 적절한 교육 자료가 될 수 없는 것이다. 결국 적절한 교육 자료는 '한국어를 모국어로 하는 화자'를 염두하고 제작된 언어 자료여야 하며, 이 기준을 충족하는 것은 대중매체 자료이다.

대중매체에는 신문, 소설, 만화 등의 시각 매체와 라디오, 가요 등의 청각 매체, 영화, 드라마, 광고, TV 뉴스, 예능 등의 시청각 매체가 있다.15) 이들 중 시각 매체는 '듣기'를 훈련하기 위한 음성 자료를 제공할 수 없으므로 (4′ㄴ)을 충족하지 못하게 된다. 그리고 청각 매체는 듣기

---

15) 최근에는 인터넷을 기반으로 한 사회 관계망 서비스(SNS) 등과 같은 다양한 매체들이 출현하고 있다. 이러한 매체들은 지극히 개인적인 내용으로 이루어져 있어 교육 자료로 적합하지 않다. 또한 SNS가 공적인 내용을 담고 있다고 해도 이는, 인터넷 기반 매체들이 그러한 것처럼, 다른 매체의 결과물을 전달, 게시하는 정도의 역할만을 담당하는 경우가 많아 매체 고유의 자료로 보기 힘들다. 이러한 이유에서 이 글에서는 인터넷 기반 매체를 논의에서 제외하였다.

훈련을 집중해서 할 수 있다는 장점은 있지만,16) 시각 정보를 제공하지 않는다는 점에서 (4′ㄹ)을 위배하여 적합하지 않게 된다. 이상의 논의를 통해 학문 목적 한국어 교육에 적합한 대중 매체 유형은 시청각 매체임을 확인할 수 있다.

(6) 학문 목적 학습자에게 적합한 대중 매체 유형

조건	시각 매체	청각 매체	시청각 매체
(4′ㄴ)	X	O	O
(4′ㄹ)	O	X	O
(4′ㅁ)	O	O	O

시청각 매체 중 영화, 드라마, 예능, 광고 등은 실제 언어를 잘 반영하고 있고, 특히 학습자의 흥미를 유발할 수 있는 내용이 많이 있다는 장점이 있다. 하지만 이들 매체는 일상적인 언어 정보를 사용할 뿐 격식적인 언어를 제공하지 않기 때문에 (4′ㄷ)을 충족하지 못한다. 또한 이들 매체는 말하기 교육에서 중요한 부분인 '발음 교육'에 적절하지 않고, 읽기 교육을 할 만한 텍스트를 제공하지 못한다는 점에서 (4′ㄱ)도 위배하고 있다. 결국 학문 목적 학습자에게 가장 적절한 교육 자료는 'TV 뉴스' 자료인 것이다.

---

16) 김지혜 외(2013)에서는 라디오 뉴스가 시각 자료를 제공하지 않아 듣기에 집중할 수 있으며, 다른 매체와도 자연스럽게 연계할 수 있다는 장점이 있다고 하였다. 그러나 청각 정보로만 이루어진 자료는 실제 언어 생활과도 괴리가 있다. 그리고 시청각 자료는 타 매체와의 연계 없이도 다양한 정보를 제공할 수 있다는 점에서 청각 정보로만 이루어진 라디오 매체보다 강점을 가지고 있다.

4. TV 뉴스를 활용한 수업 모형

4.1. 각 기능 별 주안점

4.1.1. 듣기

TV 뉴스 자료는 아나운서 또는 기자가 일방적으로, 속도감 있게 말하는 자료이기 때문에 학습자 입장에서는 듣기 활동에 적합한 자료이다. 아나운서나 기자는 한국어의 표준 발음을 훈련한 사람들이기에 학습자 입장에서는 정확한 발음을 들을 수 있는 좋은 기회이기도 하다. 빠르게 전달되는 내용을 반복해서 들음으로써 학습자는 전체적인 흐름이나 내용 등을 파악할 수 있다. 또한 정확한 발음을 식별하는 훈련도 동시에 할 수 있다.

4.1.2. 읽기

각 방송사는 뉴스의 대본을 홈페이지에 게시하고 있다. 이 대본은 읽기 텍스트로 사용이 가능하다. 대본을 받기 전 몇 차례의 듣기 활동을 통해 스키마가 형성된 학습자는 읽기 활동을 통해 보다 정확한 정보를 파악하게 되며, 새로운 단어나 문법 표현 등에 대해서도 확인할 수 있다. 그리고 뉴스 대본 읽기와 뉴스 시청을 병행하는 활동은 실제 교실 상황에서 교수자의 강의 듣기와 교재 읽기를 번갈아가며 해야 하는 상황을 미리 연습할 수 있는 기회를 제공한다.

4.1.3. 말하기

앞서 언급한 것처럼 TV 뉴스는 표준 발음에 가까운 음성 자료이기 때문에 학습자 발음의 정확성이 향상될 수 있다. 또한 격식적인 구어체 자료를 접하는 것은 실제 교실 상황에서 학습자의 말하기에도 도움을 준다. 교실 상황에서 학습자는 질의, 응답, 발표, 토론 등의 말하기를 하게 되는데, 이것들은 공적인 말하기에 속하는 것들이기 때문이다. 나아가, 뉴스 자료에서 파생된 화제를 이용하여 발표나 토론 활동을 함으로써 교실 상황에서 사용되는 말하기 방식을 좀 더 구체적으로 연습하게 된다.

4.1.4. 쓰기

TV 뉴스 자료를 통해 다양한 쓰기 활동을 할 수 있다. 먼저 음운 변동이 있거나 생소한 단어를 듣고 맞춤법에 맞게 정확하게 쓰는 연습을 할 수 있다. 학습자는 들리는 것과 맞춤법의 차이를 스스로 인식하게 되어 맞춤법 오류율을 줄일 수 있게 된다. 그리고 읽기 활동과 병행하여 각 문단의 주제문을 찾거나 요약하는 활동을 할 수 있다. 마지막으로 말하기 활동과 병행한 활동이다. 발표, 토론 등을 한 내용을 다시 쓰기로 정리하게 하는 것이다. 학습자들은 말하기 활동을 통해 이미 한 번 정리를 했기 때문에 쓰기에 부담을 덜게 되고, 글의 완성도도 더 높아지게 된다.

4.2. 수업 모형

위의 논의를 바탕으로 학문 목적 한국어교육에서 뉴스를 활용하는 수업 모형을 간략히 제시하고자 한다. 뉴스 한 편을 학습하는 데 5시간을 배정하였다.[17) 각 차시 별 주요 활동 내용을 살펴보면 다음과 같다.

---

17) 전북대학교 한국어학당에는 학문 목적 학습자를 주 대상으로 하는 '한국어 상설반' 강좌가 개설된다. 이 강좌는 매일 1시간씩, 주당 5일 진행된다. 이글의 수업 모형은 이 체제에 맞추어 구성되었다.

(7) 차시 별 주요 활동 내용

수업에 참여한 학생은 대학(원)에 재학 중인 5급 수준의 학습자로 설
정하였다. 뉴스는 "장사 잘 되면 대놓고 따라해... 도 넘은 '베끼기'"
(2014. 7. 20. SBS 8시 뉴스)로, 재생 시간은 3분 14초이다.18)

(8) 세부 내용

	학습 지도 내용

1차시	<듣기 전 활동>(10분)
	1. 시각 자료 제시: 유사한 상표를 보여주고 학생들의 느낌을 말하게 한다.
	2. 다른 사람을 따라하거나 다른 사람이 나를 따라한 경험이 있는지 말해 본다.
	3. 뉴스 제목 제시: 오늘의 뉴스에 대해 간략한 소개
	
	<듣기 활동> (25분)
	1. 1차 듣기: 전반적인 분위기를 파악한다.
	2. 2차 듣기: 메모하며 듣기. 듣기 후 간단한 내용 질문
	  - 몇 종류의 업체가 등장했는가?
	  - 등장한 업체는 각각 무엇인가?
	3. 3차 듣기(2회): 대본 보며 듣기. 대본에 있는 빈칸을 채운다.
	
	<듣기 후 활동>(15분)
	1. 빈칸 내용을 확인: 발음, 의미 점검
	2. 목표 표현을 설명하고 활용해 보도록 한다.
	  - 우후죽순, 반짝하다, 제 살 깎기, 제동을 걸다 등)

18) 출처: http://news.sbs.co.kr/news/endPage.do?news_id=N1002495917

	학습 지도 내용
2차시	**<읽기 전 활동>**(10분) 1. 뉴스를 다시 들으며 주의를 환기한다. 2. 뉴스 내용을 요약하여 말한다. - 이어 말하기 방식 사용 **<읽기 활동>**(25분) 1. 각 업종별로 문제가 된 부분을 1~2 문장으로 요약 2. 단락 별 주제문 찾기 3. 내용 이해 문제 해결하기 **<읽기 후 활동>**(15분) 1. 대본을 보며 뉴스를 다시 듣는다. 2. 역할극: 뉴스 아나운서, 기자, 시민을 모방하라. 3. 과제: 우리 생활에서 무심코 베끼는 사례를 조사하라.
3차시	**<말하기 전 활동>**(10분) 1. 뉴스를 다시 들으며 주의를 환기한다. 2. 과제를 점검하고 간단히 피드백한다. **<말하기 활동>**(30분) 1. 토론하기(주제: 숙제를 할 때 인터넷을 보고 하는 것은 어디까지 괜찮은가? 그 기준을 마련해 보자. 2. 절차: 1:1토론 -> 조별 토론 -> 전체 토론 **<말하기 후 활동>**(5분) 1. 교육인적자원부에서 제시한 논문표절가이드라인 소개
4차시	**<쓰기 전 활동>**(5분) 1. 뉴스를 다시 들으며 주의를 환기한다. 2. 논문표절가이드라인을 기억하는지 점검한다. **<쓰기 활동>**(35분) 1. 짧은 글 쓰기: 가이드라인 항목 중 타당하지 않다고 생각하는 것을 2개 골 라서 그 이유를 쓰시오.(각100자) 2. 긴 글 쓰기: 나만의 논문표절가이드라인을 만들어보자.(500자) **<쓰기 후 활동>**(10분) 1. 정한 내용을 종이에 적어 게시하기 또는 SNS에 올려 반응 확인하기)
5차시	쓰기 첨삭 지도 및 제반 사항 점검

5. 결론

지금까지 학문 목적 한국어교육의 교육에 적합한 교육 자료가 TV 뉴스 자료임을 확인하고, 이를 활용한 기능 통합 수업 모형을 제시하였다. 주요 내용을 요약하면 다음과 같다.

1) 학문 목적 한국어 학습자는 한국어로 의사소통 및 제반 활동이 이루어지는 대학(원)에서 수학할 목적으로 한국어를 학습하는 외국인을 말하는데, 이 글에서는 그 중 일반적 학문 목적 한국어교육으로 그 범위를 제한하고, 대상도 4급 이상의 학습자로 한정하였다.

2) 학습자의 환경을 살펴 본 결과, 학문 목적 한국어교육에 적합한 자료를 선정하는 조건은 다음과 같다. ① 네 기능을 적절하게 통합하여 교수할 수 있는 교육 자료, ② 듣기 기능을 훈련할 수 있는 교육 자료, ③ 격식적인 언어 형식을 사용하는 구어체 자료, ④ 음성 정보 이외에 시각 정보가 제공될 수 있는 자료, ⑤ 외국인 학습자를 고려하지 않은 실제 언어 자료.

3) 시청각 자료 중 TV 뉴스 자료가 위 조건에 부합하는 자료이다.

본래 의도한 교육 목표에 도달하여 학습자의 한국어능력 향상에 실제로 도움을 주어야 진정 효과적인 수업 모형이라 할 수 있다. 이런 측면에서 이 글에서 제시한 모형을 실제 수업에 적용하고 또 그 결과는 어떠했는지를 확인하는 절차가 필요할 것이다.

▣ 참고문헌 ▣

강희숙(2011), 「학문 목적 한국어교육 현황 및 대책: 광주·전남 지역 소재 4년제 대학을 중심으로」, 『한국어 교육』 2(22), pp. 1-25.

김인규(2003), 「학문 목적을 위한 한국어 요구 분석 및 교수요목 개발」, 『한국어 교육』 3(14), 2003, pp. 81-113.

김정숙(2000), 「학문적 목적의 한국어 교육과정 설계를 위한 기초 연구 : 대학 진행생을 위한 교육과정을 중심으로」, 『한국어 교육』 2(11), pp. 1-19.

김지혜·송금숙·이선영(2013), 「한국어 고급 듣기 수업에서의 라디오 뉴스 활용 방안」, 『어문논집』 69, pp. 411-437.

민현식(2008), 「한국어교육을 위한 문법 기반 언어 기능의 통합 교육과정 구조화 방법론 연구」, 『국어교육연구』 22, pp. 261-334.

박선옥(2009), 「학습자 요구 분석을 바탕으로 한 학문 목적 한국어 교육과정 구성 방안」, 『한성어문학』 28, pp. 107-133.

안경화(2005), 「학문 목적 한국어교육 프로그램의 개발 방향」, 『국제한국어교육학회, 학술대회 자료집』 24, pp. 36-56.

오선경(2007), 「학문 목적의 한국어 듣기 교육을 위한 강의 담화 분석」, 『한국어 교육』 2(18), 2007, pp. 199-220.

최은지(2007), 「한국어 듣기 교재 내 음성 자료 속도의 실제성」, 『한국어 교육』 1(18), pp. 401-427.

최정순(2006), 「학문 목적 한국어 교육의 교육과정과 평가」, 『이중언어학』 31, pp. 277-313.

최정순·윤지원(2012), 「연구 동향 분석을 통해 본 학문 목적 한국어교육 연구의 실태와 제언」, 『어문연구』 74, pp. 131-156.

Brown, H. D. (2001), *Teaching by Principles: An Interactive Approach to Language Pedagogy* 3rd ed., Pearson Education.

■ 편집자 주석

1) 학문 목적 한국어(KAF, Korean for Academic Purposes): 한국어로 의사소통 및 제반 활동이 이루어지는 대학(원)에서 수학할 목적으로 한국어를 학습하는 외국인을 말한다. 구체적으로는 현재 국내 대학(원)에 재학 중인 외국인 유학생과, 진학을 목표로 한국어를 학습하는 외국인 언어 연수생으로 나누어 생각할 수 있다.

2) 기능 통합 모형: 듣기, 읽기, 말하기, 듣기 등 언어 기능이 통합된 형태로 진행되는 수업 모형으로, Brown(2001)에서 제시되었다. Brown(2001: 232-346)에서는 기능 통합 모형으로 '내용 중심 교수, 과업 중심 학습, 주제 중심 교수 등을 제시하고 있다. 이중 '주제 중심 교수'를 '내용 중심 교수'의 약한 버전이라 언급하면서, 학문 목적용 영어(English for Academic Purposes)가 이에 적절한 예라고 말한다. 민현식(2008)에서도 기능 '통합'의 한 예로 '내용 중심 교육과정'을 언급하면서, 이 교육과정은 '네 기능의 습득 자체가 아니라 전공 교과 영역을 외국어로 학습하는 것에 최종 목표를 둔다'고 언급하고 있다.

3) 수업 모형: 수업을 특징적 사태를 중심으로 단순화시켜 설명하기 위한 제시하는 형태를 의미한다. Cole과 Chan은 "수업의 실제를 기술하기 위하여 수업의 주요 특징을 요약해 놓은 계획"이라 하였고, 교육학 대백과사전에는 수업모형을 "복잡한 수업현상을 기술하고 설명할 수 있으며 나아가 예언할 수 있는 수업의 주요 특징을 간추려 체계화시켜 놓은 형태 또는 전략"으로 정의하고 있다.

※ 이 글은 『건지인문학』 제12집에 실렸던 것을 새로 다듬은 것입니다.

단어 기억의 신경과학적 기제

채현식

[해 설]

◎ 목적 및 특성

이 글의 목적은 신경과학 분야의 연구 성과를 바탕으로, 단어에 대한 우리의 지식이 뇌 안에 어떻게 부호화되고 저장되는지 살펴보는 데 있다. 단어 기억은 학습을 통해서 얻은, 단어에 대한 경험의 기록이다. 그런데 단어에 대한 경험의 기록은 뇌 속에서 구현된다. 좀 더 구체적으로 말한다면 단어 기억은 뇌 안에서 신경세포(뉴런)들의 연결체로 부호화되고 저장되는 방식으로 표상되어 있다. 그리고 단어가 뇌에서 어떻게 표상되어 있는지를 이해하기 위해서는 신경과학의 도움이 필요하다.

인간의 지식 구조를 밝히는 것을 목표로 하는 인지과학은 언어학, 심리학, 신경과학, 컴퓨터공학 사이의 학제적인 연구를 필요로 한다. 따라서 단어에 대한 연구가 단어에 대한 인간의 지식 구조의 규명을 목표로 한다면 같은 주제를 다룬 다른 학문 분야의 작업 성과를 참고할 필요가 있다. 이 글 역시 이러한 동기에서 출발한다.

◎ 연구 대상 및 방법

인지과학이라는 학제적 연구가 시작된 이후 단어를 주제로 한 다른 학문 분야의 업적이 상당히 축적되어 왔다. 특히 신경과학에서의 성과가 눈에 띈다. 이는 인간의 뇌를 관찰하는 기술과 방법론이 비약적으로 발전한 데에 힘입은 바가 크다. 특히 1990년대 이후 살아 있는 뇌의 활동을 실시간으로 관찰할 수 있는 뇌영상 기술과 방법론이 정교화되면서 단어 기억에 관한 나라 밖의 신경과학적 연구가 크게 늘어나고 있다. 단어에 대한 신경과학의 성과를 살펴봄으로써 그것이 언어 연구에 시사하는 바를 찾을 수 있을 것으로 기대한다. 이 글의 대부분은 단어 기억을 주제로 한 최근의 신경과학 분야의 성과를 정리하여 소개하는 내용으로 채워질 것이다.

단어의 기억과 관련된 몇 가지 질문을 하위 주제로 삼아 논의를 진행하기로 한다.

첫째, 신경세포 층위에서 기억 형성에 기초를 제공하는 기제는 무엇인가?

둘째, 단어 기억에 관여하는 중요한 뇌 부위가 있는가?

셋째, 새로운 단어는 어떤 과정을 거쳐 뇌에 기억되는가?

넷째, 단어들의 정보는 뇌의 어느 부위에 어떤 방식으로 표상되어 있는가?

◉ 핵심 내용

첫째, 신경세포 층위에서 기억 형성에 기초를 제공하는 신경 생물학적 기초는 뉴런이다. 단어를 기억하는 과정에는 뉴런들의 사이에서의 단순한 전기화학적 변화가 아니라 특정 유전자 발현과 단백질 합성과 같은 세포 층위의 변화가 수반된다. 그리고 이러한 변화를 설명하는 신경생물학적 기제는 시냅스 가소성(可塑性), 헵의 규칙, 장기 강화, 견고화이다.

둘째, 단어에 대한 기억에 관여하는 중요한 뇌 부위는 대뇌 피질(cortex)과 피질 안쪽의 해마(hippocampus) 부위이다. 단어에 대한 기억은 대뇌 피질의 여러 영역에 걸쳐 분산되어 표상된다. 단어에 대한 기억은 의미기억이지만 일화기억에 관여하는 해마 체계를 거쳐 만들어진다. 해마 영역은 대뇌 피질과 수많은 신경섬유로 연결되어 있어 대뇌 피질과 수시로 상호작용을 하면서 단기기억의 정보를 대뇌 피질의 장기기억으로 저장하는 데 핵심적인 역할을 한다.

셋째, 새로운 단어를 기억한다는 것은 기억 구조의 측면에서 보면 단기기억에서 장기기억으로 전환된다는 것이다. 어휘부 이론의 측면에서 보면 새 단어가 이미 연결망을 이루고 있는 기존 단어들의 어휘부에 통합된다는 것이다. 한편 뉴런의 차원에서 본다면 기존의 뉴런 연결망과 새로운 연결을 형성하는 것이고 이는 대뇌 피질에서 뉴런 연결망의 변화를 가져온다. 그런데 새로운 단어를 배울 때 처음부터 대뇌 피질에 바로 새로운 뉴런 연결체가 형성되는 것은 아니다. 달리 말하면 단기기억 속의 새 단어가 바로 장기기억으로 전환되지는 않는다. 그 중 개 과정에 해마 체계가 관여한다. 새 단어는 해마 체계를 매개로 하는, 일정 기간의 견고화 과정을 거쳐 장기기억으로 저장되는 것으로 생각된다. 정리하자면 단어의 기억 초기의 부호화와 견고화 과정에는 뇌의 해마 체계가 관여하며 해마 체계는 대뇌 피질과 상호작용하여 서서히 대뇌 피질 연결망에 단어의 고착된 표상이 형성되는 것을 돕는다.

넷째, 단어의 지각 정보와 운동 정보는 뇌의 감각 영역과 운동 영역에 표상된다. 그리고 단어의 추상적 정보 역시 초기에는 감각지각적 경험에 기초하여 표상된다. 이후 경험한 사례들로부터 감각-운동적 속성들이 배제된 추상적 정보는 연합 영역에 표상된다. 한편 동물 관련 단어, 도구 관련 단어, 사람 이름 등의 특정한 단어 범주, 곧 단어의 분류학적 범주가 서로 다른 뇌 부위에 표상된다는 주장이 있다. 그러나 단어가 분류학적으로 범주화되어 표상되어 있는지는 아직 검증되지 않았다.

◉ 연구 효과

이는 인간의 뇌를 관찰하는 기술과 방법론이 비약적으로 발전한 데에 힘입은 바가 크다. 특히 1990년대 이후 살아 있는 뇌의 활동을 실시간으로 관찰할 수 있는 뇌영상 기술과 방법론이 정교화되면서 단어 기억에 관한 나라 밖의 신경과학적 연구가 크게 늘어나고 있다. 단어에 대한 신경과학의 연구는 언어 연구에 몇 가지 중요한 시사점을 제공한다. 우선 단어의 의미 정보가 경험에 기초하여 표상된다는 신경과학의 관찰 결과는 단어의 의미가 경험에 의해 구조화된다는 인지의미론의 기본 가정을 신경적 층위에서 뒷받침한다. 그리고 단어들이 신경 층위에서 연결망 구조로 조직화되어 있다는 사실은 어휘부 이론이 나아갈 방향성을 제시한다. 뉴런들이 자기조직화 원리에 따라 연결망을 형성한다는 신경과학의 발견으로부터 어휘부 안에서 단어들이 조직화하는 원리를 유추해 볼 수 있다. 또한 신경과학 분야에서 아직까지 깊이 연구되고 있지는 않지만, 뇌 속에서 단어들이 형태론적으로 어떤 방식으로 연결되어 있는지 밝혀진다면 새 단어를 만드는 인지적 기제를 확인할 수도 있을 것이다.

1. 머리말

이 글의 목적은 신경과학1) 분야의 연구 성과를 바탕으로, 단어에 대한 우리의 지식이 뇌 안에 어떻게 부호화되고 저장되는지 살펴보는 데 있다. 우리는 일생 동안 단어를 배운다. 단어를 배운다는 것은 단어를 기억하고 필요할 때 기억에서 인출하여 사용한다는 것이다. 인지적 관점에서 언어학의 목표가 언어에 대한 인간의 지식을 규명하는 것이라면 형태론과 어휘의미론의 목표는 단어에 대한 인간의 지식을 규명하는 것

이다. 단어에 대한 인간의 지식을 밝히기 위해서는 기억이라는 인간의
인지 작용을 이해해야 한다. 언어 형식 중 단어는 일차적으로 기억의 대
상이 되기 때문이다.

단어 기억은 학습을 통해서 얻은, 단어에 대한 경험의 기록이다.[1] 그
런데 단어에 대한 경험의 기록은 뇌 속에서 구현된다. 좀 더 구체적으로
말한다면 단어 기억은 뇌 안에서 신경세포(뉴런)들의 연결체로 부호화되
고 저장되는 방식으로 표상되어 있다. 그리고 단어가 뇌에서 어떻게 표
상되어 있는지를 이해하기 위해서는 신경과학의 도움이 필요하다.

인간의 지식 구조를 밝히는 것을 목표로 하는 인지과학은 언어학, 심
리학, 신경과학, 컴퓨터공학 사이의 학제적인 연구를 필요로 한다. 따라
서 단어에 대한 연구가 단어에 대한 인간의 지식 구조의 규명을 목표로
한다면 같은 주제를 다룬 다른 학문 분야의 작업 성과를 참고할 필요가
있다. 이 글 역시 이러한 동기에서 출발한다. 인지과학이라는 학제적 연
구가 시작된 이후 단어를 주제로 한 다른 학문 분야의 업적이 상당히
축적되어 왔다. 특히 신경과학에서의 성과가 눈에 띈다. 이는 인간의 뇌
를 관찰하는 기술과 방법론이 비약적으로 발전한 데에 힘입은 바가 크
다.[2] 특히 1990년대 이후 살아 있는 뇌의 활동을 실시간으로 관찰할 수

1) 기억에 대한 정의는 관점에 따라 다양하다. 정보 처리의 측면에서 볼 때 기억은 '정보
를 마음 속에 표상하고 이 정보에 접근하여 이를 사용하거나 되살리는 정신 과정(김은
숙, 2011: 97)'으로 정의되기도 하고 표상에 초점을 맞추면 '생각, 경험, 행동 속에 반영
되는 지속적인 표상(Baars & Gage, 2007:249)'으로 정의되기도 한다.
2) 신경과학에서 뇌를 연구하기 위해 사용하는 기법으로는 fMRI(기능적 자기 공명 영상
기법), PET(양전자 단층 촬영 기법), EEG(뇌파 기록 기법), MEG(자기 뇌 기록 기법) 등
이 있다. fMRI는 혈류량의 변화를 시각화하여 보여주는데 어느 부위에서 변화가 일어
나는지를 상세하게 보여주지만(공간적인 해상력은 뛰어나지만) 시간적으로 즉각적인
변화를 반영하지 못한다(시간적 해상도는 떨어진다). PET는 방사성 물질을 투입하여 혈
관 내 포도당이 소비되는 양을 시각화하여 보여준다. 방사성 물질을 투입해야 하고 시
간적인 해상도도 떨어져 잘 쓰이지 않는다. EEG는 뇌의 특정 부위의 전기 신호를 측정
하며 MEG는 전기적 신호에 의해 발생하는 자기장을 측정한다. 두 기법은 공간적 해상

있는 뇌영상 기술과 방법론이 정교화되면서 단어 기억에 관한 나라 밖의 신경과학적 연구가 크게 늘어나고 있다.[3] 단어에 대한 신경과학의 성과를 살펴봄으로써 그것이 언어 연구에 시사하는 바를 찾을 수 있을 것으로 기대한다. 이 글의 대부분은 단어 기억을 주제로 한 최근의 신경과학 분야의 성과를 정리하여 소개하는 내용으로 채워질 것이다.

단어의 기억과 관련된 몇 가지 질문을 하위 주제로 삼아 논의를 진행하기로 한다.

첫째, 신경세포 층위에서 기억 형성에 기초를 제공하는 기제는 무엇인가?
둘째, 단어 기억에 관여하는 중요한 뇌 부위가 있는가?
셋째, 새로운 단어는 어떤 과정을 거쳐 뇌에 기억되는가?
넷째, 단어들의 정보는 뇌의 어느 부위에 어떤 방식으로 표상되어 있는가?

첫째와 둘째 질문은 단어 기억의 신경과학적 기초에 관한 것이다. 2장에서 이 질문에 대한 신경과학의 답변을 소개한다. 인지 과정에서 볼 때 단어의 기억은 네 과정으로 나뉜다. 단어의 부호화(encoding), 단어의 견고화(consolidation) 단어의 저장(storage), 단어의 인출(retrieval)이 그것이다. 셋째 질문은 단어의 부호화와 견고화에 관한 것인데 3장의 주제가 된다. 넷째 질문은 단어의 저장에 관한 것인데 4장에서 자세히 다루기로 한다.

도는 낮지만 시간적 해상도는 높다. 더 정확한 자료를 얻기 위해 두 가지 기법을 함께 사용하기도 한다.
3) 아쉽게도 아직까지 단어 기억에 대한 국내의 신경과학적 연구는 드물다. 단어 기억과 관련해서 해외의 신경과학 연구에서는 특히 단어의 의미(개념)가 뇌 속에 어떻게 표상되어 있는지를 중점적으로 다루고 있다. Binder & Desai (2011)와 Pulvermüller(2013)는 이 주제에 대한 최근의 여러 신경과학적 연구들을 메타 분석한 논의인데 최근의 연구 동향과 성과를 파악하는 데 도움이 된다.

2. 단어 기억의 신경과학적 기초

2.1 기억의 신경생물학적(neurobiological) 기초

하나의 정보는 뇌에서 수많은 뉴런들의 연결 패턴으로 학습되고 기억된다. 뉴런들이 연결되어 하나의 패턴을 이룬다는 것은 그 정보가 자극으로 주어졌을 때 연결 패턴을 이루는 뉴런들이 동시에 발화(firing) 또는 활성화(activation)된다는 뜻이다. 그리고 그러한 활성화 패턴이 반복적으로 일어나면 뉴런들은 단순히 전기화학적으로 연결되는 데에서 그치지 않고 새로운 단백질 합성을 통해 새로운 시냅스가 만들어진다. 그 결과 뉴런들 사이의 연결이 영구적으로 고착화되고 그 정보는 장기기억 속에 저장된다. 뉴런 층위에서 이러한 기억 과정을 설명하는 주요 개념이 시냅스 가소성(可塑性)(synaptic plasticity), 헵의 규칙(Hebb's rule), 장기 강화(long-term potentiation, LTP), 견고화(consolidation)이다.

시냅스[4] 가소성이란 시간의 흐름에 따라 시냅스의 전달 효율이 높아지거나 낮아질 수 있는 성질을 뜻한다. 시냅스 효율이 높아진다는 것은 뉴런들 사이의 정보전달 능력이 강화됨을 뜻한다. 두 뉴런 사이의 시냅스 효율이 높은 경우 한쪽 뉴런이 발화하면 그것과 연결된 다른 뉴런도 함께 발화한다. 이는 "함께 발화하는 뉴런들은 함께 연결된다"라는 헵의 규칙으로 정리된다. 한편 뉴런(또는 뉴런 연결체)에 강한 자극을 주면 그 뉴런(뉴런 연결체)은 뒤이어 주어지는 모든 자극에 대해 강하게 반응한다. 그리고 이 반응은 일시적이 아니라 몇 시간 또는 며칠까지도 지속된다(Gluck 외, 2008:95). 장기 강화는 시냅스 가소성의 기초를 이루는

---

4) 뉴런과 뉴런이 서로 미세간격을 두고 접해 있는 부분이 시냅스이다. 이 시냅스를 통해 화학적 물질이 전달됨으로써 뉴런들은 정보를 전달하며 연결된다.

몇 가지 요인 중의 하나이다. 뉴런 층위에서 기억은 시냅스 강도가 변화함으로써 부호화되는 것으로 알려져 있다. 시냅스 가소성, 헵의 규칙, 그리고 장기 강화는 시냅스 강도의 변화에 관여한다.

단어에 대한 기억은 장기기억이다. 시냅스 가소성, 헵의 규칙, 장기 강화는 모두 뉴런 사이의 전기화학적 연결 강도의 변화에 관여할 뿐이다. 이러한 전기화학적 변화는 단기기억에서도 보인다. 그러나 동일한 단어 자극이 반복되면 이런 연결된 뉴런들 사이에서 특정 유전자가 발현되고 단백질이 합성된다. 곧 뉴런 결합체는 전기화학적 차원이 아닌 세포 차원에서 변화한다. 이 과정을 거쳐 단기기억 안에 머물던 단어는 장기기억으로 전환된다. 이렇게 단기기억의 불안정한 뉴런 연결체가 장기기억으로 전환되어 안정화되는 과정을 견고화(consolidation)라고 한다 (Kandel 외, 2013:1448). 시냅스 가소성(可塑性)(synaptic plasticity), 헵의 규칙 (Hebb's rule), 장기 강화(long-term potentiation, LTP), 견고화(consolidation) 은 기억 형성의 신경생물학적 토대를 설명하는 주요 개념들이다.

2.2. 단어 기억의 신경해부학적(neuroanatomical) 기초

해부학적으로 인간의 뇌는 여러 부위로 나뉜다(부록 참고). 단어에 대한 기억에 관여하는 중요한 뇌 부위는 대뇌 피질(cortex)과 피질 안쪽의 해마(hippocampus) 부위이다.

대뇌 피질은 단어뿐만 아니라 다른 장기기억이 저장되는 장소이다.[5] 전통적으로 브로카 영역과 베르니케 영역이 언어를 처리하는 대표적인 뇌 부위로 알려져 왔다. 그러나 지금은 언어처리만을 담당하는 특정 뇌

---

5) 심리학에서는 일반적으로 기억을 다음과 같이 분류한다.

부위가 존재한다는 생각은 인정되지 않는다. 언어는 뇌의 여러 영역들 사이에서 뉴런 연결체들이 상호작용을 통해 처리된다. 단어 역시 마찬가지이다. 단어가 지닌 정보의 대부분은 대뇌 피질의 넓은 영역에 걸쳐 분산되어 저장되어 있다. 다시 말해 대뇌 피질에 단어의 정보가 저장되는 방식의 핵심은 정보의 분산 표상(distributed representation)에 있다. 하지만 대뇌의 몇몇 부위는 분산 표상된 단어의 여러 정보 중 특정한 정보를 저장하는 데 전문화되어 있기도 하다(4.에서 후술).

해마 영역(해마 및 해마를 둘러싼 주변 영역; 해마 체계)는 새 단어를 장기기억 속에 저장하는 데 중요한 역할을 한다.[6] 해마 영역은 대뇌 피질과 수많은 신경섬유로 연결되어 있어 대뇌 피질과 수시로 상호작용을

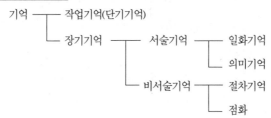

서술기억은 의식에 의해 접근하여 보고할 수 있는 지식에 대한 기억이다. 반면 절차기억은 의식적으로 접근할 수 없는 지식에 대한 기억으로서 행동으로 쉽게 수행할 수는 있지만 말로는 쉽게 전달할 수 없는 기억이다. 서술기억이 '무엇'에 관한 기억이라면, 절차기억은 '어떻게'에 관한 기억이라 할 수 있다(이정모 외, 2009: 195). 서술기억 중 일화기억(episodic memory)은 개인의 경험, 곧 자전적 사건에 대한 기억으로 사건이 일어난 시간, 장소, 상황 등의 맥락을 함께 포함한다. 이에 반해 의미기억(semantic memory)은 맥락을 포함하지 않은 서술기억으로서 세상의 사물, 현상, 사실에 대한 기억이다. 일화기억이 '회상하는 것'이라면 의미기억은 '아는 것'이다(Baars & Gage, 2007:269). 단어에 대한 기억은 대체로 의미기억에 속한다. 개념적으로 의미기억과 일화기억은 구분되지만 실제로 두 기억은 섞여 있다. 채현식(2013:33-36)에서 기억의 유형에 대해 개략적으로 논의하고 있다.

6) 해마 영역은 해마를 비롯하여 주변 피질 부분, 곧 내후각 피질(entorhinal cortex), 후각주변 피질(perirhinal cortex), 해마 옆 피질(parahippocampal cortex)를 포함한 부위를 일컫는다. 이를 달리 측두엽 안쪽 영역(medial temporal lobe: MTL)이라고 부르기도 한다. 특별히 해마와 그 주변 영역 사이의 신경세포들 사이에 연결된 신경 회로(neural circuit)를 강조하기 위해서 '해마 체계'라는 용어를 쓰기도 한다.

하면서 단기기억의 정보를 대뇌 피질의 장기기억으로 저장하는 데 핵심적인 역할을 한다. 단어 기억에서 해마의 역할을 단적으로 보여주는 유명한 예가 있다. H.M.이라고 알려진 기억상실증 환자의 사례이다. 피질 안쪽의 해마를 포함한 주변 영역을 절제하는 수술을 받은 후 이 환자는 새로운 기억을 만들지 못했다. 새로운 일화기억을 형성하지도 못했을 뿐만 아니라 새로운 단어도 기억하지 못했다. 그러나 예전의 기억이나 이미 배운 단어는 기억하고 있었다. 이 환자의 사례로부터 해마 영역이 새 단어를 장기기억으로 부호화할 때 중요한 역할을 함을 추론할 수 있다.

3. 새 단어의 기억 과정

심리학의 기억 구조 분류에서 볼 때 단어에 대한 기억은 의미기억에 속한다. 신경과학에서는 서술기억 중 의미기억과 일화기억에 관여하는 뇌 부위가 구별된다고 한다. 의미기억이 대뇌 피질 전반에 걸쳐 분산되어 표상되는 반면 일화기억에는 측두 피질 안쪽에 있는 해마 영역이 긴밀히 관여한다고 알려져 있다(Martin & Chao, 2001, Patterson 외, 2007). 신경과학에서 단어들 역시 뉴런의 층위에서 다른 단어들과 음운, 의미의 측면에서 복잡한 연결망을 이루면서 대뇌 피질을 덮고 있음은 익히 알려져 있다.

새로운 단어를 기억한다는 것은 기억 구조의 측면에서 보면 단기기억에서 장기기억으로 전환된다는 것이다. 어휘부 이론의 측면에서 보면 새 단어가 이미 연결망을 이루고 있는 기존 단어들의 어휘부에 통합된다는 것이다. 한편 뉴런의 차원에서 본다면 기존의 뉴런 연결망과 새로운 연결을 형성하는 것이고 이는 대뇌 피질에서 뉴런 연결망의 변화를 가져온다. 그렇다면 새로운 단어를 배울 때 처음부터 대뇌 피질에 바로 새로운 뉴런 연결체가 형성되는가 하는 질문을 던질 수 있다. 달리 말하면 단기기억 속의 새 단어가 바로 장기기억으로 전환되는지 물을 수 있다.

그러나 신경망 이론을 전산적으로 모형화하여 시뮬레이션을 한 결과 네트워크 모형에서는 새로운 연합체들이 기존의 연결망 체계에 곧바로 통합되면 기존의 기억이 심각하게 손상되거나 지워졌다(McCloskey & Cohen, 1989). 새 단어 역시 대뇌피질2)의 기존 어휘부에 곧바로 통합되어 뉴런 연결체를 형성한다고 설명하기 어려워진다. 신경과학에서는 새 단어가 단기기억으로부터 장기기억으로 전환되는 과정에 중개 과정을 거친다고 한다. 그 중개 과정에 관여하는 뇌 구조 체계가 해마 체계이다.

새 단어를 기억할 때 해마 체계가 깊이 관여한다는 증거는 뇌 손상을 입은 환자들의 행동을 통해 뇌의 기능과 행동 사이의 관계를 다루는 신경심리학(neuropsychology)과 신경 영상 촬영 자료로부터 지지를 얻는다. 앞에서 예로 든 H.M.을 비롯하여 해마 부위가 손상된 환자들을 대상으로 한 많은 신경심리학적 연구에서 단어 기억을 포함한 장기 기억 형성에 해마 체계가 깊이 관여한다는 증거들이 제시되었다.7) 신경 영상 기법을 이용한 연구들 역시 단어를 배우는 과정에서 해마가 중요한 역할을 한다는 것을 일관되게 지지하고 있다.

Wagner 외(1998)에서는 피험자들에게 일련의 새로운 단어 목록을 주

---

7) 그런데 어렸을 때 산소결핍증으로 해마에 손상을 입은 어린이가 일화기억은 형성하지 못하지만 단어 기억을 포함한 의미기억은 형성한다는 연구도 있다(Gadian 외, 2000). 이로부터 해마가 일화기억 형성에는 결정적이지만 의미기억 형성에는 결정적이지 않다는 해석이 가능하다. 하지만 그후 많은 신경심리학 연구의 일치된 결론은, 해마 영역이 손상된 환자도 단어나 개념을 새롭게 학습할 수는 있지만 그 과정이 매우 더디고 불완전하다는 점이다(Davis & Gaskell, 2009:3783).

고 학습하게 하면서 학습하는 동안 fMRI를 통해 뇌의 활성화를 기록했다. 그 후 학습한 단어를 얼마나 기억하는지 테스트하고 기억한 단어와 기억하지 못한 단어를 구분했다. 그리고 피험자들이 단어를 학습하는 동안 기록했던 활성화 기록과 두 부류의 단어를 비교하니 흥미로운 결과가 관측되었다. 피험자들이 기억하는 단어들의 경우 해마 영역이 기억하지 못하는 단어들의 경우보다 더 큰 활성화를 보였다. 이는 새 단어를 학습하는 동안 해마 영역이 새 단어를 장기기억 속에 저장하기 위해 활성화되는 것으로 해석할 수 있다. 그리고 실험 자극을 단어와 그림으로 제시했을 때, 그림 자극에 대해서는 양쪽 해마 영역이 활성화된 반면 단어 자극에 대해서는 특히 왼쪽 해마 영역이 활성화되었다. 이는 새 단어의 기억과정에 왼쪽 해마가 더 깊이 관여함을 뜻한다.

Breitenstein 외(2005)에서는 새 단어를 학습하여 기억하는 과정에서 해마 체계가 어떻게 관여하는지를 관찰하기 위해 한 실험을 설계했다. 방법은 소리(형식)-그림(의미) 쌍으로 된 새로운 단어를 몇 번에 걸쳐 피험자에게 제시하는 방식으로 훈련을 시키고 그때마다 피험자의 뇌 부위를 fMRI를 이용해 촬영한다. 단 제시하는 방식을 둘로 나눈다. 동일한 소리에 대해 하나의 그림을 일관되게 반복적으로 제시하는 방식과 그림을 매번 다르게 제시하는 방식으로 나눈다. 전자의 경우 처음 제시했을 때 해마 부위의 활성화가 컸다가 반복적으로 제시할수록 활성화가 선적으로 감소한 반면 후자의 경우 해마 부위의 활성화가 감소하지 않았다. 필자들은 해마에서의 활성화가 선적으로 감소하는 것을 그 단어가 성공적으로 부호화하는 것으로 해석했다.

Takashima 외(2014)에서는 어휘 경쟁(lexical competition)이라는 개념을 적용하여 새 단어의 기억 과정을 탐색했다. 어휘 경쟁이란, 음운론적으로 비슷한 두 단어가 있을 때 그 중 한 단어의 인출에 다른 단어가 간섭

함으로써 인출이 지연되는 현상을 말한다. 이러한 어휘 경쟁 효과는 대뇌 피질에 표상된 단어들, 곧 장기기억에 저장된 단어들 사이에서 나타난다. 실험 결과 새 단어 학습 초기에는 이러한 어휘경쟁을 보이지 않고 일정 시간 후(논문에서는 24시간, 48시간 후)에 어휘 경쟁을 보였다. 그리고 fMRI 자료에서도 새 단어 연습 중에 해마 영역이 강한 활성화를 보였고, 일정 시간이 지난 뒤에 새 단어와 관련하여 피질에서의 의미 있는 활성화가 관찰되었다고 했다. 필자들은 이 관측 결과를 새 단어가 바로 피질에 표상되지 않으며 일정 기간의 견고화 과정을 거쳐 장기기억으로 저장되는 것으로 해석했다.

단어의 기억 과정에 대한 신경과학적 발견은 다음과 같이 정리할 수 있다. 새 단어는 부호화(encoding), 견고화(consolidation), 저장(storage) 과정을 거쳐 장기기억 속에 표상된다. 단어의 기억 초기의 부호화와 견고화 과정에는 뇌의 해마 체계가 관여하며 해마 체계는 대뇌 피질과 상호작용하여 서서히 대뇌 피질 연결망에 단어의 고착된 표상이 형성되는 것을 돕는다. 단어가 대뇌 피질에 완전히 고착화되면 피질과 해마 체계와의 연결이 끊어지고 단어는 피질 연결망 안에서만 표상된다. 이를 표준 견고화 이론(standard consolidation theory)이라고 한다(Gluck 외, 2008: 137).

그렇다면 해마 체계와 대뇌 피질 네트워크는 어느 정도의 시간이 지나야 서로 독립되는가? 이에 대한 신경과학의 입장은 통일되어 있지 않다. 해마 체계가, 사건이 일어난 시간과 공간, 상황을 기억하는 일화기억에 관여한다고 할 때, 단어 기억에서 해마 체계가 관여하는 기간은 상대적으로 짧다고 할 수 있다. 곧 단어를 배운 지 얼마 지나지 않았어도 단어를 배울 때의 일화적 기억 없이 단어는 의미기억의 일부로서 대뇌 피질의 연결망으로 표상될 수도 있다. 반면 어떤 기억은 대뇌 피질에 표상되어 있으면서도 매우 오랫동안 해마 체계와 연결이 끊어지지 않을 수도 있다.

병이나 사고로 해마가 손상된 환자들 중 사고가 나기 전 상당 기간(때로는 10년)동안 일어난 사건을 잘 기억하지 못하는 사례가 종종 보고되었다 (Gluck 외, 2008:137). 이는 그 기간 동안의 기억에 해마가 관여했음을 뜻한다. 그리하여 어떤 신경과학자들은 해마가 일시적 저장소가 아니라 기억의 저장과 인출에 언제나 관여한다고 주장하기도 한다. 이런 주장을 다중 기억 흔적 이론(multiple memory trace theory)라고 한다(Gluck 외, 2008:137). 해마의 역할과 관련해서 표준 견고화 이론과 다중 기억 흔적 이론 사이의 논쟁은 아직도 계속되고 있지만 적어도 단어 기억에 관해서만큼은 표준 견고화 이론의 설명이 현실에 부합하는 것으로 보인다.

4. 기억된 단어의 정보 표상[8)]

4.1. 단어의 지각적 정보 표상

피질 안쪽의 해마 체계에 의해 견고화 과정을 거친 단어는 대뇌 피질에 있는 기존 단어들과 새로운 연결을 만들면서 장기기억으로 저장된다. 대뇌 피질에서 정보는 분산되어 표상된다. 신경과학에서는 오래 전부터 단어가 지닌 정보들, 곧 음운론적 정보, 철자 정보, 의미 정보가 피질의 어느 한 곳 표상되어 있지 않고 피질 전체에 걸쳐 분산되어 표상되어 있음을 확인해 왔다.

---

8) 이 글에서의 '단어의 정보 표상'은 신경과학 논문들에서의 '단어의 개념 표상'에 대응한다. '개념'이라는 표현을 굳이 쓰지 않은 이유는 신경과학 논의에서 '개념(concept)'의 범위에 대한 견해가 일치되지 않기 때문이다. 어떤 연구자는 개념을 '지각적 의미'에 대립되는 '추상적 의미'로 보기도 하고 어떤 연구자는 개념을 더 넓게 이해하여 '감각적 지각을 포함한 사물에 대한 심적 표상'으로 보기도 한다.

　정보가 피질의 어느 특정한 곳에 국소적(local)으로 표상되지 않고 여러 곳에 분산되어 표상되어 있듯이, 특정한 인지 기능을 담당하는 특정한 국소적인 뇌 영역을 생각하기는 어렵다. 일상생활에서 우리는 과거를 기억하고 현재의 문제를 해결하며 미래의 행위를 계획한다. 기억, 문제 해결, 계획하기, 언어, 추론하기와 같은 인지 기능은 뇌 전체에 걸쳐서 수많은 뉴런들이 상호작용한 결과이다. 그런데 이런 고차원적인 인지 작용과 비교했을 때, 시각, 청각, 체감각, 후각, 미각과 같은 감각 정보는 그것을 처리하는, 상대적으로 전문화된 뇌 영역이 있다. 이들 영역은 신체의 감각기관으로부터 들어온 신호를 처음으로 수용하는 뇌 영역이다. 이들은 일차 감각 영역으로 불리는데 이 영역으로 들어온 감각 입력형은 주변 피질로 전달되면서 입력형의 의미가 해석되어 지각된다.[9)]

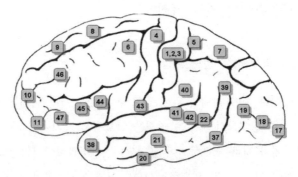

[그림 1] 브로드만 영역(바깥쪽)[10)]

---

9) 감각(sensation)과 지각(perception)은 다르다. 감각은 감각기관의 작용으로 경험하는 의식 내용으로 자극이 느껴지는 상태이며 그 의미가 해석되기 이전의 경험이다. 그리고 감각 자극의 의미가 해석된 것이 지각이다.

10) 브로드만은 대뇌 각 부위의 세포의 모양과 종류 그리고 각각의 연결에 따라 47개의 영역을 나누고 영 역별 기능 차이를 기준으로 번호를 붙였다. [그림 1]은 위키피디아 'Brodmann area' 항목(https://en.wikipedia.org/wiki/Brodmann_area)에서 가져왔다.

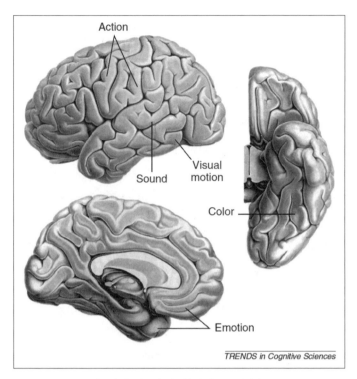

[그림 2] 지각적 정보가 표상되는 영역[11)

　[그림 1]에서 감각 중 시각 정보는 일차 시각 영역인 브로드만 영역(BA)
17, 18, 19를 거쳐 시각 정보(색깔, 형태, 공간, 깊이, 움직임 등)가 분석되면
서 [그림 2]의 형태(visual), 움직임(motion), 색깔(color)을 지시한 뇌 영역에
서 지각된다.[12) 청각 정보는 일차 청각 피질은 BA 41, 42를 거쳐 [그림
2]의 소리(sound)를 지시한 뇌 영역에서 지각된다. 촉각과 같은 신체감각
정보는 일차 체감각 영역인 BA 1, 2, 3을 거쳐 주변 피질에서 지각된다.

---

11) [그림 2]는 Binder & Desai(2011:531)에서 가져왔다.
12) 뇌가 시각적 입력을 처음 받아들이는 곳은 후두엽 끝(BA 17)이다. 이 초기 입력 정보
　　는 앞쪽으로 이동하면서 분석이 정교화되어 측두엽 뒷부분에서 그 형태와 색깔 등이
　　지각된다.

[그림 1]과 [그림 2]를 통해 감각 정보를 해석하는 뇌 부위는 추상적인 정보를 처리하는 영역에 비해 특정한 위치에 국소화되어 있다.

흥미로운 점은 외부로부터의 자극 없이 과거 경험을 다시 떠올리는 것만으로도 해당 감각의 지각 영역이 활성화된다는 것이다. 이는 뇌영상 기법을 이용한 많은 연구에서 거듭 확인되었다. 자극이나 경험에 대한 기억은 그 자극을 처음 지각한 뇌 부위에 기억의 흔적을 남긴다. 단어의 경우도 마찬가지이다. 단어가 지닌 여러 정보 중 감각적 정보는 각각의 정보를 해석하는 뇌 부위에 표상된다. 예를 들어 단어 '딸기'라는 단어가 가지고 있는 음운 정보 /t'algi/는 [그림 2]의 'sound' 부분에 표상되며, 딸기의 형태 정보는 [그림 2]의 'visual' 부분에, 딸기의 색깔 정보는 [그림 2]의 'color' 부분에 표상된다. 딸기의 냄새와 맛 정보 역시 위 그림에서는 보이지 않지만 뇌 피질의 배쪽(밑면) 부분의 해당 일차 감각 영역 주변에 표상된다.

한편 '움켜쥐다', '밟다', '씹다'와 같은 행동 관련 단어는 운동 피질(motor cortex, BA 4)과 전운동 피질(premotor cortex, BA 6)인 [그림 2]의 'action' 영역을 활성화한다(Pulvermüller 2013:461).[13] 일차 운동 피질은 일차 체감각 피질(BA 1,2,3)과 마주하면서 긴 띠 모양을 하고 있다. 흥미로운 점은 일차 운동 피질과 일차 체감각 피질이 신체 각 부위(발가락, 발, 몸통, 머리, 팔, 손, 눈, 얼굴, 입술, 혀)에 대응하는 부위에 따라 구별된다는 점이다. 곧 감각과 운동을 담당하는 각 신체 부위가 일차 운동 피질과 일차 체감각 피질 속에 국소화되어 표상되어 있다([그림 3]).

---

13) 전운동 피질 영역(BA 6)은 특정한 신체 행위를 계획하고 그 정보를 일차 운동 영역(BA 4)로 전달하며 일차 운동 피질은 근육에 운동 신호를 내려 보낸다.

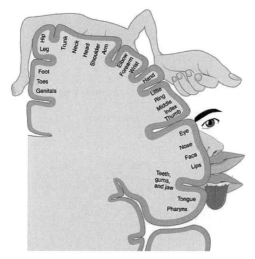

[그림 3] 일차 운동 피질과 일차 체감각 피질에 표상된 신체 부위
(위키피디아 영문판 'cortical homunculus' 항목
<https://en.wikipedia.org/wiki/Cortical_homunculus>에서 가져옴.)

행동 관련 단어 중 '움켜쥐다'는 일차 운동 영역의 손에 해당하는 부위와 그 주변의 전운동 피질 영역 부위를 활성화한다. 마찬가지로 '밟다'는 발에 해당하는 일차 운동 영역과 전운동 영역 부위를, 그리고 '씹다'는 입에 해당하는 일차 운동 영역과 전운동 영역 부위를 활성화한다. 그리고 Binder & Desai(2011)에 의하면 단어의 의미 정보 중 감정 관련 정보도 [그림 2]의 'emotion' 부위(BA 38, 47, 12)를 공통적으로 활성화한다고 한다.

이러한 신경과학의 관찰로부터 우리는 단어의 정보 중 감각지각[14])이나 운동, 감정과 관련된 정보는 뇌의 해당 감각-운동 영역(sensory- motor region)과 감정 영역에 분산되어 표상됨을 알 수 있다. 단어들이 불러일으키는 감각지각, 운동, 감정과 관련된 정보는 모두 경험에 기초해서 표상된다. 신경과학에서는 뇌에서 정보(의미)가 감각-운동적 경험에 기초

─────────────

14) '감각지각'이란 지각 중 감각 입력에 대한 지각을 뜻한다.

해서 표상된다는 주장을 '신체화된(embodied)' 의미 표상 이론이라 부른다(Binder & Desai, 2011:530; Pulvermüller, 2013:458). 이와 반대로 정보(의미)는 감각지각과 분리된, 순전히 상징적 개념으로만 표상된다고 보는 이론도 있다. 이를 '탈신체화된(disembodied)' 의미 표상 이론(Binder & Desai, 2011:530), 또는 '상징적(symbolic)' 의미 표상 이론(Pulvermüller, 2013:458)으로 부른다.

적어도 감각지각이나 운동 관련 정보가 감각운동 영역에 표상된다는 관찰이 확인된 이상 신경과학에서 극단적 '상징적 의미 표상 이론'은 설득력을 잃고 있다. 또한 신경과학의 발견으로 전통적인 인지심리학자들의 생각은 수정이 불가피해졌다. 전통적인 인지심리학자들은 단어의 개념이 상징적 의미체계로 표상된다고 생각했기 때문이다(Collins & Loftus, 1975; Ellis & Young, 1988). 반대로 신체적 경험이 인지 구조를 결정하며 이러한 경험은 언어에 동형적으로 반영된다는 인지의미론의 입장은 신경과학적 근거를 갖게 된다.

하지만 신경과학 분야의 연구 결과들을 살펴보면 극단적 '신체화된 의미 표상 이론' 역시 지지를 얻지 못한다. 신경과학의 자료에 따르면 모든 단어의 표상이 항상 감각-운동 영역에 표상되는 것이 아니라는 사실이 확인되기 때문이다. 특정 감각-운동 영역을 활성화하지 않는 단어도 존재한다. 한편 뇌의 어떤 영역은 특정한 감각지각 표상을 위해 전문화되어 있지 않으면서 단어들을 처리할 때마다 일관되게 활성화된다. 신경과학자들은 이 부위가 단어들이 지닌 여러 감각지각적 정보를 통합하고 추상적인 정보가 표상되는 영역이라고 생각하고 있다. 절을 달리해서 좀 더 자세히 살펴보기로 한다.

4.2. 단어의 연합적 정보 표상

단어의 정보 중 감각 영역으로부터 지각된 정보는 각각의 감각이 지
각된 뇌의 영역에 분산되어 표상된다고 한다면 이들 정보들을 하나로
통합하는 뇌의 영역은 없는가? 의미 표상에 관한 많은 신경과학의 논문
들을 메타 분석한 연구들(Thompson-Schill, 2003; Binder & Desai, 2011;
Pulvermüller, 2013)에서 모든 유형의 단어를 처리할 때 반복적으로 활성
화되는 영역이 몇 군데 존재함을 확인했다. 이들은 단어의 특정한 감각
지각적 정보를 표상하지 않고 추상적 의미 정보를 지닌 단어를 처리할
때에도 공통적으로 활성화된다.

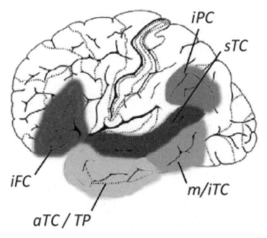

Semantic areas / hubs

[그림 4] 연합적 정보가 표상되는 영역(Pulverm ller, 2013:460에서 가져옴)[15]

---

15) iFC: inferior frontal cortex, 아래쪽 전두 피질, BA 44, 45, 47
　　sTC: superior temporal cortex, 위쪽 측두 피질, BA 22
　　iPC: inferior parietal cortex, 아래쪽 두정피질, BA 39, 40
　　m/iTC: middle/inferir temporal cortex, 가운데 및 아래쪽 측두 피질, BA 21, 22

[그림 4]에 여러 감각지각적 표상이 연합되는 영역이 표시되어 있다. 왼쪽 아래쪽 전두 피질(BA 44. 45), 측두엽의 대부분(BA 22, 21, 20, 38), 아래쪽 두정엽(BA 39, 40)이 그 대표적인 영역이다. 이 영역들은 전두엽, 측두엽, 두정엽에 나뉘어져 있는데 신경과학자들은 이 영역들이 다양한 감각지각적 표상들을 한데 묶고 감각지각적 표상들 사이를 중재하는 의미론적 '허브' 역할을 한다고 생각한다. 단어가 지닌 추상적 개념도 이 영역들에서 표상된다고 보고 있다.

이들 각 부위의 역할이 어떻게 구별되는지는 확실히 밝혀져 있지 않다. 어떤 연구자들은 아래쪽 전두 피질이 단어의 정보를 저장하기보다는 단어가 지닌 여러 정보 중 특정 정보를 선택하는 것을 통제하는 역할을 한다고 해석하기도 한다(Thompson-Schill, 2003:287; Binder & Desai, 2011:532). 그리고 측두 피질의 정보 연합 영역3)이 소리, 형태, 색깔과 관련된 사물의 정보를 통합하는 반면, 아래쪽 두정 피질은 공간과 시간과 관련된 사건의 정보를 통합한다고 보기도 한다(Binder & Desai, 2011:533). 이들 영역들 사이는 거리상으로는 멀리 떨어져 있지만 신경 해부학적으로 수많은 신경 세포들의 다발로 연결되어 있다. 이 신경 세포들의 다발은 마치 고속도로처럼 먼 거리의 연합 영역들 사이에서 정보 교환이 빠르고 쉽게 이루어지게 돕는다. Pulvermüller(2013:462)에 의하면 이들 정보 연합 영역들은, 서로 멀리 떨어져 있는 감각-운동 영역들(시각, 청각, 체감각, 운동 영역 등) 간에 정보가 오갈 때, 정보를 빠르고 쉽게 중재하는 역할을 한다고 한다.

---

aTC/TP: anterior temporal cortex/temporal pole, 앞쪽 측두 피질/피질 끝부분, BA 38

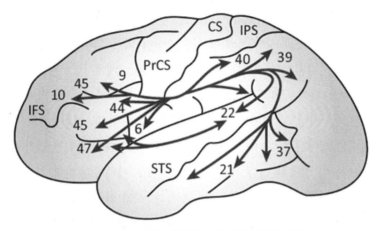

[그림 5] 피질과 피질을 연결하는 신경 세포 다발의 연결체
(Pulvermꞏller, 2013:462에서 가져옴.)[16]

[그림 5]에서 왼쪽 아래쪽 전두 피질(BA 44. 45), 측두 피질(BA 22, 21, 37), 아래쪽 두정 피질(BA 39, 40)은 단어가 지닌 여러 감각 및 운동 정보를 통합하는 연합 영역이다. 실선과 화살표는 이 연합 영역들 사이를 연결하는 신경 세포 다발들을 나타낸다. 시각, 청각, 미각, 후각, 체감각, 운동, 감정과 같은 정보들은 각기 다른 뇌 영역에 분산되어 표상된다. 이들 정보들은 [그림 5]의 실선을 따라 연합 영역들로 수렴되고 연합 영역을 거쳐 다른 영역들로 전달된다.

한편 연합 영역들은 모든 종류의 정보를 처리할 때 반복적으로 활성화된다. 단어의 추상적 정보를 처리할 때에도 이 연합 영역들이 활성화된다. 추상적 의미 정보를 표상하는 별도의 영역이 따로 존재하지 않는

---

16) IFS: inferior frontal sulcus, 아래쪽 전두 고랑
 PrCS: precentral sulcu, 앞쪽 중앙 고랑
 CS: central sulcus, 중앙 고랑
 IPS: intraparietal sulcus, 두정내 고랑
 STS: superior temporal sulcus, 위쪽 측두 고랑
 숫자는 브로드만 영역을 나타냄.

것이다. 구체적 의미 정보가 처리되는 영역에서 추상적 의미 정보도 처리된다. Pulvermüller(2013:467)에서는 추상적 의미 역시 구체적 의미의 경우와 마찬가지로 실제 사례들로부터 학습되는 데에서 그 원인을 찾고 있다. 예를 들어 구체적 의미를 지닌 단어인 '사과'나 추상적 의미를 지닌 단어인 '사랑'의 의미는 실제 사례들을 반복적으로 경험함으로써 학습한다는 점에서 같다. 다만 '사과'의 경우 사례마다 반복되는 감각-운동적 속성들이 상당히 많다. 반면 '사랑'의 경우 사례마다 반복되는 감각-운동적 속성들은 상대적으로 적다. 그 결과 '사과'의 사례들을 통해서 반복된 감각-운동적 속성들(색깔, 모양, 맛, 냄새 등)은 대뇌 피질의 감각-운동 영역에 표상된다. 반면 '사랑'의 경우 사례마다 반복되는 감각-운동적 속성이 별로 없다. 그 결과 '사랑'의 감각-운동적 속성은 기억에 흔적을 남기지 못하고 사례로부터 추상된 속성만이 표상된다.[17] 실제 경험한 사례에 기반해서 정보가 기억에 표상된다는 Pulvermüller(2013)의 설명이 타당하다면 단어의 정보는 상징이 아니라 감각지각에 기초하여 표상된다고 보는 편이 나아 보인다.

4.3. 단어의 분류학적 범주 표상

단어의 감각-운동적 정보와 연합적·추상적 정보를 표상하는 뇌의 영역이 전문화되어 있다면 분류학적으로(taxonomically) 특정한 범주에 속한 단어들을 표상하는 뇌 영역도 전문화되어 있지 않을까? 많은 신경과학자들이 이 질문에 대한 답을 찾고자 관찰과 실험을 계속해 왔다.

---

17) Pulvermüller(2013:467)에서는 구체적 단어의 의미는 '원형(prototype)'의 방식으로 저장되는 반면 추상적 단어의 의미는 '가족 닮음(family- resemblance)'의 방식으로 저장된다고 설명한다.

　동물 관련 단어, 도구 관련 단어, 사람 이름 등의 특정한 단어 범주가 서로 다른 뇌 부위에 표상된다는 주장은 주로 뇌 손상 환자들을 관찰한 신경심리학적 연구들에서 제기되었다. Caramazza & Mahon(2003)에서는 유독 동물 범주의 단어들에 대한 지식에서만 결함을 보이는 환자의 예를 보고 했다. Binder 외(2009:2776)에서는 앞쪽 측두엽이 손상된 환자는 생물과 관련된 개념을 처리하는 데 더 큰 문제를 보이는 반면 뒤쪽 측두엽과 두정엽이 손상된 환자는 인공물이나 도구와 관련된 개념을 처리하는 데 더 큰 문제를 보인다는 신경 심리학의 연구들을 소개하고 있다. 몇몇 신경 영상 연구들에서도 도구와 행위 개념 단어들이 바깥쪽 측두엽의 뒤쪽을 선택적으로 활성화한다는 결과를 내놓았다(Binder 외, 2009:2776).

　이러한 자료를 바탕으로 동물 관련 단어가 표상된 뇌 부위와 도구 관련 단어가 표상된 뇌 부위가 구별된다는 주장을 할 수 있다. 곧 단어는 분류학적 범주에 따라 표상되는 부위가 전문화되어 있다고 주장할 수도 있다. 그러나 이 주장에 대해 의심을 품는 신경과학자들도 적지 않다. 우선 단어를 분류학적으로 표상하는 뇌 부위가 연구 결과들마다 달라서 일관성이 없다. 이는 단어의 지각적 정보 표상에 대한 연구들에서 일치된 결과를 보인 점과 대조된다. 곧 단어의 감각지각 및 운동 관련 정보가 뇌의 감각 영역과 운동 영역에 분산 표상된다는 주장은 신경 심리학적, 신경 영상적 결과들에서 일관되게 확인된다. 반면 단어들이 분류학적으로 서로 다른 뇌 부위에 표상된다는 주장을 지지하는 연구 결과들에서는 일관되게 활성화되는 부위를 특정하기 어렵다. 결국 단어가 분류학적으로 범주화되어 표상되어 있는가에 대한 답변은 신경과학적 실험과 검증 결과가 쌓일 때까지 기다려야 할 듯하다.

5. 맺음말

기술과 방법론의 비약적인 발전으로 최근의 신경과학은 뇌에서 일어나는 신경세포 층위의 모습를 자세히 관찰할 수 있게 되었다. 강력한 무기로 무장한 신경과학은 언어 지식의 본질을 탐색하는 작업도 활발하게 진행하고 있다. 단어에 대한 신경과학의 연구 성과를 정리하면 다음과 같다.

첫째, 단어를 기억하는 과정에는 뉴런들의 사이에서의 단순한 전기화학적 변화가 아니라 특정 유전자 발현과 단백질 합성과 같은 세포 층위의 변화가 수반된다. 그리고 이러한 변화를 설명하는 신경생물학적 기제는 시냅스 가소성(可塑性), 헵의 규칙, 장기 강화, 견고화이다.

둘째, 단어에 대한 기억은 의미기억이지만 일화기억에 관여하는 해마 체계를 거쳐 만들어진다.

셋째, 단어는 대뇌 피질의 여러 영역에 걸쳐 분산되어 표상된다.

넷째, 단어의 지각 정보와 운동 정보는 뇌의 감각 영역과 운동 영역에 표상된다.

다섯째, 단어의 추상적 정보 역시 감각지각적 경험에 기초하여 연합 영역에 표상된다.

여섯째, 단어가 분류학적으로 범주화되어 표상되어 있는지는 아직 검증되지 않았다.

단어에 대한 신경과학의 연구는 언어 연구에 몇 가지 중요한 시사점을 제공한다. 우선 단어의 의미 정보가 경험에 기초하여 표상된다는 신경과학의 관찰 결과는 단어의 의미가 경험에 의해 구조화된다는 인지의미론의 기본 가정을 신경적 층위에서 뒷받침한다. 그리고 단어들이 신경 층위에서 연결망 구조로 조직화되어 있다는 사실은 어휘부 이론이 나아갈 방향성을 제시한다. 뉴런들이 자기조직화 원리에 따라 연결망을 형성한다는 신경과학의 발견으로부터 어휘부 안에서 단어들이 조직화하는 원리를 유추해 볼 수 있다. 또한 신경과학 분야에서 아직까지 깊이 연구되고 있지는 않지만, 뇌 속에서 단어들이 형태론적으로 어떤 방식으로 연결되어 있는지 밝혀진다면 새 단어를 만드는 인지적 기제를 확인할 수도 있을 것이다.

▣ 참고문헌 ▣

강봉균 옮김(2007), 『인지, 뇌, 의식-인지신경과학 입문서』, 교보문고, 2010: Baars, B. J. & Gage, N. M., Cognition, Brain, and Consciousness.

강봉균 외 옮김(2014), 『신경과학의 원리』, 범문에듀케이션: Kandel, E. R., Schwartz, J. H., Jessell, T. M., Siegelbaum, S. A., & Hudspeth, A. J(2013), *Principles of Neural Science*.

김은숙(2011), 『인지과학-의식과 인지 아키텍처』, 대명.

박문호(2013), 『그림으로 읽는 뇌 과학의 모든 것』, 휴머니스트 출판그룹.

이정모 외(2009), 『인지심리학』, 학지사.

채현식(2013), 「기억에서의 어휘 지식 표상」, 『우리말연구』 35, pp. 30-55.

채현식(2013), 「어휘부란 무엇인가」, 『국어학』 66, pp. 307-331,

최준식·김현택·신맹식 옮김(2011), 『학습과 기억-뇌에서 행동까지』, 시그마프레스: Gluck, M., E. Mercado & Myers, C. E.(2008), *Learning and Memory*.

Binder, J. R., Desai, R. H., Graves, W. W. & Conant, L. L., "Where is the semantic system? A critical review and meta-analysis of 120 functional neuroimaging studies", *Cerebral Cortex* 19, 2009, pp. 2767‑2796.

Binder, J. R., & Desai, R. H., "The neurobiology of semantic memory", *Trends in Cognitive Sciences* 15.11, 2011, pp. 527-536.

Breitenstein, C., Jansen, A., Deppe, M., Foerster, A. F., Sommer, J., Wolbers, T. & Knecht, S., "Hippocampus activity differentiates good from poor learners of a novel lexicon", *Neuroimage* 25, 2005, pp. 958‑968.

Caramazza, A. & Mahon, B. Z.(2003), "The organization of conceptual knowledge: the evidence from category-specific semantic deficits", *Trends in Cognitive Science* 7.8, pp. 354-361.

Collins, A. M. & Loftus, E.F.(1975), "A spreading activation theory of semantic processing", *Psychological Review* 82, pp. 407-428.

Davis, M. H. & Gaskell, M. G.(2009), "A complementary systems account of word learning: neural and behavioural evidence", Philos. Trans. R. Soc. Lond. B Biol. Sci. 364, pp. 3773‑3800.

Ellis, A. W. & Young, A.W.(1988), *Human Cognitive Neuropsychology*, Lawrence Erlbaum Associates.

Gadian, D. G., Aicardi, J., Watkins, K. E., Porter, D. A., Mishkin, M. & Vargha-Khadem, F.(2000), "Developmental amnesia associated with early hypoxic-ischaemic injury", *Brain* 123, pp. 499‑507.

Martin, A. & Chao, L.L.(2001), "Semantic memory and the brain: structure and processes", Curr. Opin. *Neurobiol* 11.2, pp. 194‐201.

McCloskey, M. & Cohen, N. J.(1989), "Catastrophic interference in connectionist networks: the sequential learning problem", In: Gordon, H.B.(Ed.), *Psychology of Learning and Motivation* 24, Academic Press, pp. 109‐165.

Patterson, K., Nestor, P. J. & Rogers, T. T.(2007), "Where do you know what you know? The representation of semantic knowledge in the human brain", Nat. Rev. *Neurosci* 8.12, pp. 976‐987.

Pulvermüller, F.(2013), "How neurons make meaning: brain mechanisms for embodied and abstract-symbolic semantics", *Trends in Cognitive Sciences* 17.9, pp. 458-470.

Pulvermüller, F., Cappelle, B. & Shtyrov, Y.(2013), "Brain basis of meaning, words, constructions, and grammar", In Hoffmann, T. & Trousdale, G.(eds.), *The Oxford Handbook of Construction Grammar*, New York: Oxford University Press, pp. 397-416.

Takashima, A. et.al(2014), "Richness of information about novel words influences how episodic and semantic memory networks interact during lexicalization", *Neuroimage* 84, pp. 265-278.

Thompson-Schill, S. L.(2003), "Neuroimaging studies of semantic memory: inferring "how" from "where"", *Neuropsychologia* 41, pp. 280-292.

Wagner, A. D. et.al(1998), "Bulding memories: remembering and forgetting of verbal experiences as a funtion of brain activity", *Science* 281, pp. 1188-1191.

[부록]

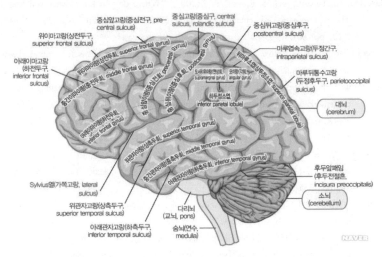

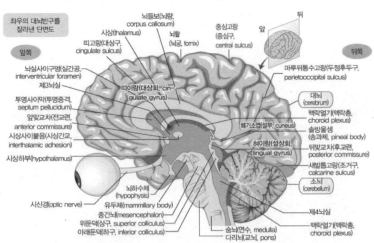

[뇌의 해부학적 구조(표면과 단면)] 네이버지식백과
http://terms.naver. com/entry.nhn?docId=2842527&cid= 55647&categoryId=56740)에서 가져옴.

▪ 편집자 주석

1) '신경과학'(neuroscience):
   - 몸속의 상태와 외부 자극의 변화에 순응하고 행동하는 신경 조직을 대상으로 하여 연구하는 학문.(출처-국립국어원, 『우리말샘』)
   - 신경계의 구조, 기능, 진화, 발생, 유전학, 생화학, 생리학, 약리학, 정보학, 병리학 등을 연구하는 광범위한 학문 분야. 전통적으로 생물학의 한 분야로 간주되어 왔으나 최근 인지 심리학, 신경 심리학, 컴퓨터 과학, 통계학, 물리학, 의학 등 많은 분야가 관련된 학제적 학문이 되었다.(출처-[네이버 지식백과] 신경과학 [neuroscience] (실험 심리학용어사전, 2008., 시그마프레스㈜))
2) '대뇌 피질'(大腦皮質): 대뇌 반구의 표면을 덮고 있는 회백질의 얇은 층(層). 신경 세포체가 모여 있으며, 감각을 종합하고, 의지적인 운동 및 고도의 지적 기능을 담당한다. (출처-국립국어원, 『우리말샘』)
3) '연합 영역'(聯合領域): 여러 부위와 연결을 통하여 인식한 감각을 종합 분석하며 생각하고 기억하는 등 높은 정신 활동에 관여하는 겉질의 한 부분. (출처-국립국어원, 『우리말샘』)

※ 이 글은 『건지인문학』 제12집에 실렸던 것을 새로 다듬은 것입니다.

『국어문법』에 나타나는 주시경의 지시어 인식
—'이/그/저'系 표현을 중심으로—

목 차

1. 서론
2. '이/그/저'系 표현의 기능과 특징
3. 지시어 인식의 의의와 한계
4. 결론

[해 설]

◉ 목적 및 특성

이 글은 주시경의 『국어문법』에 나타나는 '이/그/저'系 표현을 바탕으로 지시어에 대한 주시경의 인식을 밝히는 것을 목적으로 한다. 『국어문법』의 주축을 이루는 '기난갈'과 '기난틀', '짬듬갈'을 보면 '이/그/저'를 비롯하여 '이것/그것/저것', '이러-/그러-/저러-'등 다양한 '이/그/저'系 표현들이 제시되어 있다. 이러한 지시어의 양상을 살핌으로써 현대국어의 관점에서 주시경의 지시어 인식이 어떤 의의를 가지며 또한 한계는 무엇인지를 고찰하고자 한다.

지시어는 형태론과 통사론 이상으로 화용론과 깊이 관계된다는 점에서 주시경의 화용적 인식을 엿볼 수 있는 연구 대상이다. 형태론의 개념으로 일컬어지는 '기난갈'과 '기난틀', 통사론의 인식을 보여주는 '짬듬갈'에서 지시어를 살피는 일은 주시경의 형태·통사적 인식뿐 아니라 화용적 인식까지 추론해낼 수 있는 것으로서 의미 있는 작업이 될 것이다.

◉ 연구 대상 및 방법

이 글에서는 지시어에 대한 주시경의 인식을 밝히기 위해 『국어문법』의 '기난갈',

'기난틀', '쨤듬갈'에 나타나는 '이/그/저'系 표현을 총괄하여 분석을 수행하였다.

먼저 '기난갈'과 '기난틀'에서는 '이/그/저'系 표현의 기본 개념이 어떻게 기술되어 있는지를 살피고, 현대국어의 설명과 비교하여 공통점과 차이점을 파악하였다. 또한 '이/그/저'系 표현이 사용된 각종 예문을 망라하여 어떠한 기능과 특징을 보이고 있는지 고찰하였다. 이어 '쨤듬갈'에서는 구문도해와 예문을 중심으로 '이/그/저'系 표현의 특징을 살폈다.

이들의 지시적 기능은 크게 '직시(deixis)'와 '대용(substitution)'의 두 가지 관점에서 파악하였다. 또한 '이/그/저'의 순서 배열이나 그림의 수식 범위, 예문 사이의 관계 등, 여러 가지 측면을 살핌으로써 현대국어의 관점에서 유의미한 특징들을 최대한 풍부하게 도출하고자 하였다.

◎ 핵심 내용

『국어문법』에 나타나는 '이/그/저'系 표현들은 크게 '지목(指目)', '형용(形容)', '접속(接續)' 기능을 수행하는 것으로 기술되었다. '지목'은 어떤 대상을 직접 가리키는 기능('이것/그것/저것' 등), '형용'은 어떠한 상황에 견주어 유사하게 표현하는 기능('이러한/그러한/저러한' 등), '접속'은 앞 문장에 대한 보충 설명이나 인과 · 역접 관계를 드러내는 기능(그러한데, 그러하여, 그러하나 등)을 말한다. 이러한 기술은 현대국어의 설명과 대체로 상통한다.

그런데 여기에서 주목되는 점은 '이/그/저'의 배열 순서이다. 지금까지 이루어 온 일련의 지시어 연구들에서 '이-그-저'의 순서가 고정되어 왔던 것과 달리, 주시경은 '이-저-그'의 순서를 일관되게 취하여 '이/저'와 '그'를 구분하는 독특한 인식을 드러냈다.

이러한 구분은 '직시'와 '대용'의 관점에서 살필 수 있다. 먼저 『국어문법』에서 '이/저'는 주로 직시의 기능을 대표하는 것으로 보인다. '이/저'가 나타나는 전체 예문을 분석한 결과, '이/저'系 표현은 상황 맥락 속에 존재하는 대상을 직접 가리키는 직시어로서 해석되었다. 한편, '그'는 문맥상에 언어적으로 드러난 것을 지시하는 대용의 기능을 뚜렷이 드러냈다. 주시경은 '쨤듬갈'에서 공지시 관계를 표시하기 위해 기호 '( )'를 사용하였는데, 여기에서 생략된 선행사가 '그'를 통해 대용되는 것을 볼 수 있었다. 또한 여러 가지 예문 속에서 '그'는 문장 내의 의미 관계를 연결하는 차원을 넘어 문장과 문장을 연결하는 텍스트 응결장치로서의 기능도 수행하였다.

이때 주시경은 지시어의 본질적 기능을 대용보다는 직시로 인식하고 있는 듯하다. '쨤듬갈'에서 대용의 '그'가 직시적인 '저'와 공존하지 못하는 점에서 그와 같은 인식을 엿볼 수 있다. 이는 '그'가 본질적으로 내포하는 직시적 해석을 고려한 결과로서 '저'와의 의미 충돌을 피하기 위한 제시 방식이라고 생각해 볼 수 있다. 또한 인칭대명사인 '나/너/우리'를 '지시'의 개념으로 본 점도 특기할 만하다. 이는 '이/그/저'로 표현할 수 없는 직시 체계의 공백을 메우기 위한 설정으로 보인다. '이/그/저'를 활용하면 다양한 유형의 직시 표현이 가능하지만 '나/너/우리'는 '이/그/저'로 대체할 수 없기 때문이다.

그러나 주시경의 인식에서는 몇 가지 문제점도 발견된다. '이것/그것/저것'에서 '것'을 따로 구별하여 대명사로 파악한 점, '근칭-중칭-원칭'의 물리적·심리적 거리 개념을 명시하지 않은 점, 구문도해에서 '이/그/저'의 수식 범위를 잘못 인식한 점 등이 『국어문법』의 한계로 지적될 수 있다.

◉ 연구 효과

주시경의 『국어문법』은 우리말 문법 연구의 근간을 이룬 빼어난 결실이다. 『국어문법』의 우수성은 주로 형태론과 통사론의 측면에서 연구되고 평가되어 왔으나 다른 관점에서도 능히 살필 수 있다. 따라서 이 연구에서는 지시어를 바탕으로 화용론의 관점에서 분석을 수행하였다. 비록 몇 가지 문제는 있으나 지시어의 화용적 기능을 인식하고 이를 밝혀주었다는 점에서 『국어문법』은 의의가 깊다. 언어학 분야 중에서도 가장 후대에 부각되기 시작한 화용론의 인식이 1910년대 주시경의 문법서에 이미 드러나 있었음은 괄목할 만한 점이다.

이와 같은 연구는 주시경의 우수성을 재확인하고 후속 연구를 촉발하는 데 기여할 것이다. 이 글은 『국어문법』의 '이/그/저'系 표현만을 살폈지만, 앞으로는 더욱 총체적인 연구가 이루어질 것으로 기대한다. 주시경의 또 다른 연구 저서를 아울러 화용론적 대상 전반을 살핀다면 그의 성과를 보다 명백히 밝힐 수 있을 것이다.

1. 서론

본 연구는 주시경의 『국어문법』[1]에 나타나는 '이/그/저'系 표현[1]의 전반을 살피어 그의 지시어에 대한 인식을 밝히는 것을 목적으로 한다. 현대국어의 관점에서 주시경의 지시어 인식이 어떤 의의를 가지며 또한

---

1) '이/그/저'系 표현이란 지시어 '이/그/저'와 '이/그/저'가 포함된 다양한 합성 표현들의 총체를 말한다. '이/그/저'의 합성 표현에는 인칭을 나타내는 '이이/그이/저이', '이것/그것/저것'을 비롯하여 '이때/그때/접때', '이제/그제/저제'와 같은 시간 표현, 장소를 가리키는 '여기/거기/저기', '이리/그리/저리' 등이 포함된다. 자세한 내용은 최화니(2012: 1-3) 참고.

한계는 무엇인지를 고찰하는 것이 본고의 주된 작업이다.

『국어문법』의 '기난갈'[2]과 '기난틀'[3], '짬듬갈'[4]을 보면 다양한 '이/그/저'系 표현이 제시되어 있다. 다음 예문을 보자.

> (1) 가. 기난갈
>
> ㄱ. 언 (본) ['이', '저', '그', '큰', '적은', '엇더한', '무슨', '이른', '착한', '귀한']
>
> ㄴ. 억 (본) ['다', '잘', '이리', '저리', '그리', '천천이', '꼭', '곱게', '매우', '곳', '크게']
>
> 나. 기난틀
>
> ㄱ. 견줌 (본) '이러한', '저러한', '그러한'
>
> ㄴ. 막이 (본) '안이', '못', '다만', '그러하나', '마는', '특별이'
>
> 다. 짬듬갈
>
> ㄱ. 본드四 의 소는 누르고 저 말은 검다
>
> ㄴ. 버금본드— 이것이 먹이다

이처럼 '이/그/저'를 비롯하여 '이것/그것/저것', '이러-/그러-/저러-' 등의 합성 표현들이 『국어문법』에 여러 가지 양상으로 나타나 있다. 이러한 지시어는 형태론과 통사론 이상으로 화용론과 깊이 관계된다는 점에서 주시경의 화용적 인식을 엿볼 수 있는 연구 대상이다. 형태론의 개념으로 일컬어지는 '기난갈'과 '기난틀', 통사론의 인식을 보여주는 '짬듬갈'에서 지시어의 양상을 살피는 일은 주시경의 형태·통사적 인식뿐 아니라 화용적 인식까지 추론해낼 수 있는 것으로서 의미 있는 작업이라고 할 수 있다.

이에 본고에서는 『국어문법』의 '기난갈', '기난틀', '짬듬갈'에 나타나는 '이/그/저'系 표현을 총괄하여 구체적인 분석을 수행하고자 한다. '기난갈'과 '기난틀'에서는 주로 기본 개념과 예문의 분석을, '짬듬갈'에서는 그림의 해석을 중심으로 연구를 진행하여 주시경의 지시어 인식을 면밀하게 밝힐 것이다.

2. '이/그/저'系 표현의 기능과 특징

먼저 『국어문법』에 나타나는 '이/그/저'系 표현의 전체 목록을 작성하고 그 대략적인 기능과 특징을 살피기로 한다. 이들의 개념 기술은 주로 '기난갈'과 '기난틀'에 제시되어 있으므로 우선 각각의 '기'에 따른 분류가 가능하다. '기'에는 '임, 엇, 움, 겻, 잇, 언, 억, 놀, 끗'의 총 아홉 기가 있으며, 그중 '이/그/저'系 표현은 '임, 엇, 잇, 언, 억'의 다섯 기로 나타난다. 이를 정리하여 보이면 다음과 같다.[2]

> (2) 가. 임기
> ㄱ. 곳 (본) '여기', '저기'
> ㄴ. 일 (본) '것' ('이것', '저것', '그것')
> 나. 엇기
> 견줌 [이것을 다른 것으로 견주는 것]
> (본) '이러하-', '저러하-', '그러하-'
> 다. 잇기
> ㄱ. 풀이 [이미 말한 것을 다시 풀어 말하는 것]
> (잡이) '그러한데'
> ㄴ. 까닭 [한 말이 한 말에 '까닭'으로 이어지는 것]
> (잡이) '그 때문에', '그 까닭에', '그 까닭으로', '그러하여',

---

2) 본고의 모든 예문과 그림은 『국어문법』의 현대어역본인 고영근·이용·최형용(2011)을 인용하되, 원본과 대조하여 오류가 없는지 확인하였다.

　　　　'그러하여서', '그러함으로', '그러한 고로'
　　ㄷ. 집힘 [한 일이 그와 관계된 일의 뜻에 뒤집히는 것]
　　　　(잡이) '그러하나', '그러하되', '그러할지라도'
　라. 언기
　　ㄱ. 가르침 [가려내는 것] (본) '이', '저', '그'
　　ㄴ. 견줌 [이것을 다른 것으로 견주어 어떠한]
　　(본) '이러한', '저러한', '그러한'
　마. 억기
　　ㄱ. 자리 [움직이는 자리] (본) '이리', '저리', '그리'
　　ㄴ. 막이 ['막-'은 거절의 뜻이므로 그 '남이'를 막는 것이니 곧 그
　　　　'남이'를 허락하지 아니하는 것이고 또 그 '남이'가 그러하지 아
　　　　니한다 하는 것이다.] (본) '그러하나'
　　ㄷ. 견줌 [그 '남이'의 어떠함을 그와 같은 것으로 견주어 말하는
　　　　것] (본) '이러하게', '저러하게', '그러하게', '이같이', '이만하
　　　　게', '이처럼'

　이처럼 '이/그/저'系의 표현은 여러 '기'에 걸쳐 다양한 기능을 드러내
고 있다. 그런데 이러한 분류에서는 기능상의 중복이 나타난다. 가령, 동
일하게 '견줌'의 기능을 하는 '이/그/저'系 어휘의 경우 '엇', '언', '억'기
에 모두 제시되고 있다. 따라서 기능에 따라 이들 표현을 간결하게 재분
류하면 예문(3)과 같이 정리할 수 있다.

　　(3) 가. 지목(指目)
　　　　ㄱ. 가리킴: '이/그/저'
　　　　ㄴ. 자리: '여기/거기/저기', '이리/그리/저리'
　　　　ㄷ. 일: '것' (이것/그것/저것)
　　　나. 형용(形容)
　　　　견줌: '이러한/그러한/저러한', '이러하게/그러하게/저러하게'
　　　다. 접속(接續)

ㄱ. 풀이: '그러한데'

ㄴ. 까닭: '그 때문에/그 까닭에/그 까닭으로/그러하여/그러하여
서/그러함으로/그러한 고로'

ㄷ. 뒤집힘(막이): '그러하나/그러하되/그러할지라도'

이처럼 '이/그/저'系 표현의 기능은 크게 세 가지로 구분된다. 먼저
'지목'은 어떤 대상을 직접 가리키는 경우를 말한다. 여기에는 폭넓은
대상을 가리킬 수 있는 '이/그/저'를 비롯하여 '자리'를 나타내는 '이리/
그리/저리'와 '여기/거기/저기', '일'을 나타내는 '이것/그것/저것'이 포함
된다. 이때 주시경은 '이것/그것/저것'을 제시하기 이전에 '것'만을 따로
분리하여 '대임(대명사)'으로 제시하였는데, 이는 '이것/그것/저것'의 지
시적 본질이 '이/그/저'에 있음을 간과한 오류로 생각된다.

다음으로 '이/그/저'의 '형용' 기능으로는 '견줌'의 기능이 나타나 있
다. 이는 어떠한 상황에 견주어 유사하게 표현하는 기능으로 '이러한/그
러한/저러한', '이러하게/그러하게/저러하게'가 포함된다. 마지막으로 '접
속'의 기능을 하는 경우가 있는데, 이는 앞 문장에 대한 보충 설명을 제
시하는 '풀이', 인과 관계를 드러내는 '까닭', 역접 관계를 드러내는 '뒤
집힘(막이)'으로 구성되어 있다. 이러한 '이/그/저'系 표현의 기능은 현대
국어의 설명과도 대체로 상통하는 것이다.

그런데 눈에 띄는 것은 '이/그/저'의 배열 순서이다. 『국어문법』의 모
든 예는 일관되게 '이-저-그'의 순서로 배열되어 있어 주목된다. 다음은
'기난갈'과 '기난틀'에 나타나는 '이/그/저'系 표현의 횡적 배열을 모두
제시한 것이다.

(4) ㄱ. 가르침[가려내는 것] (본) '이', '저', '그'

ㄴ. (알이) '이', '저', '그'는 '밋언'이니 다른 '기'가 바뀌어 '언 몸'이

된 것이 아니고 그 '몸'의 '맛'이 '언'이라 함이다.

ㄷ. (본) ['이', '저', '그', '큰', '적은', '엇더한', '무슨', '이른', '착한', '귀한', '한', '두', '세']

ㄹ. 자리 [움직이는 자리] (본) '이리', '저리', '그리'

ㅁ. (본) ['다', '잘', '이리', '저리', '그리', '천천이', '꼭', '곱게', '매우', '곳', '크게', '착하게']

ㅂ. 일 (본) '것' ('이것', '저것', '그것')

ㅅ. 견줌 [이것을 다른 것으로 견주는 것]
   (본) '이러하-', '저러하-', '그러하-'

ㅇ. 견줌 [이것을 다른 것으로 견주어 어떠한]
   (본) '이러한', '저러한', '그러한'

ㅈ. (본) '이러하게', '저러하게', '그러하게', '이같이', '이만하게', '이처럼'

(5) ㄱ. 곳 (본) '여기', '저기'

   ㄴ. '붉은, 적은, 어린'과 같은 '기'들은 다 '몬의 모양'을 뜻하고 '저, 그'와 같은 '기'들은 다 '가리킴'을 뜻하고…

예문(4)와 같이 '이/그/저'가 횡적으로 배열될 경우에는 일관되게 '이-저-그'의 순서를 따르고 있으며, 예문(5)처럼 두 계열만 나열될 때에도 '이-저', '저-그'의 순서가 지켜지고 있음을 알 수 있다. 이는 보통 '이-그-저'의 배열을 취하는 현대국어의 방식과 대조적이다.

일반적으로 '이-그-저'는 '근칭-중칭-원칭'으로 인식된다. 즉, '이'는 화자와 가까운 대상, '그'는 청자와 가까운 대상, '저'는 화자와 청자로부터 멀리 떨어진 대상을 지칭하는 것이다. 그리고 이러한 표현들이 연속될 경우에는 '나 먼저 원리'에 따라 화자와 가까운 것을 먼저 말하되, 화자가 빠진 표현에서는 청자와 가까운 것을 먼저 말하는 것이 기본적인 순서이다.[3] 지금까지 이루어 온 일련의 지시어 연구들에서 '이-그-저'

의 순서가 고정되어 온 것은 이러한 인식을 반영한 결과로 생각된다.

그러나 주시경의 일관된 '이-저-그'의 배열을 보면 그의 지시어 인식에서 '근칭-중칭-원칭'의 거리 개념은 크게 중요하지 않음을 추론해 볼 수 있다. 실로 『국어문법』에는 '이/그/저'가 나타내는 물리적·심리적 거리에 대한 명시적 기술이 보이지 않는다. 따라서 이러한 '이/그/저'의 배열은 주시경 특유의 지시어 인식이 개입된 결과로 생각된다. 다음으로 '이/저'와 '그'를 나누어 살핌으로써 그러한 인식을 구체적으로 밝힐 것이다.

2.1. 직시어로서의 '이/저'

'이/그/저'는 기본적으로 담화상에서 화자가 발화의 맥락을 이루는 요소들을 말로써 직접 가리키는 직시(直示, deixis)[5]의 기능을 수행한다.[4] 그런데 『국어문법』에서는 특히 '이/저'가 직시의 기능을 대표하는 것으

---

3) '나 먼저 원리(Me-First Principle, Cooper, W. E. & Ross, J. R., 1975)'는 화자가 자신으로부터 가까운 것을 먼저 들고 먼 것은 나중에 드는 원리를 말한다. '이/그/저'의 '나 먼저 원리'를 잘 보여주는 예는 다음과 같다.

　(예) 이것저것, 여기저기, 이리저리, 이럭저럭, 이만저만, 이모저모, 이러쿵저러쿵, 이제나저제나, 이쪽저쪽, 요리조리, 차일피일, 그나저나, 그럭저럭, 그만저만, 그러나저러나.

　이 원리는 대부분의 언어에서 준수되고 있다는 점에서 어느 정도 보편성을 지닌 언어 현상으로 볼 수 있다. 자세한 내용은 윤평현(2008: 342-344) 참고.

4) 용어의 사용에 대해서는 최화니(2012: 13-15)의 입장을 따른다. 그 내용을 옮기면 아래와 같다.

　"지시(reference)는 그 지시 대상이 언어적 문맥에 있는 요소인지 아니면 담화 현장에 있는 비언어적 요소인지에 따라 '언어적 지시'와 '비언어적 지시'로 나눌 수 있다. 이때 '언어적 지시'는 언어적 문맥에 있는 요소를 지시하는 것이므로 '문맥지시', '비언어적 지시'는 담화할 때의 구체적 상황을 지시하는 것이므로 '상황지시'라고 할 수 있다. 본고에서도 지시를 이 두 가지 성격으로 구분하되, '직시(deixis)'와 '대용(substitution)'이라는 용어를 사용하고자 한다. '직시'는 '상황지시'에, '대용'은 '문맥지시'에 대응하는 개념이다."

로 보인다. 이는 '이/저'가 쓰인 각종 문장의 해석을 통해 확인할 수 있다. 먼저 '이'가 나타나는 문장을 모두 제시하면 다음과 같다.

> (6) ㄱ. 기난틀
> 견줌언 (풀이) <u>이러한</u> 붓이 질기오 / 견줌억 (풀이) 너는 <u>이러하게</u> 서어라
> ㄴ. 쨤듬갈
> 본드四 <u>의</u> 소는 누르고 저 말은 검다 / 버금본드― <u>이것</u>이 먹이다 (알이) '이것'은 곧 '먹'이고 '먹'은 곧 '이것'이다. 그러하므로 <u>'이것'은 '먹'의 숨음이고 '먹'은 '이것'의 나타남이다.</u>
> ㄷ. 익힘드
> 五六 <u>이것</u>이 벼루다 五七 <u>이것</u>이 먹이다 五八 <u>이것</u>이 벼루라 五九 <u>이것</u>이 먹이라 六〇 <u>이것</u>이 벼루로다 六― <u>이것</u>이 먹이로다 六二 <u>이것</u>이 벼루고나 六三 <u>이것</u>이 벼루요 六四 <u>이것</u>이 벼루옵나이다 六七 <u>이것</u>이 먹이옵나이다 六八 <u>이것</u>이 벼룹니다 六九 <u>이것</u>이 먹입니다 七〇 <u>이것</u>이 먹이냐 七― <u>이것</u>이 벼루요 七二 <u>이것</u>이 먹이요 七三 <u>이것</u>이 벼루옵나이가 七四 <u>이것</u>이 먹이옵나이가 七五 <u>이것</u>이 벼룹니가 七六 <u>이것</u>이 먹입니가 ―三四 매암아 매암아 높은 가지 서늘한 그늘 속에서 매암매암 노래만 하면서 때가 늘 <u>이러할 줄만 알</u>냐 가을이 되어 서리가 오고 잎이 떨어지는 날에 엇지할이고

앞서 예문(3)에서 제시했던 '이/그/저'의 기능에 비추어 볼 때 '이'系 표현은 '지목'과 '형용'의 기능을 수행하고 있다. 먼저 '기난틀'의 '풀이'에 나타나는 '이러한'과 '이러하게'는 '형용(견줌)'에 해당하며, 이는 특정한 상황을 묘사하는 기능을 하므로 직시적 쓰임을 보인다고 할 수 있다. '쨤듬갈'에 나타나는 '이' 역시 상황 맥락 속에 존재하는 대상을 직접 가리키는 직시의 기능을 수행한다. 또한 '이것이 먹이다'라는 문장에

서 '이것'은 '먹'의 '숨음'이고 '먹'은 '이것'의 '나타남'이라고 언급하였
는데, 이는 '이것'의 지시 대상이 문맥상으로는 명시되지 않지만 상황
맥락 속에서는 실체가 분명히 있으며 그 실체가 문맥에서 표현된 것이
바로 '먹'임을 의미한다. 즉, '이것'과 '먹'은 동일한 실체를 지시하지만
'이것'은 직시어, '먹'은 비직시어인 것이다. 마찬가지로 '익힘드'에서도
직시적인 '이'의 쓰임을 확인할 수 있다.

다음으로 '저'가 쓰인 모든 문장을 제시하면 다음과 같다.

(7) ㄱ. 기난익힘
    저 사람이 집으로 가오 / 저리 가오 / 세 사람이 저 내에 잇는데
    두 사람은 고기를 잡고 한 사람은 그믈을 깁소
    ㄴ. 기난틀
    자리억 (풀이) 그 사람이 저리 가오
    ㄷ. 쨤듬갈
    본드三 저 소가 푸른 풀을 잘 먹소 / 본드四 이 소는 누르고 저
    말은 검다 / 본드五 저 사람이 노래하면서 가오 / 본드八 저 붉
    은 봄 꽃이 곱게 피오
    ㄹ. 익힘드
    八十 저 사람들이 놀면서 가오 九九 목이 길고 이마가 붉은 저
    두름이가 가람 우에 높이 뜨어 멀게 노래 부르면서 선들선들 바
    람 결에 펄펄 날아가네

이러한 예문에서 '저'는 '지목'의 의미만을 드러내는 것으로 보인다.
'기난익힘'과 '기난틀', '쨤듬갈'과 '익힘드'를 통틀어 주로 합성 표현보
다는 단독적인 '저'로 나타나 특정 대상의 위치 및 이동을 가리키는 기
능을 수행하고 있다. 이 또한 해석상 상황 맥락의 개입을 필요로 하므로
직시적인 표현으로 볼 수 있다. 즉, 『국어문법』에서 '이'와 '저'는 모두

직시의 역할을 전면에 드러내고 있다고 할 수 있겠다.

또한 주목되는 것은 '본'과 '풀이'의 관계이다. '기난틀'에는 각 '기'의 기능을 설명하면서 그 '본'과 '풀이'를 함께 보이는 부분이 있다. 그런데 직시 기능을 드러내는 '견줌'과 '자리'의 풀이를 제시할 때 '그'는 활용하지 않고 오직 '이/저'만을 선택하고 있음을 볼 수 있다. 다음 예문을 보자.

> (8) ㄱ. 견줌 [이것을 다른 것으로 견주어 어떠한]
>   (본) '<u>이러한</u>', '<u>저러한</u>', '그러한'
>   (풀이) '<u>이러한</u> 붓이 질기오' [이 말에 '이러한'이 '견줌언'이다]
>   ㄴ. 견줌 [그 '남이'의 어떠함을 그와 같은 것으로 견주어 말하는 것]
>   (본) '<u>이러하게</u>', '<u>저러하게</u>', '그러하게', '이같이', '이만하게', '이처럼'
>   (풀이) '너는 <u>이러하게</u> 서어라' [이 말에 '이러하게'가 '견줌억'이니 그 '남이' '서-'를 어떠하게 '섬'과 같이 하라 하는 것]
>   ㄷ. 자리 [움직이는 자리]
>   (본) '<u>이리</u>', '<u>저리</u>', '그리'
>   (풀이) '그 사람이 <u>저리</u> 가오' [이 말에 '저리'가 '자리억'이니 움직임 '가'의 향하는 곳을 보이는 것이다.]

이처럼 '본'으로는 '이/그/저'系 표현이 모두 제시되어 있음에도 불구하고 그 '풀이'에는 '이/저'만이 나타나고 있다. 이러한 점에서도 직시 기능의 전형을 드러내는 것은 '그'보다는 '이/저'라는 것을 추론할 수 있다.

2.2. 대용어로서의 '그'

『국어문법』에서 '그'는 '이/저'와 다소 구별되는 기능을 나타낸다. 먼저 '그'를 직시적으로 해석할 수 있는 예를 제시하면 다음과 같다.

(9) ㄱ. 기난익힘

그 아기가 젓을 먹다가 자오 / 그 배를 집어 먹어라 / 그 사람이
천천이 가오 / 그 사람이 맘을 착하게 먹소

ㄴ. 짬듬갈

본드ㅡ 그 사람이 맘이 착하오 / 버금본드三 그 말이 들로 뛰어
가더라 / 버금본드四 그 소가 푸른 풀을 먹으면서 천천이 가오

ㄷ. 익힘드

七七 그것이 벼루더라 七八 그것이 먹이더라 八二 조히를 펴고
붓에 먹을 찍어 그 말을 적어라 九四 그 아들이 배를 벗기어 그
어머니에게 들이면서 잡스십시오 하오

위의 예문에 나타나는 '그'는 모두 상황 맥락을 필요로 하므로 직시의
기능을 하는 것으로 볼 수 있으나, '이/저'와는 일치하지 않는 점이 있
다. 앞서 살핀 '이/저'의 경우 발화 현장에 실재하는 대상을 가리킬 때에
만 쓰인 바 있다. 모든 예문이 특정 대상의 가시적인 상태를 형용하거나
혹은 그 위치를 직접 지시하는 것으로 해석되었던 것이다. 그러나 '그'
의 예문들은 그와 같이 해석하기가 어렵다. 가령 '그 배를 집어먹어라'
에서 '그'는 청자 가까이에 있는 실제 대상을 가리키는 것으로 볼 수 있
으나, '그 말이 들로 뛰어가더라'에서는 동일한 해석을 적용하기 힘들다.
이 경우 '그'의 지시 대상은 발화 현장 '이전'에 실재했던 대상으로 보
는 편이 자연스러우며, 대상을 파악하기 위해서는 청자의 앎이 필수적
으로 요구된다. 본디 '이'와 '저'는 오직 화자가 아는 것과 관계되지만
'그'는 화자와 청자 모두가 알고 있는 지식과 관계되는 특징을 갖는데
(최화니 2012: 15), 위의 예문들이 그러한 '그'의 기능을 암시적으로 보
여준다고 할 수 있다.

무엇보다 『국어문법』에 나타나는 '그'의 주요 기능은 문맥상에 언어
적으로 드러난 것을 지시하는 대용어[6]로서의 기능이다. 담화 또는 텍스

트가 의미적 통일성을 갖추기 위해서는 내적인 응결(cohesion)이 필수적인데, 대용어는 이러한 응결성을 유지시켜 준다는 점에서 매우 중요하다(이기갑 1994: 455). 『국어문법』에서 '그'는 대용 표현으로서 문장의 의미 관계를 긴밀하게 연결하고 있다.

이러한 대용의 기능은 '짬듬갈'에서 잘 드러난다. 주시경은 구문도해에서 공지시 관계를 표시하기 위하여 '( )'를 사용하였는데, 이때 생략된 선행사는 '그'를 통해 표현되고 있다. 그 그림을 보이면 다음과 같다.

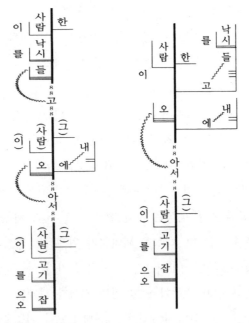

[그림-1] 버금본득 한 사람이 낚시를 들고 내에 와서 고기를 잡으오

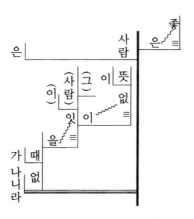

[그림-2] 버금본드ㄤ 좋은 사람은 뜻이 없이 잇을 때가 없나니라

위의 그림에서는 '한 사람', '좋은 사람'의 공지시 관계를 나타낼 때 동일한 언어 표현을 반복하는 대신 '그 사람'을 사용하고 있다. 즉, 주시 경은 이들의 의미관계를 정보가 선행하고 대용어가 후행하는 성격의 진행성과 연속성을 주는 순행대용(anaphora)으로 인식한 듯하다(김희숙 1985: 193). 이때 선행사가 '이 사람'으로는 대용되지 않고 '그 사람'만 으로 대용되는 것도 눈에 띄는 점이다. 순행대용어로 '이'와 '그'가 모두 쓰일 수 있음에도 불구하고[5] 일관되게 '그'만을 사용하고 있는 것은 앞 서 직시적 '본'에 대한 '풀이'에서 '이/저'만을 보인 것과 유사한 맥락으

---

[5] "대용은 크게 선행사가 대용어 앞에 오는 '순행대용(anaphora)'과 선행사가 대용어 뒤 에 오는 '역행대용(cataphora)'으로 구분된다. 순행대용어로는 '이'와 '그'가 쓰이는데, '그'가 순행대용어로 쓰이는 것은 그것이 화자 지식뿐 아니라 청자 지식과도 관계되기 때문이라고 할 수 있다. 담화상에서 앞서 언급된 대상이나 사태는 현재의 발화보다 시 간적으로 앞서기 때문에 발화 현장에 존재하지 않지만, 그렇다 하더라도 청자가 앞서 언급된 바에 의하여 그 대상을 알고 있을 경우에는 '그'가 사용될 수 있다. 이러한 '그'는 선행사와 대용어 사이의 거리에 상관없이 사용 가능하다. 반면 '이'는 청자 지 식과 관계되지는 않지만 대체로 선행사와 대용어 사이의 거리가 가까울 경우에는 순 행대용어로 쓰일 수 있다. 선행사와 대용어가 가까이 있을 때에는 지시 대상이 마치 화자 가까이에 있는 듯한 느낌을 주기 때문에 비록 청자의 앎이 없다 하더라도 대용 어로 쓰이게 된 것으로 보인다." (최하니 2012: 16)

로 해석할 수 있다. 즉, 대용 기능의 전형을 보여주는 요소는 '이'보다는 '그'인 것이다.[6)]

또한 『국어문법』에서 '그'는 문장 내의 의미 관계를 연결하는 차원을 넘어 문장과 문장을 연결하는 텍스트 응결장치로서의 기능도 드러내고 있다. 다음 예문을 보자.

> (10) ㄱ. 九七 가파랍은 돌언덕에 선 솔나무 푸른 가지 맑은 가람 늘어 지고 그 솔 우에 두름이는 그 가람의 결을 딸아 길게 울며 날 아간다 一〇四 무슨 일에든지 뜻이 잇어야 그 일이 되나니라 一一〇 나라사람이 부지런하고 알는 일이 늘어가면 그 나라는 높아지지 안이함이 없나니라 一二七 자리가 높아질스록 몸을 낮히고 집이 가멸어질스록 씀을 고르게 하면 그 누림이 오래 가리라
>
> ㄴ. 一三九 갓갑게 잇는 것은 가지기 쉽다고 심상이 보다가 잃기 쉽으니라 그러함으로 붓두막에 소금도 집어 넣어야 짜다 하나 니라
>
> (11) 접속(接續)
>
> ㄱ. 풀이: '그러한데'
>
> ㄴ. 까닭: '그 때문에/그 까닭에/그 까닭으로/그러하여/그러하여서/ 그러함으로/그러한 고로'
>
> ㄷ. 뒤집힘(막이): '그러하나/그러하되/그러할지라도'

예문(10)은 '짬듬갈'의 '익힘드'에 제시된 문장들이다. (10ㄱ)처럼 '그'는 복문의 내적 연결에도 쓰이지만 (10ㄴ)과 같이 별개의 문장을 연결하

---

6) 김희숙(1985: 194)에서는 이처럼 선행사를 '이 사람'이 아닌 '그 사람'으로 대용화한 것 은 언어사용자가 초연하게 또는 다소 객관적으로 앞의 사실을 받는 경우로 시점(point of view)의 계층을 나타내기 위한 표현으로 추정하며, 영어의 the나 that의 계열과 '그'가 유사한 것으로 보인다고 하였다.

는 기능도 수행하고 있다. 이는 '그'의 기능 범주가 문장 차원을 넘어 텍스트 차원까지 확대되고 있음을 보여준다. 또한 예문(11)에 제시되었듯이 '이/그/저'系 표현의 '접속' 기능은 오직 '그'系 표현이 전담하고 있는 것으로 보아 텍스트 응결장치로서 '그'의 지위는 확고하다고 할 수 있다.

3. 지시어 인식의 의의와 한계

지금까지 다양한 분석을 통해 주시경의 '이/그/저' 관련 인식을 확인하였다. 주시경은 직시와 대용의 기능을 중심으로 '이/저'와 '그'를 구별하여 인식하고 있음을 알 수 있었다. 또한 '그'의 확장된 기능을 보이면서 텍스트 차원까지 인식을 넓히고 있다는 점에서 의의가 크다고 할 수 있다.

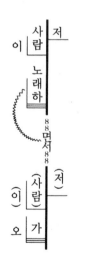

[그림-3] 본드표 저 사람이 노래하면서 가오

그런데 주시경은 지시어의 본질적 기능을 대용보다는 직시로 인식하고 있는 듯하다. '짬듬갈'에서 대용의 '그'가 직시적인 '저'와 공존하지 못하는 점에서 그러한 인식을 엿볼 수 있다.

[그림-3]을 보면 선행사에 직시의 '저'가 포함되었을 경우 '저 사람'은 '그 사람'으로 대용되지 않는다. 이는 '그'가 본질적으로 내포하는 직시적 해석을 고려한 결과로서 '저'와의 의미 충돌을 피하기 위한 제시 방식이라고 생각해 볼 수 있다. 결국 주시경이 일차적으로 인식하는 '이/그/저'의 기능은 직시이고 대용은 이차

적인 기능으로 보인다.

주시경의 직시 중심적 인식은 또 다른 직시어의 설정에서도 엿볼 수 있다. '기난틀'의 '임기'에 대한 설명 중에는 다음과 같은 예가 있다.

(12) 대임
─ 사람
─ 가르침 (본) 나, 너, 우리

이처럼 인칭대명사인 '나/너/우리'를 '가르침', 즉 지시의 개념으로 본 것은 특기할 만하다. 이는 '이/그/저'만으로는 표현할 수 없는 직시 체계의 공백을 메우기 위한 설정으로 생각된다. '이/그/저'를 활용하면 다양한 유형의 직시 표현이 가능하지만 '나/너/우리'만큼은 '이/그/저'로 대체할 수 없기 때문이다. 일반적으로 이야기되는 직시의 유형을 보이면 다음과 같다.[7)]

(13) 가. 인칭 직시(person deixis)
　　　ㄱ. 1인칭: 나, 저, 우리, 저희
　　　ㄴ. 2인칭: 너, 자네, 당신, 그대, 너희, 여러분
　　　ㄷ. 3인칭: 그, 그녀, 그네(들), 이/그/저 사람(분, 이, 어른, 아이,
　　　　　자식)
　　나. 시간 직시(time deixis)
　　　ㄱ. 지금, 방금, 시방, 아까, 요즈음, 요사이, 오늘, 어제, 내일,
　　　　　모레

---

7) 직시의 유형은 윤평현(2008: 344-368)을 참고하여 제시하였다. 그에 따르면 직시의 유형에는 인칭 직시, 시간 직시, 장소 직시뿐만 아니라 담화 직시(discourse deixis)와 사회 직시(social deixis)도 포함된다. 그러나 담화 직시는 주로 시간 직시나 장소 직시 표현으로 실현되며, 사회 직시는 국어의 높임법과 관계되므로 '이/그/저'류 표현과는 거리가 있다. 따라서 본 논의에서는 제외하기로 한다.

       ㄴ. 하루 전, 나흘 후, 이번 주, 지난 주, 다음 주, 이번 달, 다음

         달, 올해, 작년, 금년

       ㄷ. 이때/그때, 이제/그제/저제, 이번/저번, 이 다음/그 다음/저

         다음

    다. 장소 직시(place deixis)

       ㄱ. 여기/거기/저기, 이곳/그곳/저곳

       ㄴ. 이리/그리/저리, 이쪽/그쪽/저쪽

       ㄷ. 오른쪽, 왼쪽, 앞, 뒤, 전, 후

위에 제시된 것처럼 시간 직시와 장소 직시 표현은 '이/그/저'系 표현으로 대체될 수 있고 인칭 직시의 경우에도 3인칭은 '이/그/저'系 표현으로 실현된다. 그러나 1인칭과 2인칭인 '나/너/우리'는 그럴 수 없다. 즉, 주시경은 이러한 '나/너/우리'의 독자적인 기능을 인식하고 '가리킴'의 개념으로 기술함으로써 직시어 체계를 온전히 정비한 것으로 볼 수 있다.

그러나 주시경의 인식에서는 몇 가지 문제점도 발견된다. 첫째는 앞서 언급하였듯이 '이것/그것/저것'에서 '것'을 따로 구별하여 대명사로 본 점이다. 이는 '이/그/저'와 '것'의 역할을 제대로 인식하지 못한 데에서 기인한 오류로 보인다. 대명사의 본질인 직시성을 결정하는 것은 '이/그/저'이므로 '대임'에서는 '것'을 제시할 것이 아니라 '이것/그것/저것'만을 제시하는 편이 타당할 것이다. 또한 '이/그/저'에 내재된 거리 인식, 즉 '근칭-중칭-원칭'의 개념이 명시되지 않은 점에서도 아쉬움이 남는다.

또한 문제가 되는 것은 '이/그/저'의 수식 범위이다. [그림-4]에서 '저'는 '붉은', '봄'과 동일한 층위에서 '꽃'을 수식하고 있다. 이 그림

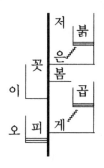

[그림-4] 본드ㅅ 저 붉은 봄
꽃이 곱게 피오

을 두고 주시경은 다음과 같은 설명을 부가하였다.

> (14) '말'은 한 줄뿐이다. 그러므로 '말'을 꾸미느라고 '저'는 첫째, '붉
> 은'은 둘째, '봄'은 셋째로 둔 것이고, 그 '일'에는 먼저와 나중의
> 차례가 없으니 이 세 '언기'의 자리를 어떻게 바꾸든지 그 뜻은 한
> 가지이다.

그러나 이러한 그림에서 '저'가 수식하는 것은 단순한 '꽃'이 아니라 '붉은 봄 꽃'이다. 주시경은 이처럼 명사구 전체를 수식하는 '이/그/저'를 인식하지 않고 있으며, '금이'들의 서로 다른 수식 범위를 표현할 수 있는 방법을 따로 제시하지 않았다는 점에서 한계를 보이고 있다.

4. 결론

이상으로 『국어문법』에 나타나는 '이/그/저'系 표현 분석을 통하여 주시경의 지시어에 대한 인식을 살펴보았다. 주시경은 '이-그-저' 순서가 아닌 '이-저-그'의 배열 순서를 일관되게 취함으로써 '이/저'와 '그'를 구분하는 특유의 인식을 드러냈다. '기난갈', '기난틀', '짬듬갈'의 각종 기술과 예문, 그림의 분석을 통하여 '이/저'는 직시의 기능을, '그'는 대용의 기능을 주로 대표한다는 것을 알 수 있었다.

특히 직시 기능을 중시하여 '나/너/우리'를 포함한 직시어의 체계를 완성하고 있는 점은 현대국어의 대명사 설정에도 시사점을 제공해 준다. 비록 몇 가지 문제는 있으나 지시어의 화용적 기능을 인식하고 이를 밝혀주었다는 점에서 『국어문법』은 의의가 깊다고 할 수 있다. 언어학 분

야 중에서도 가장 후대에 부각되기 시작한 화용론의 인식이 1910년대 주시경의 문법서에 이미 드러나 있었음은 괄목할 만한 점이다.

그러나 본 연구는 주시경의 저서 중 『국어문법』만을 살폈기 때문에 그의 지시어 인식을 총체적으로 확인하였다고 보기는 어렵다. 주시경의 또 다른 연구 저서를 아울러 살핀다면 그의 지시어에 대한 인식을 보다 명백히 밝힐 수 있을 것으로 기대한다.

▣ 참고문헌 ▣

강우원(1989), 「주시경이 지은『국어문법』에 나타난 '잇기'에 대한 연구」,『國語國文學』 26, pp. 151-172.

고영근(1979), 「주시경의 문법이론」,『韓國學報』 5-4, pp. 126-144.

고영근(1982), 「주시경의 문법이론에 대한 형태·통사적 접근」,『국어학』 11, pp. 25-46.

고영근·이용·최형용(2011),『현대어로 풀어 쓴 주시경의 국어문법』, 서울: 박이정.

김명호(1996), 「주시경 문법의 의미·논리적 의존성에 대한 연구:『국어문법』을 중심으로」, 경성대학교 석사학위논문.

김민수(1962), 「주시경(周時經)의 학술용어」,『한글』 129, pp. 30-59.

김병문(2012), 「주시경 문법에서의 '씨난'의 변천 과정」,『국어학』 65, pp. 157-183.

김일웅(1982), 「지시의 분류와 지시사 '이, 그, 저'의 쓰임」,『한글』 178, pp. 53-87.

김희숙(1985), 「주시경 저『국어문법』의 이론과 텍스트」,『국어교육』 53, pp. 31-44.

남경완(2009), 「주시경 문법 '드' 구성 성분의 체계와 기능」,『民族文化研究』 51, pp. 461-494.

윤평현(2008),『국어의미론』, 서울: 역락.

이기갑(1994), 「'그러하-'의 지시와 대용, 그리고 그 역사」,『언어』 19-2, pp. 455-488.

이남순(1982), 「주시경의 의미이론 : 짬듬갈을 중심으로」,『冠嶽語文研究』 7, pp. 343-352.

이충우(1988), 「周時經文法의 品詞分類에 대한 考察」,『한국국어교육연구회논문집』 33, pp. 85-87.

주시경(1910),『국어문법』, 서울: 박문서관.

최낙복(1989), 「주시경 말본의 형태론 연구」, 동아대학교 박사학위논문.

최낙복(2001), 「주시경 문법의 통어론 연구」,『한글』 254, pp. 199-235.

최화니(2012), 「'이/그/저'系 표현의 담화 기능 연구 : '이러-/그러-/저러-'를 중심으로」, 전북대학교 석사학위논문.

허웅(1971), 「주시경 선생의 학문」,『東方學志』 12, pp. 1-63.

Cooper, W. E. & Ross, J. R.(1975), "Word order", *Papers from the parasession on functionalism*, pp. 63-111.

■ 편집자 주석

1) 『국어문법』: 『국어문법』은 조선 시대의 마지막 해(1910년) 한힌샘 주시경이 지은 국어 문법서이다. 『국어문법』의 문법 이론은 주시경이 배재학당, 이운학교, 흥화학교, 정리사 등의 신교육 기관에서 영문법, 중국어 문법, 만국지지, 항해술, 측량술, 수리학 등을 배우며 터득해 낸 것으로서 이후의 민족어 문법 연구에 막대한 영향을 미쳤다. 김두봉의 『조선말본』(1916), 이규영의 『말듬』(1913?), 최현배의 「朝鮮語品詞分類論」(1930), 정열모의 『신편고등국어문법』(1946), 김윤경의 『고등나라말본』(1948) 등 다양한 저술의 바탕이 된 『국어문법』은 국어 문법서의 가장 중요한 고전으로 자리를 굳히고 있다. (고영근·이용·최형용(2011), 『현대어로 풀어 쓴 주시경의 국어문법』, 서울: 박이정, pp.219-224.)

2) 기난갈: 「기난갈」은 품사 분류론을 의미한다. 총 아홉 기(9 품사)를 설정하고 있는데 "임, 엇, 움, 겻, 잇, 언, 억, 놀, 끗"이 그것이다. "임"은 현대 학교 문법의 체언(명사, 대명사, 수사), "엇"은 형용사, "움"은 동사, "겻"은 관형격 조사 '의'를 제외한 모든 조사, "잇"은 접속 조사 '과' 및 대등성을 띤 연결 어미 '-고' 그리고 보조적 연결 어미 '-어', "언"은 관형사와 관형사형 어미, "억"은 부사와 보조적 연결 어미 '-게', "놀"은 감탄사, "끗"은 종결어미와 대체로 일치한다. 이들 아홉 품사의 분류 기준은 분명하게 표현되어 있지 않으나 대체로 직능과 의미에 기초를 둔 것으로 보인다. (고영근·이용·최형용(2011), 『현대어로 풀어 쓴 주시경의 국어문법』, 서울: 박이정, p.221.)

3) 기난틀: 「기난틀」은 '기갈래의 난틀'을 일컫는 것으로 품사의 하위분류를 말한다. 「기난갈」에서 설정한 아홉 기에 대한 심층적인 설명을 제시하고 있는데, 특히 "겻"과 "잇"의 기능 설명에서는 「짬듬갈」에서 내 보인 문장 성분에 관한 지식이 충분히 활용되어 있고, 의미를 설명하는 마당에서는 화자의 태도 및 현실적 대상과 밀접한 관련을 맺고 있다. 이러한 사실은 「짬듬갈」을 「기난갈」 사이에 설정한 정당성을 뒷받침한다. (고영근·이용·최형용(2011), 『현대어로 풀어 쓴 주시경의 국어문법』, 서울: 박이정, pp.222-223.)

4) 짬듬갈: 「짬듬갈」은 문장 구성론을 의미한다. 「짬듬갈」은 「기난갈」에서 베풀어진 품사에 대한 대체적 지식을 중심으로 문장을 품사로 나누고 그것이 문장 구성의 요소로서 어떠한 자격을 가지고 하나의 문장으로 구성되는가를 차례로 보인 다음, 그 의미를 분명히 하기 위하여 그림을 그리고 있다. 여기에서 주시경은 문장의 의미를 파악하는 방법으로서 '말', '일', '마음'을 서로 관련시킬 것을 주장하고 있다. '말'이란 문장을 구성하는 각 성분 내지 언어 기호를 뜻하고 '일'은 현실적으로 존재하는 대상을 지시하고 '마음'은 화자나 해석자의 태도를 가리킨다. 간단한 문장은 문장 성분의 상호 관계에 의해서 의미를 짐작할 수 있으나 복잡한 문장은 그림을 통해 의미를 분명히 할 수 있고, 더 복잡한 문장은 그 문장이 지시하는 현실적 대상의 의미를 화자가 생각하는 바에 따라 파악하는 것이 좋다는 것이다. 「짬듬갈」에 나타나는 도해의 목적과 의미 해석 이론은 현대 언어 이론의 관점에서도 손색없는 것으로 평가된다. (고영근·이용·최형용(2011), 『현대어로 풀어 쓴 주시경의 국어문법』, 서울: 박이정, pp.221-222.)

5) 직시: 우리가 사용하는 언어표현 가운데는 화자가 말을 하면서 어떤 대상을 직접 지시하는 일이 있는데 이것을 직시(直示, deixis)라고 한다. 가령 "내가 너를 얼마나 기다렸는지 알아?"라는 문장에서 '나'와 '너'는 이 말을 하는 사람(화자)과 듣는 사람(청자)을 가리킨다. 그러나 이 말을 누가 하고 누가 듣느냐에 따라서 그 지시 대상이 달라진다. 이

와 같이 발화의 맥락을 이루는 요소들을 말로써 직접 가리키는 문법적 현상을 직시라고 하며, '나', '너'와 같이 직시의 목적을 달성하기 위해 사용되는 언어적 형태를 직시 표현(deixis expression)이라고 한다. 여러 직시 표현들 중 '이/그/저'는 화자 가까이 있는 것('이'), 청자 가까이 있는 것('그'), 화자와 청자로부터 떨어져 있는 것('저')을 직접 가리키는 표현으로서 국어의 직시 표현 체계에서 대단히 생산적으로 사용되고 있다. (윤평현(2008), 『국어의미론』, 서울: 역락, pp.333-334, 340.)

6) 대용: 문맥 속에서 이미 언급된 사물을 다시 지시하는 문법적 기능을 대용(代用, substitution)이라고 한다. 예를 들어 "영이는 크고 예쁜 꽃병을 깨뜨렸다. 그것은 생일 선물로 받은 것이었다."라는 문장에서 '그것'은 앞에 나온 선행사 '꽃병'을 대신 지칭하는 대용 표현이라고 할 수 있다. 이처럼 선행사가 앞에 오고 그것을 지시하는 대용 표현이 뒤에 오는 것을 순행대용(anaphora)이라고 한다. 반대로 우리는 뒤에 언급할 대상을 앞에서 미리 지시하기도 한다. 이를테면 "골목길을 걸어가다가 하마터면 그것을 밟을 뻔 했어. 길 한 가운데에 개똥이 소복이 쌓여 있잖아."와 같은 문장에서는 '그것'이 뒤에 나오는 '개똥'을 가리킨다. 이러한 대용을 역행대용(cataphora)이라고 한다. (윤평현(2008), 『국어의미론』, 서울: 역락, pp.369-370. / 최화니(2012), 「'이/그/저'系 표현의 담화 기능 연구: '이러-/그러-/저러-'를 줄심으로」, 전북대학교 석사학위논문, p.16.)

※ 이 글은 『건지인문학』 제12집에 실렸던 것을 새로 다듬은 것입니다.

일상의 인문학
- 언어 편 -

초판 인쇄 2017년 2월 1일
초판 발행 2017년 2월 10일
엮은이 윤석민
　　　　이진병
　　　　유유현
　　　　최화니
펴낸이 이대현
편　집 박윤정
디자인 최기윤
펴낸곳 도서출판 역락
　　　　서울시 서초구 동광로 46길 6-6 문창빌딩 2층
　　　　전화 02-3409-2058(영업부), 2060(편집부) 팩시밀리 02-3409-2059
　　　　이메일 youkrack@hanmail.net 역락 블로그 http://blog.naver.com/youkrack3888
　　　　등록 1999년 4월 19일 제303-2002-000014호

ISBN　979-11-5686-741-8 94710
　　　　979-11-5686-740-1 (전2권)